O Riso e o Risível

Coleção
ANTROPOLOGIA SOCIAL
fundada por Gilberto Velho
dirigida por Karina Kuschnir

- O Riso e o Risível
  Verena Alberti

- Falando da Sociedade
- Outsiders
- Segredos e Truques da Pesquisa
- Truques da Escrita
  Howard S. Becker

- Antropologia Cultural
  Franz Boas

- O Espírito Militar
- Os Militares e a República
  Celso Castro

- Bruxaria, Oráculos e Magia entre os Azande
  E.E. Evans-Pritchard

- Futuros Antropológicos
  Michael M.J. Fischer

- Nova Luz sobre a Antropologia
  Clifford Geertz

- O Cotidiano da Política
  Karina Kuschnir

- Cultura: um Conceito Antropológico
  Roque de Barros Laraia

- Guerra de Orixá
  Yvonne Maggie

- Evolucionismo Cultural
  L.H. Morgan, E.B. Tylor, J.G. Frazer

- A Invenção de Copacabana
- De Olho na Rua
  Julia O'Donnell

- A Teoria Vivida
  Mariza Peirano

- Cultura e Razão Prática
- História e Cultura
- Ilhas de História
- Metáforas Históricas e Realidades Míticas
  Marshall Sahlins

- Antropologia Urbana
- Um Antropólogo na Cidade
- Desvio e Divergência
- Individualismo e Cultura
- Projeto e Metamorfose
- Rio de Janeiro: Cultura, Política e Conflito
- Subjetividade e Sociedade
- A Utopia Urbana
  Gilberto Velho

- Pesquisas Urbanas
  Gilberto Velho e Karina Kuschnir

- O Mistério do Samba
- O Mundo Funk Carioca
  Hermano Vianna

- Sociedade de Esquina
  William Foote Whyte

Verena Alberti

O Riso e o Risível
na história do pensamento

3ª edição

ZAHAR

Para Paulo, Breno e Alice,
todos os risos.

Jorge Zahar Editor Ltda.
rua Marquês de S. Vicente 99 – 1º
22451-041 Rio de Janeiro, RJ
tel (21) 2529-4750 | fax (21) 2529-4787
editora@zahar.com.br | www.zahar.com.br

A primeira edição (1999) desta obra foi feita em regime de co-edição com a Editora Fundação Getulio Vargas.

Edições anteriores: 1999, 2002

Capa: Pedro Gaia
Ilustração de capa: *No Moulin Rouge* (detalhe), de Toulouse Lautrec, 1892
Composição: Textos & Formas

CIP-Brasil. Catalogação-na-fonte
Sindicato Nacional dos Editores de Livros, RJ

Alberti, Verena, 1950-
A289r O riso e o risível: na história do pensamento/
3.ed. Verena Alberti. — 3.ed. — Rio de Janeiro: Zahar, 2011.
(Antropologia social)

Inclui bibliografia
ISBN 978-85-7110-490-7

1. Riso — Filosofia. 2. Riso — História. I. Título. II. Série.

CDD: 152.4
10-3984 CDU: 159.942

Sumário

Introdução

Este livro discute as relações entre o riso e o pensamento ao longo da história ocidental, tomando por base textos que, de alguma forma, versam sobre o riso e o que faz rir. Por que o destaque para *riso e pensamento*? Primeiro, porque este é um estudo das diferentes formas pelas quais o riso foi tomado como objeto do pensamento desde a Antigüidade. Segundo, porque os próprios textos que tratam do riso e do risível estabelecem — de maneiras diferenciadas, é claro — relações entre o riso e o pensamento que cumpre investigar, principalmente se levarmos em conta uma certa tendência atual para se conferir à questão do riso um lugar privilegiado na compreensão do mundo e mais especificamente na filosofia.

Por seu objeto e pelo modo de abordá-lo, este estudo situa-se numa região interdisciplinar. Da literatura, ele se aproxima não só nos momentos em que as formas de explicar o riso e o risível tocam questões específicas à disciplina (à poética, à retórica e à estética, por exemplo), mas também quando a reflexão sobre o riso torna-se uma reflexão sobre a linguagem. Neste último caso, as formas de pensar o riso acabam dizendo respeito também à filosofia, na medida em que articulam linguagem e pensamento. A filosofia se faz ainda representar pelos autores que, ao longo da história do pensamento ocidental, dedicaram parte de suas reflexões ao enigma do riso. Finalmente, a história e a antropologia marcam a perspectiva da investigação. Trata-se aqui, em última instância, de uma história do pensamento sobre o riso que procura relativizar certas recorrências no modo de se pensar a questão na atualidade.

Para tanto, este livro começa pelo "fim" daquela história, ou seja, por certas formas de pensar o riso que se firmaram principalmente no século XX, em textos filosóficos que falam do riso e em textos teóricos sobre o riso que falam também do pensamento.

O segundo capítulo volta ao "começo" da história do pensamento sobre o riso e retraça as formas de pensar o riso e o risível que ressaltam de certos textos antigos, principalmente de Platão, Aristóteles, Cícero e Quintiliano.

O terceiro analisa uma obra interessantíssima, talvez a mais completa já escrita sobre a matéria: um tratado sobre o riso de autoria de um médico francês de Montpellier publicado em 1579.

O capítulo seguinte tem por objeto alguns textos dos séculos XVII e XVIII que revelam certa unidade ao condicionarem a definição do riso à premissa da natureza humana. Hobbes, Shaftesbury e Hutcheson predominam como autores, mas há também um tratado anônimo de 1768.

O quinto capítulo fecha o percurso iniciado no século XX, ocupando-se de teorias do riso e do risível produzidas principalmente no século XIX (Jean Paul, Schopenhauer, Spencer, Darwin e Bergson), além de um pequeno extrato da estética de Kant. O exame dessas teorias permite fazer com que algumas das "novidades" do pensamento contemporâneo sobre o riso recuem para bem antes de 1850.

Uma variedade tão grande de autores e de períodos da história do pensamento constitui sem dúvida uma das principais dificuldades deste estudo. Mas o recuo até a Antigüidade se faz tanto mais necessário quanto mais se conhece uma certa peculiaridade das produções teóricas sobre o riso: cada autor parece recomeçar sua investigação do zero, ignorando em grande parte as tentativas de definição anteriores. Não são poucos os que declaram que suas teorias têm a faculdade de revelar, de uma vez por todas, a essência do riso, quando, na verdade, boa parte de suas definições já figura em outros textos.

O recuo até as teorias do riso da Antigüidade tem ainda a vantagem de evitar alguns equívocos na leitura contemporânea dos textos teóricos. Se não se conhecem as recorrências na história do pensamento sobre o riso, corre-se o risco de salientar, em muitos autores, teses que não lhes são exclusivas, ou, ao contrário, de não identificar questões cuja importância está ligada a tradições teóricas hoje "esquecidas". Por isso, procurarei também "desmistificar" alguns pressupostos, comuns na literatura contemporânea sobre o riso, em relação às teorias do passado.

Finalmente, a quem interessaria este estudo? Primeiro, àqueles que pretendem conhecer um pouco mais sobre a questão do riso propriamente dita. Segundo, aos que se interessam por como o homem andou pensando aquilo que o tornava específico em relação aos animais e a Deus. (Pensar o riso sempre significou posicionar-se, ou posicionar o objeto das próprias reflexões, em um terreno intermediário entre a *razão*, porque o riso é "próprio do homem" e não dos animais, e a *não-razão* — a "paixão", a "loucura", a "distração", o "pecado" etc. —, porque o riso não é próprio de Deus.) Por fim, aos que conferem ao riso, ao humor, à ironia um potencial de redenção para o pensamento, como se fossem hoje as únicas vias ainda capazes de nos levar à "verdade", este estudo talvez sirva de alerta: se o objetivo for constatar a "outra face" revelada pelo humor, o riso etc., é bom saber que autores de outrora já o fizeram, e com bastante eficácia.

Este livro é uma versão revista de minha tese de doutorado, apresentada ao Departamento de Letras e Literatura da Universidade de Siegen, Alemanha, em 1993, e revalidada pela Universidade Federal do Rio de Janeiro em 1994. Para a realização do doutorado, contei com bolsa do Conselho Nacional de Desenvolvimento Científico e Tecnológico (CNPq) e apoio do Centro de Pesquisa e Documentação de História Contemporânea do Brasil (Cpdoc) da Fundação Getulio Vargas.

Muitas pessoas colaboraram em sua produção. Na fase de elaboração da tese, especialmente os amigos Marie-Pascale Huglo e Éric Méchoulan, Eugen Buß e Roswitha Theis, e os professores Karl Ludwig Pfeiffer, meu orientador, e Werner Deuse. Durante a transformação da tese em livro, contei com o apoio dos professores do Programa de Pós-Graduação em Antropologia Social da Universidade Federal do Rio de Janeiro Luiz Fernando Duarte, que me sugeriu novas leituras, e Gilberto Velho, que incentivou e tornou possível esta publicação. Maria Lucia Leão Velloso de Magalhães, da Editora da Fundação Getulio Vargas, sugeriu diversas alterações de estilo, que deram maior leveza ao texto. Paulo, Breno e Alice, marido e filhos, estiveram sempre a meu lado nessa aventura. A todos, meus mais sinceros agradecimentos.

capítulo 1

O riso no pensamento do século XX

Objeto da filosofia

Estudar o riso no pensamento do século XX leva à constatação de algumas recorrências interessantes. A principal delas é uma espécie de *leitmotiv* presente em textos de proveniências e objetivos bastante diversos e que pode ser assim resumido: o riso partilha, com entidades como o jogo, a arte, o inconsciente etc., o espaço do indizível, do impensado, necessário para que o pensamento sério se desprenda de seus limites. Em alguns casos, mais do que partilhar desse espaço, o riso torna-se o carro-chefe de um movimento de redenção do pensamento, como se a filosofia não pudesse mais se estabelecer fora dele.

Um dos autores mais expressivos desse modo de pensar o riso é o filósofo alemão Joachim Ritter (1903-74), professor das universidades de Kiel e Münster e editor, a partir de 1971, do importante *Dicionário histórico da filosofia* (*Historisches Wörterbuch der Philosophie*). Sua incursão no terreno do riso pode ser recuperada lendo-se um pequeno artigo — "Sobre o riso" —, publicado pela primeira vez em 1940. O ponto de partida de Ritter é a relação estreita entre o riso e seu objeto: só se pode definir o riso, diz ele, enquanto ligado ao cômico, que, por sua vez, é determinado pelo sentido de existência (*Daseinssinn*) daquele que ri. A noção de *Dasein* tem aqui um valor totalizante, compreendendo, por um lado, a ordem positiva e essencial e, por outro, aquilo que essa ordem exclui como *nada*. É da essência da ordem e do sério obrigar uma metade do *Dasein* a existir sob a forma de *oposto*. Um exemplo disso seria a constituição dos costumes, em que diversas possibilidades do comportamento humano são excluídas da ordem sem que deixem de existir. Como o sério só pode apreender o *nada* de modo negativo — isto é, justamente enquanto *nada* —, a relação que a metade excluída continua mantendo com o universo do sério permanece secreta, diz Ritter. Ela só se torna visível e audível, para o sério, através do riso e do cômico: "O que é posto em jogo e apreendido com o riso é o pertencimento secreto do *nada* ao

Dasein", sentencia — frase que será citada inúmeras vezes, como que legitimando um significado enigmático para o riso.[1]

O "pertencimento secreto do *nada* ao *Dasein*" pode constituir uma armadilha para a compreensão da teoria de Ritter. Pinçada do texto, a fórmula exerce sem dúvida um fascínio especial, mas, para Ritter, trata-se claramente da participação daquilo que é excluído pela ordem em um todo que compreende tanto a ordem quanto o excluído. O riso revelaria assim que o não-normativo, o desvio e o indizível fazem parte da existência. Desse ponto de vista, a teoria de Ritter não está de modo algum sozinha no conjunto de reflexões contemporâneas sobre o riso. São inúmeros os textos que tratam do riso no contexto de uma oposição entre a *ordem* e o *desvio*, com a conseqüente valorização do não-oficial e do não-sério, que abarcariam uma realidade mais essencial do que a limitada pelo sério.

Importa ressaltar aqui a relação fundamental entre *riso* e *pensamento* que decorre desse "pertencimento". Para Ritter, o riso é o movimento positivo e infinito que põe em xeque as exclusões efetuadas pela *razão* e que mantém o *nada* na existência. Assim, segundo ele, o riso está diretamente ligado aos caminhos seguidos pelo homem para encontrar e explicar o mundo: ele tem a faculdade de nos fazer reconhecer, ver e apreender a realidade que a razão séria não atinge. Além disso — o que é fundamental —, o riso e o cômico tornam-se o lugar de onde o filósofo pode fazer brilhar o infinito da existência, que foi banido pela *ratio* como marginal e ridículo. O filósofo, diz Ritter, "coloca o boné do bufão" para se instalar no único refúgio de onde ele ainda pode apreender a essência do mundo.

O estatuto do riso como redentor do pensamento não poderia ser mais evidente. O riso e o cômico são literalmente indispensáveis para o conhecimento do mundo e para a apreensão da realidade plena. Sua positivação é clara: o *nada* ao qual o riso nos dá acesso encerra uma verdade infinita e profunda, em oposição ao mundo racional e finito da ordem estabelecida.

"Colocar o boné do bufão" — essa imagem merece ser retida. Em sua trilha seguirão outros autores, que também vêem no riso uma redenção para o pensamento aprisionado nos limites da razão. Não que todos sejam iguais nesse movimento, mas sem dúvida há muitas semelhanças.

Um dos exemplos mais completos e talvez mais radicais dessa presença imperiosa do riso na filosofia é a obra de Georges Bataille, toda ela permeada pela questão do riso, "enigma essencial"[2] e centro de sua "religião", de sua "ateologia". Há referências importantes ao riso, principalmente em *A experiência interior* (1943), *O culpado* (1944) e *O limite do útil*, um conjunto de fragmentos escrito entre 1939 e 1945 e que subsiste de uma versão abandonada de *A parte maldita*.

A estreita ligação entre o riso e a filosofia de Bataille inicia-se em 1920. Neste ano, o riso se revelou para Bataille "a questão-chave", "o enigma (...) que, resolvido, de si mesmo resolveria tudo". O riso era então "revelação" e "abria o fundo das coisas".[3] "Eu não imaginava que *rir* me dispensasse de *pensar*, mas que *rir* (...) me levaria mais longe do que o pensamento."[4] Rir e pensar se completavam e, desde então, rir equivaleria, em seu espírito, a Deus no plano da experiência vivida.

Em uma conferência de 1953 — "Não-saber, riso e lágrimas" —, Bataille expõe mais claramente o curso de seu pensamento em relação ao riso. Em um primeiro momento — justamente aquele de 1920 —, saber o que era o riso resolveria, para ele, "o problema das filosofias", uma vez que "resolver o problema do riso e resolver o problema filosófico era evidentemente a mesma coisa". Mais tarde, contudo, pareceu-lhe impossível falar do riso fora do contexto de uma filosofia que ultrapassasse o riso, tal qual a filosofia do não-saber (*non-savoir*). Não era mais necessário isolar o problema do riso, mas sim juntá-lo a outras experiências do não-saber, como as do sacrifício, do poético, do sagrado, do erotismo, da angústia, do êxtase etc. — experiências que ocupam posição central em sua obra. Mesmo depois dessa mudança, o riso continuou preeminente na filosofia de Bataille, como explica na conferência de 1953:

> Creio na possibilidade de partir, em primeiro lugar, da experiência do riso, e de não mais largá-la quando se passa dessa experiência particular à experiência vizinha do sagrado ou do poético. Se vocês quiserem, isso é o mesmo que achar, no dado que é o riso, *o dado central, o dado primeiro, e talvez o dado último da filosofia.*

E em seguida:

> Posso dizer que, na medida em que faço obra filosófica, *minha filosofia é uma filosofia do riso.*[5]

A trajetória filosófica de Bataille tem, portanto, como ponto de partida, como ponto central e como resultado a experiência do riso. A palavra "experiência" é, para ele, essencial, porque faz valer o *efeito* preciso do riso, do êxtase, da angústia etc., indispensáveis para que se fale seriamente do não-saber. Sua filosofia do não-saber passa a ser uma *experiência refletida*, já que torna esses efeitos *conscientes*.

É impossível abarcar aqui todas as nuanças dessa experiência do riso, mas um relato contido em *A experiência interior* nos dá alguns indícios sobre que tipo de riso é este e em que medida ele participa da atividade filosófica.

> Há 15 anos (talvez um pouco mais), eu vinha não sei de onde, tarde da noite. (...) Vindo de Saint-Germain, eu atravessava a rue du Four (lado do correio). Tinha na mão um guarda-chuva aberto e creio que não chovia. (Mas eu não tinha bebido: tenho certeza.) Estava com aquele guarda-chuva aberto sem necessidade. (...) Eu era bastante jovem então, caótico, cheio de entusiasmos vazios. (...) O certo é que aquele bem-estar e ao mesmo tempo o "impossível" contrariado estouraram em minha cabeça. Um espaço constelado de risos abriu seu abismo obscuro na minha frente. Na travessia da rue du Four, eu me tornei esse "nada" desconhecido, de repente... eu negava aquelas paredes cinza que me prendiam, me lançava a uma espécie de êxtase. Eu ria divinamente: o guarda-chuva sobre minha cabeça me cobria (eu me cobri propositadamente com esse sudário negro). Eu ria como jamais talvez se tenha rido, os confins de cada coisa se abriam, colocados a nu, como se eu estivesse morto. Não sei se parei no meio da rua, mascarando meu delírio sob um guarda-chuva. Pode ser que eu tenha saltado (é sem dúvida ilusório): eu estava convulsivamente iluminado, eu ria, imagino, correndo.[6]

Em *O limite do útil* Bataille volta a esse episódio com uma breve observação: "tornar-se deus — meu riso sob um guarda-chuva".[7] Ou seja: o impossível, o nada, o riso divino, a morte, o êxtase — eis os temas que retornam toda vez que Bataille trata de sua experiência do riso. Em *O culpado* ele responde à questão "quem sou? Que sou?" com a exclamação: "O próprio riso! (...) Eu não sou, na verdade, senão o riso que me toma. O impasse onde afundo e no qual desapareço não é senão a imensidão do riso". "O riso", escreve ainda, "é o salto do possível no impossível — e do impossível no possível."[8] Trata-se, portanto, da possibilidade de ultrapassar o mundo e "o ser que somos":

> Há, em nós e no mundo, algo que se revela e que o conhecimento não nos havia dado, e que se situa unicamente como não podendo ser atingido pelo conhecimento. É, me parece, disso que rimos.[9]

O riso situa-se para além do conhecimento, para além do saber, e, por isso mesmo, coincide com a filosofia do não-saber. A experiência do riso, diz ainda Bataille na conferência de 1953, é uma experiência religiosa totalmente negativa, ou *ateológica*, porque desvinculada de toda crença e de toda pressuposição. Esse é, afinal, o fundamento do não saber:

> Quando falo agora de não-saber, quero dizer essencialmente isto: que não sei nada e que, se ainda falo, é apenas na medida em que tenho conhecimentos que não me levam a *nada*.[10]

O riso é, portanto, a experiência do nada, do impossível, da morte — experiência indispensável para que o pensamento ultrapasse a si mesmo, para que nos lancemos no "não-conhecimento". Ele encerra uma situação extrema da atividade filosófica: permite pensar (*experiência refletida*) o que não pode ser pensado.

Não seria justo omitir da discussão sobre a filosofia do riso de Bataille o tributo que ele mesmo presta a Nietzsche e, conseqüentemente, a importância de Nietzsche na consolidação dessa relação imperativa entre o riso e o pensamento na filosofia moderna.

Na conferência de 1953, Bataille destaca o laço fundamental que o une ao pensamento de Nietzsche. Diz que sua experiência do riso é "profundamente comum à de Nietzsche" e que a relação entre os dois pensamentos pode ser compreendida pela "importância que Nietzsche atribuía ao riso". Apesar de Nietzsche não ter sido muito explícito sobre sua experiência do riso, Bataille observa que ele foi o primeiro a situá-la.[11]

Uma frase de Nietzsche agrada particularmente a Bataille (há também uma segunda, da qual falarei mais adiante). Bataille refere-se a ela num artigo publicado em 1968, mas já em 1947 dizia: "Poucas proposições me agradam mais do que esta, de *Zaratustra*: 'E que seja tida por nós como falsa toda verdade que não acolheu nenhuma gargalhada'".[12] No artigo de 1968, afirma a respeito da mesma proposição que Nietzsche "chegava a conferir à gargalhada o valor maior do ponto de vista da verdade filosófica".[13]

Mesmo que Nietzsche tenha sido menos claro sobre sua "experiência do riso" do que Bataille, não há dúvida de que, para ele, o riso era uma atitude filosófica. Em *Além do bem e do mal* (1886), propõe ordenar os filósofos de acordo com seus risos, até aqueles que seriam capazes da "gargalhada de ouro", como a dos deuses. Quanto mais o espírito está seguro, diz Nietzsche em *Humano, por demais humano*, mais o homem desaprende a gargalhada — que é *necessária* para sair da verdade séria, da crença na razão e da positividade da existência.

As primeiras páginas do livro I de *A gaia ciência* (1882) são talvez as mais pungentes nesse sentido:

> Rir sobre si mesmo, como se deveria rir *para sair de toda a verdade*, para isso os melhores não tiveram até agora suficiente sentido de verdade e os mais capazes, muito pouco gênio![14]

O homem não consegue viver sem a finalidade do *Dasein*, diz Nietzsche, sem a crença na razão da vida, e contudo — eis o que ele tenta fazer entender: o riso, a gaia ciência, o trágico com toda sua desrazão são *necessários* à manutenção da espécie. "Oh, vocês me entendem, meus irmãos?", escreve na angústia de fazer compreender a necessidade imperativa de sair da verdade e do *Dasein* — seu projeto da "gaia ciência".[15]

As formas em que o riso aparece na obra de Nietzsche permitem de fato compreender sua "experiência do riso" como Bataille a compreende — como uma experiência do não-saber. Experiência necessária, imperativa, que constitui talvez, segundo o próprio Nietzsche, a salvação para o pensamento aprisionado dentro dos limites do sério. "Talvez ainda haja um futuro para o riso!", diz no começo de *A gaia ciência*.[16] Nesse futuro, o homem estaria disposto a se libertar da finalidade do *Dasein*, do um que é sempre um, sempre algo sério, final e monstruoso. Nesse futuro, diz Nietzsche, "talvez o riso se tenha ligado à sabedoria, talvez exista então apenas a 'gaia ciência'".[17]

Os exemplos de Nietzsche, Ritter e Bataille, ainda que não discutidos em todas as suas nuanças, já permitem sustentar a idéia de uma certa tendência, no pensamento moderno, para conferir ao riso um lugar-chave no esforço filosófico de alcançar o "impensável". Mas outros autores, por sua importância no pensamento do século XX, não podem ficar à parte desse conjunto.

Foucault, por exemplo, no prefácio de *As palavras e as coisas* (1966), explica:

> Este livro tem como lugar de nascimento um texto de Borges. No riso que sacode, em sua leitura, todas as familiaridades do pensamento — do nosso; daquele que tem nossa idade e nossa geografia —, abalando todas as superfícies ordenadas e todos os planos que tornam sensata, para nós, a superabundância dos seres, fazendo vacilar e inquietando por muito tempo nossa prática milenar do Mesmo e do Outro.[18]

O texto de Borges cita uma classificação dos animais de uma enciclopédia chinesa que, segundo Foucault, provocou nele um riso prolongado, diante da "impossibilidade clara de pensar *aquilo*".[19] A taxionomia inusitada, "charme exótico de um outro pensamento" e "limite do nosso", diz Foucault, impedia qualquer tipo de apreensão; as enumerações da classificação chinesa só eram passíveis de justaposição em um espaço impensável, que Foucault chama de *não-lugar da linguagem*. "Aquilo" — aquele algo impensável, indizível, não-nomeável — o fez rir longamente e lhe causou mal-estar pela impossibilidade de encontrar um lugar-comum e pela ausência da sintaxe que mantém juntas as palavras e as coisas. Como nos afásicos, diz Foucault, o texto de Borges fez com que sentisse o incômodo de ter perdido o "comum" do lugar e do nome.

Eis que reaparece a relação entre o riso e o impensável, ou mais especificamente entre o riso e a "não-linguagem". O riso de Foucault é provocado por um "não-lugar": um espaço aonde o pensamento não chega e onde a linguagem não pode manter juntas as palavras e as coisas. Por isso, ele abala as superfícies e os planos, põe em xeque as certezas de *nosso* pensamento, de *nossa* prática milenar do Mesmo e do Outro, e faz nascer um livro sobre as relações entre as palavras e as coisas na história do pensamento ocidental.

Encontramos ainda uma interpretação para o advento do riso que bem pode ser considerada uma *teoria* do riso no conhecido estudo de Freud *O chiste e sua relação com o inconsciente* (1905).[20] Em linhas gerais, a tese de Freud consiste em dizer que o processo de formação do chiste é análogo ao do sonho. A relação entre o chiste e o inconsciente aparece inicialmente no texto sob a forma de uma psicogênese do chiste, que revela, segundo Freud, que a origem do prazer no chiste é *o jogo com as palavras e os pensamentos na infância*, que cessa tão logo a crítica ou a razão declaram sua ausência de sentido. Em sua evolução, o chiste lutaria então sucessivamente contra dois poderes: a razão ou o julgamento crítico, de um lado, e a repressão à agressão e à obscenidade, de outro — etapas que correspondem aos dois tipos de chiste de sua classificação: o inofensivo e o tendencioso.

A idéia de uma genealogia do riso cujas etapas seriam determinadas pela ação da *crítica* aparece, aliás, em outros autores. Para Odo Marquard (1976), por exemplo, a alegria e o riso conheceram, na história ocidental, quatro estágios sucessivos: a realidade, a arte, o cômico e a filosofia. Toda vez que o sério, com sua crítica, tomava conta de um desses estágios, diz Marquard, o riso emigrava para a posição seguinte. Confirmando o papel do riso como redentor do pensamento preso nos limites da razão, a última etapa — justamente a *filosofia* não dominada pelo sério — mostraria que "a salvação da teoria é o riso, o riso de si mesma".[21]

Na categoria dos chistes inofensivos, Freud inclui os chistes de reflexão (*Gedankenwitze*) — que dizem respeito à condução do pensamento e do raciocínio — e os jogos de palavras. Em ambos, o prazer resultaria de um alívio psíquico decorrente da economia de esforço intelectual. É possível reconhecer aqui a oposição entre o riso e o pensamento sério. Nos chistes de reflexão, diz Freud, o prazer decorre da possibilidade de pensar sem as obrigações da educação intelectual, à qual estamos fadados no momento em que a razão e o julgamento crítico declaram a ausência de sentido de nossos jogos de infância. Os jogos de palavras, por sua vez, nos causam prazer porque nos dispensam do esforço necessário à utilização séria das palavras. O jogo de palavras suscita a ligação entre duas séries de idéias separadas, cuja apreensão usual exigiria muito mais esforço. O prazer que resulta de tal "curto-circuito" é tanto maior quanto mais as duas séries de idéias forem estranhas e afastadas entre si, o que faz com que a economia do curso do pensamento seja também maior.

É curioso observar que essa transgressão da forma usual de exercício da atividade intelectual aparece mais tarde em outros autores, como Lévi-Strauss, que, sem se referir a Freud, também menciona a energia economizada no riso.

Para Lévi-Strauss, o riso resulta de uma conexão rápida e inesperada de dois campos semânticos distanciados — conexão, aliás, que também recebe o nome de "curto-circuito". Em nossa apreensão do mundo, teríamos sempre uma "reserva de atividade simbólica para responder a todo tipo de solicitação de ordem especulativa ou prática". No caso do cômico, diz Lévi-Strauss, essa reserva "acha-se privada de ponto de aplicação: subitamente liberada e sem poder se dissipar no esforço intelectual, ela se desvia em direção ao corpo, que, com o riso, dispõe de todo um mecanismo montado para que ela se gaste em contrações musculares". Desse modo, o riso corresponde a uma "gratificação da função simbólica, satisfeita a um preço bem menor do que esta se dispunha a pagar".[22]

Percebe-se assim que a racionalidade do cômico difere da racionalidade pela qual normalmente apreendemos o mundo, e essa diferença — quase quantificada como em uma operação matemática — é a própria causa do riso, pois se transforma em contrações musculares. Veremos mais tarde que essa interpretação do riso também tem uma história e que a metáfora da eletricidade não é estranha a outras teorias.

Voltemos, porém, a Freud, que, para explicar essa transgressão do percurso normal do pensamento, recorre a um conjunto de categorias que já havia utilizado numa monografia sobre a afasia, de 1891, e que voltaria a empregar mais tarde, em 1915, em seu estudo sobre o inconsciente.

Segundo Freud (1905), o que ocorre no jogo de palavras é que a idéia da palavra (*Wortvorstellung*) ultrapassa a significação da palavra, que é dada pelas relações da palavra com a idéia da coisa (*Dingvorstellung*) — o que nos exime do trabalho psíquico necessário ao emprego sério da palavra. No caso de uma doença da atividade do pensamento — e podemos supor que esteja falando da afasia —, observa-se que a sonoridade da palavra é realçada em detrimento da significação da palavra. Essa mesma circunstância observa-se nas crianças, que tendem a encontrar um mesmo sentido para sonoridades semelhantes ou idênticas — o que, aliás, é fonte de riso para os adultos. O jogo de palavras funciona da mesma forma: liga dois círculos de idéias distantes pelo emprego da mesma palavra ou de palavra semelhante, o que só é possível porque a idéia da palavra está isolada de sua relação com a idéia da coisa.

Apesar de as noções de *Wortvorstellung* e *Dingvorstellung* serem freqüentemente reformuladas por Freud, pode-se dizer, com base no esquema que integra o estudo sobre a afasia, que a idéia da palavra compreende suas imagens sonora, escrita, lida e de movimento, enquanto a idéia da coisa compreende, entre outras, as associações visual, tátil e acústica. A extremidade sensível da idéia da palavra é a imagem sonora, e da idéia da coisa é o caráter visual, que representa a coisa. A ligação entre ambas as idéias — chamada de relação simbólica — é dada pela imagem sonora, do lado da palavra, e pela associação visual, do lado da coisa. Palavra e coisa não são, portanto, concebidas como realidades unívocas, e sim como idéias compostas de vários elementos.

Pode-se dizer então que, para Freud, a preponderância da idéia da palavra e sua disjunção da coisa é o mecanismo que funda o caráter não-sério da racionalidade do jogo de palavras. Já o pensamento sério caracteriza-se pelo estabelecimento de relações de sentido entre as palavras e as coisas. Os jogos de palavras, assim como os chistes de reflexão, são fontes de prazer porque nos permitem dispensar a relação de sentido entre as palavras e as coisas, relação que não respeitamos durante os jogos de infância.

Vale lembrar que, para Foucault, a classificação de Borges era "impensável" e fonte de riso porque arruinava de antemão a sintaxe que mantinha juntas as palavras e as coisas. Podemos agora acrescentar: porque as idéias das palavras estavam isoladas das idéias das coisas. O não-sério, ou o não-lugar da linguagem, seria então o lugar onde as palavras não significam as coisas e "jogam" entre si como nos jogos de infância — uma ausência de sentido que torna esse lugar inacessível ao pensamento. Para Foucault, o riso daí resultante provém da "impossibilidade clara de pensar *aquilo*". Para Freud, contudo, esse riso tem razões psíquicas: é a expressão de um prazer original reencontrado, ao qual tivemos de renunciar quando a razão nos impôs o sentido. O riso continua assim vinculado a um "não-lugar" do pensamento, mas a um "não-lugar" passível de explicação no sistema teórico de Freud. Este é, afinal, seu objetivo: examinar as relações do chiste com o inconsciente.

Além de passarem pela psicogênese do chiste, tais relações evidenciam-se pela comparação do chiste com o sonho. Como no caso do sonho, diz Freud, o chiste encontra no inconsciente o inventário de formas de expressão possíveis onde escolhe justamente aquela que traz consigo o ganho do prazer da palavra. Além disso, se o sonho é sempre um desejo que serve à *economia do desprazer*, o chiste é um jogo que serve à *aquisição de prazer* — exatamente os dois objetivos, segundo Freud, de todas as nossas atividades psíquicas, de modo que o chiste adquire, ao lado do sonho, um significado fundamental no que diz respeito à constituição psíquica do homem.

Finalmente, outras formas do risível também se constituem fora da atenção consciente. A ação cômica e o humor, apesar de não se localizarem no inconsciente como o chiste, estão, para Freud, no pré-consciente. Uma diferença que não anula a identidade de objetivo dos três — serem métodos de recuperação do prazer que se perdeu com o desenvolvimento da crítica.

É importante notar que, na tradição teórica alemã, o objeto do riso freqüentemente divide-se em cômico (*das Komische*) e chiste (*Witz*), às vezes acrescentando-se-lhes o humor (*Humor*). *Das Komische* em geral refere-se a ações, gestos ou expressões corporais, como os que se observam no teatro ou nas ruas, enquanto *Witz* diz respeito aos chistes e piadas. Essa distinção nem sempre é tão simples e depende, evidentemente, do sistema teórico de cada autor.

A recorrência do chiste como categoria capaz de encerrar uma especificidade é comum apenas às tradições alemã e inglesa, que dispõem de palavras para fundamentar essa diferença. O *Witz* alemão e o *wit* inglês remetem a uma especificidade ausente nas outras línguas, nas quais se fala do cômico em geral, às vezes dividido em cômico "de palavras" e cômico "de ações" ou "de situações".

Para Freud, portanto, o objeto do riso em geral — o chiste, a ação cômica, o humor etc. — opõe-se à esfera consciente da razão e da crítica. Observa-se, contudo, em sua formulação, que o impensado, o indizível, o não-sério situam-se num espaço teoricamente estabelecido, que os torna passíveis de serem pensados e nomeados pela razão. Não basta situar o riso e o risível enquanto opostos à apreensão consciente do mundo, à relação lógica entre as palavras e as coisas; o lugar mesmo em que se situam é "dizível" pelo pensamento racional, uma vez que o impensado passa a ser acessível pelo viés da psicanálise.

Há, assim, diferenças significativas entre os tratamentos da questão do riso como sinalizadora de algo que se situa para além do pensamento. Para completar a discussão, é necessário introduzir a noção do riso trágico, que aparece em autores como Clément Rosset e nos próprios Nietzsche e Bataille.

Riso cômico, riso trágico

Clément Rosset, em sua *Lógica do pior* (1971), caracteriza o que seria o "riso exterminador" ou "riso trágico" partindo de um caso concreto, o naufrágio do *Titanic*. O naufrágio, para ele, além de ser um infortúnio lamentável, comovente e trágico, foi também uma história de violenta força cômica, manifestada, por exemplo, na ordem de seguir em velocidade máxima quando as mensagens já alertavam para a presença de *icebergs*; na calma do comandante, autor daquela ordem; no desempenho da orquestra, que, no último minuto, substituiu a música de dança por hinos religiosos, e assim por diante. Mas a principal fonte cômica, para Rosset, é a que dá ao riso uma perspectiva trágica — "o fato de o desaparecimento possuir, em si mesmo, uma vertente cômica".[23] O desaparecimento é a exterminação sem restos, a pura e simples cessação de ser. E é nessa passagem gratuita do ser ao não-ser, sem que haja razão ou fator necessário, que reside, para Rosset, a motivação do riso trágico. O riso exterminador e gratuito nasce quando algo desaparece sem razão — talvez, acrescenta, "porque a incongruência do desaparecimento revela tarde demais o caráter insólito do aparecimento que o precedera: ou seja, o *acaso* de toda existência".[24]

Para realçar a especificidade desse riso, Rosset lhe opõe o riso *clássico*, que situa no terreno do sentido, na medida em que seu efeito cômico vem do contraste entre o sentido e a incoerência. O riso clássico, comparado ao trágico, teria uma grande fraqueza: é incapaz de ascender ao pensamento do acaso, porque pressupõe a preexistência de uma positividade do sentido. Como ri do impensável, continua pressupondo o pensável. O riso trágico, ao contrário, faria o sentido desaparecer de uma só vez, como o Atlântico fez desaparecer o *Titanic*, sem compensar a destruição com uma razão.

Entre os risos que seriam propensos à fraqueza do riso clássico, Rosset identifica o riso de Foucault suscitado pela leitura da classificação de Borges: a "impossibilidade clara de pensar aquilo" não faria senão reafirmar o *sentido* do pensável. Não creio, contudo, que o riso de Foucault tivesse como resultado último reafirmar a positividade do sentido. Ao contrário: nele está contida a perplexidade diante do impensável e a conseqüente certeza dos limites de "nosso" pensamento. No próprio texto de Rosset, aliás, a destruição do sentido não prescinde das positividades comuns ao nosso pensamento. O riso exterminador, aquele que não tem a fraqueza de afirmar o sentido, significa para ele, "em última análise, a vitória do caos sobre a aparência de ordem: o reconhecimento do acaso como 'verdade' '[d]aquilo que existe'".[25] Estas últimas palavras revelam afinal que a vitória do caos sobre a ordem só pode ser nomeada a partir dos limites de nosso pensamento, preso às noções de "verdade" e de "existência", as quais, mesmo colocadas entre aspas, não atingem o "não-lugar" da linguagem.

Ao tornar positivos o caos, o acaso, o nada, Rosset nos conduz novamente ao mesmo esquema: situa o riso em um espaço para além do pensamento e da ordem — espaço que nosso pensamento e nossa linguagem não podem atingir, não obstante o esforço de os colocar entre aspas. Como nos casos anteriores, o riso é carregado de uma espécie de verdade "mais verdadeira" e de realidade "mais real" do que aquelas que nosso pensamento pode apreender.

Dois registros merecem destaque nessa discussão. Em primeiro lugar, a própria noção de riso trágico como afirmação do nada, do desaparecimento, do acaso, enfim, da destruição do sentido sem que nada seja dado em troca. Em segundo lugar, o fato de a oposição entre riso trágico e riso cômico (ou "clássico", como quer Rosset) não ser de modo algum linear ou transparente: o elogio daquele pode levar a uma exacerbação da verdade e da existência, compensando, sim, a cessação de ser com um *sentido*.

Tratemos agora da segunda frase de Nietzsche citada por Bataille. Ela e a atenção que lhe confere Bataille nos permitirão completar a discussão sobre a idéia de riso trágico e suas nuanças.

"Ver naufragar as naturezas trágicas e ainda poder rir, apesar da mais profunda compreensão, da emoção e da compaixão, isto é divino" — esta é a frase, que Bataille cita pelo menos duas vezes em sua obra.[26] Para se perceber sua importância na história do pensamento sobre o riso, convém observar que, pelo menos até fins do século XVIII, o objeto do riso sempre foi caracterizado como o oposto do trágico e, por isso mesmo, impossível de suscitar compaixão. Agora, ao contrário, trata-se de saber rir *do trágico*, acima e além de toda compaixão que ele possa engendrar. Não foi à toa, certamente, que Rosset caracterizou mais tarde o riso trágico a partir do exemplo do *Titanic*: o naufrágio parece ser uma imagem eficaz para tratar dessa questão.

Para Bataille, contudo, a expressão de Nietzsche soa "um pouco trágica demais". No momento em que podemos rir daquilo que é trágico, diz ele na conferência de 1953, "tudo é simples e tudo poderia ser dito sem nenhuma espécie de acento doloroso".[27] Na verdade, o riso trágico de Bataille tem menos a ver com o *objeto* do riso (o trágico de que se ri) do que com a *atitude* daquele que ri. A questão de a satisfação do riso ser inseparável de um "sentimento trágico" é recorrente em sua obra. "Quando você ri", diz ele em uma passagem de *A experiência interior*, "você se percebe cúmplice de uma destruição daquilo que você é, você se confunde com esse vento de vida destruidora que conduz tudo sem compaixão até seu fim."[28] Ou ainda, em *O limite do útil*, o que traímos ao rir é "o acordo (...) de nossa alegria com um movimento que nos destrói";[29] em última instância, com a própria *morte*. Nesse caso, não é por rir da morte, e sim por se confundir com a morte, que esse riso se torna inseparável de um sentimento trágico.

Mais uma vez as diferenças entre os autores não são pequenas. Mas não há dúvida de que, quando se fala de riso *trágico*, é da destruição, da cessação de ser, que se está falando.

* * *

Este livro debruça-se sobre as relações entre o *riso* e o *pensamento* e parte de um conjunto de reflexões contemporâneas que vinculam o riso a um "não-lugar" do pensamento, necessário para que este ultrapasse seus próprios limites.

No que diz respeito ao estatuto desse "não-lugar", desse "nada" que encerra a essência do riso, pode-se distinguir dois movimentos. O primeiro o define em contraposição à ordem do sério. O riso e o risível remetem então ao não-sentido (*nonsense*), ao inconsciente, ao não-sério, que existem apesar do sentido, do consciente e do sério. Saber rir, saber colocar o boné do bufão, como diz Ritter, passa a ser situar-se no espaço do impensado, indispensável para apreender a totalidade da existência.

Esse primeiro movimento é também o de Freud, que aproxima o risível do inconsciente ou do pré-consciente, indispensáveis para se apreender a totalidade da vida psíquica. Pode-se reconhecê-lo também em algumas pesquisas no campo das ciências humanas, que definem o espaço do riso e do risível como aquele em que se experimenta uma transgressão da ordem social ou da linguagem normativa. O espaço do riso é então a outra "metade" da sociedade ou da linguagem, indispensável para dar conta de suas totalidades.

O segundo movimento consiste em relacionar o "nada" à cessação de ser: o "nada" não é mais a "metade" não-séria ou inconsciente do ser, e sim a morte. Saber rir, nesse caso, é tornar-se Deus, experimentar o impensável, ou ainda sair da finitude da existência.

Os dois movimentos não são excludentes entre si. Quando Nietzsche assinala a necessidade imperativa de sair dos limites do ser para tornar possível a "gaia ciência", é também da oposição ao primado do sentido e da positivação do não-sentido que está falando. Para Bataille, não só a *morte*, mas também o *desconhecido* fazem rir. Ou seja: não é por um autor se referir ao riso da morte que exclui de suas reflexões o riso do não-sério, do impensado, enfim, o riso que remete à necessidade (ou à impossibilidade) de se ultrapassar os limites do pensamento.

Por isso, a distinção feita por Rosset entre o riso clássico e o riso trágico parece-me um tanto rígida demais. O riso clássico, diz Rosset, reafirma o sentido, na medida em que toma o não-sentido como hilariante e impensável. Mas ele esquece que esse mesmo riso consiste também na *afirmação* do não-sentido enquanto hilariante e impensável.

A relação entre o riso e o próprio ato de pensar o "nada" também ressalta do conjunto de reflexões de que tratamos até agora. O riso torna-se necessário seja para ultrapassar os limites do pensamento sério e tornar positivo o não-sério banido como "nada", seja para ultrapassar os limites do ser e fazer a experiência refletida do não-saber, ou, como quer Nietzsche, tornar possível a "gaia ciência". Ele passa a ser uma solução tanto para o pensamento aprisionado nos limites da razão quanto para o ser aprisionado na finitude da existência. Pelo riso atingimos a *não-razão* e a *morte* — dois objetivos cuja atualidade histórica está atrelada às exigências do pensamento moderno.[30]

Interessa-nos examinar como o riso foi pensado fora dessa modernidade, e se — e como — foi vinculado também a um pensamento sobre o pensamento. Se hoje o riso parece ter ascendido a um estatuto filosófico, importa compreender que relações se estabeleciam entre o riso e o pensamento em outras épocas.

Pode-se dizer que o ato de pensar o riso sempre foi definido pelo sério, que excluía o riso, considerando-o incapaz de dizer algo sobre o próprio pensamento. Agora, contudo, como mostram os textos até aqui abordados, o pensamento parece buscar sua definição (suplantando seus limites e sua seriedade) no próprio riso, que se converteu assim na salvação da filosofia.

Para abarcar esse duplo movimento, podemos chamar o riso de conceito ao mesmo tempo *filosófico* e *histórico*. Filosófico por ter-se tornado um conceito em relação ao qual certos pensamentos modernos passaram a se definir, e histórico porque, como *objeto do pensamento*, recebeu uma série de definições historicamente determinadas.[31]

Se hoje situa-se o riso ao lado do impensável, daquilo que revela ao pensamento a necessidade e a impossibilidade de ultrapassar seus limites, parece-me que o próprio pensamento não pode mais defini-lo e que não é mais possível uma teoria do riso. Ou melhor: só será possível uma teoria do riso que tiver por objetivo definir o riso a partir das positividades finitas do pensamento, procurando sua "essência", seu "fundamento", seu "mecanismo" etc.

Isso ainda é factível, mas não estou certa de sua utilidade contemporânea. A questão "o que é o riso?" parece ter perdido a urgência. Quando a encontramos hoje, temos a impressão de estar diante de uma repetição estéril daquilo que os pensamentos de outrora disseram com muito mais vigor e atualidade.

O riso nas ciências humanas

> Um dia em que pus as mãos em certas obras gregas que tinham por título *O que faz rir*, tive a esperança de que me ensinassem algo. Nelas achei um bom número daquelas piadas picantes tão comuns entre os gregos (...);

> mas quando elas quiseram formular a teoria do risível e reduzi-lo a preceitos, mostraram-se singularmente insípidas, a tal ponto que, se fazem rir, é por causa de sua insipidez.
>
> Cícero, *De oratore*, II:217

> Foi dito que refletir sobre o riso faz ficar melancólico.
>
> Ritter, 1940

Estamos ainda no ponto de partida deste livro. Parodiando Cícero: um dia em que me pus a pensar pela primeira vez no problema do riso, tinha a esperança de aprender alguma coisa. Entre minhas motivações, estava o caráter, em princípio contraditório, de uma abordagem científica — "séria" — de um tema que, à primeira vista, nada tinha a ver com seriedade. Engano meu: à medida que mergulhava na pesquisa, percebia que eu não era, de forma alguma, a primeira pessoa a eleger o riso como objeto de estudo. E mais: a esperança inicial de apreender a essência do riso e do risível revelava-se um lugar comum melancólico, presente em quase todos os trabalhos que pude consultar — estudos contemporâneos desenvolvidos na área das ciências humanas. É de seu conteúdo que falarei agora, construindo um esboço do estado atual da questão do riso na pesquisa acadêmica que permitirá situar melhor este estudo no debate contemporâneo.[32]

A brevidade desse esboço obriga-me a contornar o obstáculo terminológico que permeia a discussão teórica do problema. São muitas as categorias ligadas ao nosso objeto de estudo: humor, ironia, comédia, piada, dito espirituoso, brincadeira, sátira, grotesco, gozação, ridículo, *nonsense*, farsa, humor negro, palhaçada, jogo de palavras ou simplesmente jogo. Examino, porém, os trabalhos como se dissessem respeito indistintamente ao universo do riso e do risível, sem me deter nas diferenças terminológicas, mesmo porque, na maioria dos casos, elas não são expressamente destacadas pelos autores.

Chamo de *risível* o *objeto do riso* em geral, *aquilo de que se ri* — seja a brincadeira, a piada, o jogo, a sátira etc. Assim, *risível* aqui, na maioria dos casos, corresponde ao que também recebe o nome de *cômico*. Ambas as noções são bastante aproximadas, mas o emprego da palavra *risível* tem uma função instrumental. Impõe-se a partir dos textos mais recentes que introduzem a noção de riso *trágico* em oposição ao riso *cômico*,[33] e é uma solução que engloba os diversos termos que designam o objeto do riso nos textos teóricos.

Neste esboço pergunto-me também sobre o que motiva alguns autores a estudar o riso e o risível. Jean Duvignaud, em *O próprio do homem*

(1985), afirma a certa altura que todas as teorias de que falara escondiam uma inquietude: o que o homem procura através do riso? — isto é, em última instância, "o que é o riso?". A pergunta aqui não é esta, e sim: o que o pesquisador procura ao escolher o riso como objeto? — ou seja, "o que é o pensamento sobre o riso?". Em boa parte dos casos verifica-se que a esperança de aprender algo resulta na melancolia de não chegar a parte alguma, de modo que não estaremos muito longe do estado da questão do riso aos olhos de Cícero.

Comecemos pelos textos que procuram, mais uma vez, definir o riso e o risível, tentando solucionar o problema através de novas teorias.

John Morreall, em *Levando o riso a sério* (1983), apóia sua investigação no argumento que dá título ao livro. Diz ele: não se deve concluir que, pelo fato de não ser uma atividade séria, o riso não possa ser tratado do ponto de vista acadêmico. Muitos livros teriam sido escritos neste século sobre emoções humanas como o medo ou a ansiedade, mas relativamente pouco teria sido dito sobre fenômenos mais positivos como o riso. Por isso, Morreall afirma pretender resgatar para o riso o valor a que faz jus, e mostrar que entender o riso é avançar um bom pedaço em direção ao entendimento de "nossa humanidade".

As motivações do autor fundam-se em duas premissas muito pouco originais. A idéia de que atividades como o riso não têm lugar nos estudos acadêmicos não subsiste a uma investigação sobre a produção científica e filosófica deste século. Em 1938, Johan Huizinga, em *Homo ludens*, já observava a importância do estudo de atividades não-sérias no campo das ciências humanas. Mesmo antes, em 1904, Franz Jahn justificava seu trabalho *O problema do cômico em sua evolução histórica* salientando a importância do exame do não-sério em face da preponderância do trágico e do sério na ciência, na religião e na moral. Todos os estudos e teorias sobre o riso deste século atestam que, em diferentes disciplinas das ciências humanas, não são raras as tentativas de se "levar o riso a sério".

A segunda premissa de Morreall prende-se ao próprio objetivo do autor: é curioso que, ainda em 1983, o que motivasse a estudar o riso fosse a idéia de que, através dele, pudéssemos apreender algo de essencial à natureza humana. Veremos nos próximos capítulos que essa relação é tema dos mais recorrentes na história do pensamento sobre o riso. No caso de Morreall, a descoberta da essência do riso torna-se condição para o conhecimento de nossa natureza. O necessário, diz ele, é uma "teoria completa do riso e do humor".[34]

Com esse objetivo, o autor investe em duas frentes, cumprindo um percurso não muito original se comparado ao de outras teorias. A primeira frente consiste em classificar o objeto do riso. Segundo Morreall, há dois tipos de riso: o que resulta e o que não resulta de situações cômicas. Para cada tipo relaciona uma série de exemplos, que passam a servir de prova da validade de sua teoria. Assim, situações como "cócegas", "assistir a um truque de mágica", "ver gêmeos adultos com trajes iguais", ou ainda "histeria", que seriam em princípio exemplos selecionados aleatoriamente, acabam constituindo categorias de uma tipologia do risível.

A segunda frente escolhida por Morreall foi avaliar negativamente as teorias do riso anteriores, para, em seguida, propor sua própria teoria como solução definitiva para o problema. Ocorre que, nesse trajeto, Morreall reduz drasticamente todas as produções teóricas sobre o riso a "três teorias tradicionais": a da superioridade, a da incongruência e a do alívio — e, sem se preocupar com diferenças históricas, distribui os autores por essa tipologia.

De acordo com a teoria da superioridade — para ele, a de Platão, Aristóteles e Hobbes, entre outros —, o riso viria de um sentimento de superioridade em relação ao objeto do riso, o que, segundo Morreall, não abarcaria todos os tipos de riso.

A teoria da incongruência, igualmente insuficiente para abranger todos os tipos de riso, explicaria o riso como reação intelectual a algo inesperado e não-lógico. Aqui Morreall inclui, mais uma vez e sem maiores explicações, Aristóteles, ao lado de Kant e Schopenhauer.

Por fim, a teoria do alívio seria aquela que define o riso como liberação de energia nervosa. Nesse caso estariam Shaftesbury, Spencer e Freud. Ao longo dos próximos capítulos, veremos que esse quadro revela um desconhecimento significativo dos textos desses autores.

Como nenhuma das três teorias é completa — o que equivale a dizer que nenhuma abarca todos os exemplos de riso arrolados em sua tipologia —, Morreall formula sua própria teoria, que consiste, segundo ele, numa síntese das anteriores: o riso "resulta de um novo estado psicológico prazeroso" — eis a definição que oferece "a chave para se compreender todos os casos de riso".[35]

O livro de Morreall parece-me exemplar de certa insipidez que pode tomar conta do estudioso do riso. Nele os lugares-comuns se repetem, as interpretações da história do pensamento sobre o riso são tendenciosas e, por fim, não se sabe bem por que a academia reivindica para si o direito de estudar o "lado não-sério" da experiência humana. O que a fórmula "novo estado psicológico prazeroso" — resultado de toda a investigação — nos traz de substancial?

Mas Morreall não é o único a, nos anos 80, ainda procurar a essência do riso e do cômico. Jean Cohen, no artigo "Cômico e poético" (1985), trilha o mesmo caminho para chegar à solução definitiva da questão —

uma fórmula que, segundo ele, sintetizaria as duas grandes correntes teóricas existentes desde a Antigüidade: as teorias da degradação e da contradição. Cabe notar, aliás, que a polarização da questão do riso entre as noções de "superioridade" (ou "degradação") e "contradição" só tem algum significado na história do pensamento sobre o riso a partir do século XVIII.

A síntese proposta por Cohen é dada pela definição do cômico como "contradição axiológica interna", isto é, "uma conjunção, no seio de uma mesma unidade, de duas significações patéticas opostas, que se neutralizam reciprocamente".[36] Essa definição leva o autor a situar o riso no lado oposto da norma. Dois valores contrários coexistem e se neutralizam, diz ele, de modo que o cômico "é o niilismo e, como tal, liberação". A alegria que o cômico engendra seria a "felicidade de uma liberdade [que foi] reconquistada do mundo coercivo e tenso dos valores".[37] Ou seja, trata-se aqui da oposição entre o mundo sério dos *valores* e a *liberdade* propiciada pelo cômico — oposição que parece necessitar de fórmulas de efeito ("contradição axiológica interna", "significações patéticas que se neutralizam") para se renovar perpetuamente.

Outro exemplo da tentativa de apreender a essência do riso e do cômico é o artigo de Bjørn Ekmann, "Por que e com que fim rimos" (1981). Escrito como um convite a um trabalho interdisciplinar sobre a estética do riso, o artigo, além de apresentar 12 teses que procuram especificar o riso, o cômico e a sátira, entre outros, propõe definições de humor, comédia, ironia etc. O autor não chega a formular uma definição única, mas nota-se claramente que, com o trabalho interdisciplinar proposto, espera se aproximar do fenômeno integral do riso e responder à questão contida no título de seu artigo.

Pode-se observar percurso semelhante no debate que Mike Martin e Michael Clark travam no *British Journal of Aesthetics*, respectivamente em 1983 e 1987. A tentativa aqui é de apreender a especificidade da incongruência que suscitaria o riso. Para tanto, os autores se ocupam de questões como a necessidade de distinguir diferentes tipos de incongruência, o fato de nem toda incongruência resultar em riso, ou ainda de nem todo riso resultar de uma incongruência, e assim por diante.

Recuando à primeira metade do século XX, mais precisamente a 1949, temos Eugène Dupréel, que desenvolve os conceitos de "riso de acolhimento" e "riso de exclusão" para explicar o que chama de "fenômeno integral do riso" enquanto "síntese de alegria e de maldade". O riso seria uma manifestação de alegria pela satisfação de estar reunido, mas também expressão da maldade do grupo que ri de um personagem ridicularizado.

A interpretação do riso como síntese de prazer e desprazer é recorrente nas teorias sobre o assunto. O fato de o riso nem sempre ser expressão de alegria, mas também de malícia em relação àquele de quem se ri impede que se lhe confira sempre um valor positivo. O estudioso do riso pode embaraçar-se diante da vontade de situá-lo entre as manifestações de libertação da ordem estabelecida — rimos todos juntos da norma — e a constatação de que não raro é a afirmação mesma da ordem que está em jogo — as piadas racistas, por exemplo, não nos unem contra a norma. Para solucionar esse impasse muitas vezes caracteriza-se o riso como fenômeno sobretudo "humano": ele encerraria concomitantemente os lados "bom" e "mau" de nossa "natureza".

Ainda na primeira metade do século XX (1941) e de forma bastante elaborada, o antropólogo alemão Helmuth Plessner proporia mais uma teoria do riso, no livro *Rir e chorar: uma investigação das fronteiras do comportamento humano*. Plessner justifica seu estudo pela especificidade do riso e do choro: de um lado, opõem-se à linguagem e aos gestos porque não constituem uma resposta carregada de sentido; de outro, apesar do caráter eruptivo que os aproxima das expressões das paixões, ambos se diferenciam de emoções como a raiva, a alegria, o amor etc. porque estes últimos manifestam-se simbolicamente, enquanto, no riso e no choro, o movimento do corpo permanece opaco. Isto é: contrariamente às expressões emotivas, o riso e o choro nada dizem simbolicamente, o que os aproximaria, segundo Plessner, dos eventos arbitrários do processo vegetativo, como enrubescer, empalidecer, vomitar, tossir, espirrar etc.

O problema básico na investigação de Plessner é portanto descobrir as incógnitas "o que faz rir" e "o que faz chorar", já que elas não são de ordem afetiva. Na verdade, porém, a investigação acaba se atendo ao riso, uma vez que, ao longo do livro e à revelia do próprio Plessner, o choro torna-se nitidamente expressão de emoção.

À procura da incógnita "o que faz rir", o autor define o objeto do riso como aquilo que suscita a ligação insolúvel, contraditória e polissêmica entre o sério e o não-sério, entre o sentido e a ausência de sentido — ligação com a qual o homem não consegue lidar e da qual só consegue escapar através do riso. Para Plessner, o riso exprime a impossibilidade de resposta, expressão assumida pelo corpo, emancipado da pessoa. Ou seja: quando a razão e o entendimento não conseguem responder, é o corpo que assume a tarefa de expressar a impossibilidade de resposta.

Tal teoria do riso sublinha portanto uma perplexidade indizível diante do cômico. Como Plessner repete diversas vezes em seu livro: "rimos porque não conseguimos lidar com isso" — com o sentido na ausência de sentido, com a possibilidade do impossível. Ao riso é conferido o atributo de ser expressão, não de uma paixão, mas de uma "crise do comportamento do homem em relação a seu corpo" — fórmula hermética que não poderia ilustrar melhor a incógnita "o que faz rir".

Veremos nos próximos capítulos que a teoria de Plessner assemelha-se a outras tentativas de explicar o fenômeno do riso relacionando-o às atividades cognitivas, afetivas e vegetativas do homem. O que significa essa reação explosiva do corpo diante do objeto risível? Essa questão está por trás de muitas das teorias produzidas ao longo da história do pensamento sobre o riso e revela-se especialmente interessante, na medida em que nos informa sobre diferentes concepções de homem, corpo, cognição e afecção, implícitas nas tentativas de explicar o riso. Por fim, é preciso dizer que definir o riso como reação exclusiva do corpo diante do fato de que nem a razão nem o entendimento respondem ao objeto risível é uma idéia já presente em Kant (1790).

Além das tentativas de apreender a "chave" do riso, há, no campo das ciências humanas, toda uma série de estudos ao mesmo tempo empíricos e teóricos, que investigam o riso e o risível em relação à vida social ou à linguagem. Nesses casos, o lugar atribuído ao riso e ao risível depende, evidentemente, da forma pela qual a sociedade ou a linguagem são concebidas: quando pressupõem a idéia de um sistema, de uma ordem ou de uma norma, o lugar do riso é em geral o da desordem ou da transgressão.

No universo das ciências sociais, por exemplo, observa-se a recorrência do caráter transgressor do riso. Trata-se, na maioria dos casos, de uma transgressão socialmente consentida: ao riso e ao risível seria reservado o direito de transgredir a ordem social e cultural, mas somente dentro de certos limites.

Na antropologia, por exemplo, alguns estudos salientam que o espaço de consentimento do riso é culturalmente marcado, quase como se ele tivesse uma função social. Guardando as diferenças de abordagem, poder-se-ia citar Mauss (1926), Radcliffe-Brown (1952), Clastres (1967) e Seeger (1980), estudos em que o riso e o cômico aparecem, digamos, como fatos sociais, revelando que, em cada sociedade, haveria um espaço para sua expressão — espaço que coincidiria com aquele onde é permitido experimentar a transgressão da ordem estabelecida.

Por um lado, a ligação do riso com o espaço da desordem tem como conseqüência o fato de a transgressão tornar-se, ela também, uma norma. As relações jocosas analisadas por Marcel Mauss, por exemplo, exprimem, segundo o autor, a necessidade de relaxar ante as restrições da vida cotidiana. Ao compará-las a instituições de nossa sociedade, Mauss sublinha que a falta de respeito só se dá em função da existência de uma ordem preestabelecida: "Não basta dizer que é natural, por exemplo, que o soldado se vingue, no recruta, das troças do cabo; é preciso haver um exército e uma hierarquia militar para que isso seja possível".[38] No mesmo sentido, Radcliffe-Brown diria que as relações jocosas implicam a permissão de faltar ao respeito, ou seja, a institucionalização da transgressão.

Por outro, observa-se que o posicionamento do riso ao lado da desordem confere-lhe um valor de liberdade, de purgação quase, em relação às coerções sociais. De acordo com a interpretação de Pierre Clastres, no artigo "De que riem os índios?", os Chulupi do Chaco paraguaio ridicularizam, no nível dos mitos, o que é proibido ridicularizar "no nível do real". Analisando dois mitos nos quais o jaguar e o xamã são ridicularizados, o autor conclui que, para os índios, trata-se de pôr em xeque, de desmistificar a seus próprios olhos o medo e o respeito que as duas figuras reais inspiram.

No mesmo sentido, os velhos Suyá estudados por Anthony Seeger servem-se, segundo o autor, de temas ao mesmo tempo importantes e conflituosos de sua sociedade, e jogam com as ambigüidades e os tabus, tornando-se incrivelmente engraçados. E para Mary Douglas (1968), o *joke* é um anti-rito que invalida e desvaloriza os *patterns* dominantes, destruindo a hierarquia e a ordem.

Esse potencial regenerador e às vezes subversivo do riso e do risível é um lugar-comum presente em quase todos os estudos. Para Robert Escarpit, por exemplo, o humor permite "romper o círculo dos automatismos que a vida em sociedade e a vida simplesmente cristalizam em torno de nós".[39] Luiz Felipe Baêta Neves (1974) opõe o riso e o cômico à "ideologia da seriedade" e acredita no poder heurístico do cômico, pleiteando que se considere a comicidade uma forma específica de conhecimento do social e de leitura crítica da opressão. Leandro Konder, em agradável estudo sobre o barão de Itararé (1983), sublinha o papel do humor como desmistificador da ideologia dominante e, por isso, emancipador, destacando ainda seu caráter libertário e sua capacidade de trazer o novo.

Muitas vezes, o caráter regenerador do riso é identificado com o universo da arte. Rainer Warning (1975), por exemplo, aproxima o riso e o risível do mundo da ficção e do poético, como formas de expor outras possibilidades, para além dos sistemas de sentido fechados. Em 1938, Huizinga já destacava essa relação no caso específico do jogo: segundo ele, o jogo baseia-se na manipulação de uma certa *imaginação* da realidade, de sua transformação em imagens, e mantém estreita ligação com o campo da estética. Já em 1985, Jean Duvignaud diria que os atos e palavras do cômico e do riso pertencem àquela "finalidade sem fim" de que falam os filósofos, e que diz respeito também à criação artística.

A proximidade entre o plano de atualização do riso e do risível e os outros campos de possibilidades abertos pela arte, pela ficção, pelo jogo etc. figura também em *Frame analysis*, de Erving Goffman (1974). O livro não faz um estudo do riso e do risível, mas contém análises e referências a teorias do riso como a de Bergson, por exemplo. De acordo com Goffman, a sociedade — e a linguagem — revela-se menos um sistema fechado de possibilidades preestabelecidas do que uma constituição de campos em perspectiva, segundo as diferentes possibilidades de organização da realidade.

A partir das análises de Goffman, o risível poderia ser situado entre as experiências humanas "não-reais", como o jogo, o sonho, o acidente, a *performance* teatral, o equívoco etc. As atividades que levam ao riso não seriam transgressões da norma, mas constituintes dos múltiplos *frames* da experiência humana. Goffman remete o termo *frame* ao artigo "Uma teoria do jogo e da fantasia", de Gregory Bateson (1955), que seria uma das primeiras abordagens diretas do problema do sério e do não-sério na experiência humana. A reflexão de Bateson em torno da expressão "isto é um jogo" (*this is play*) permite de fato situar o riso e o risível não em oposição a uma norma preestabelecida, mas ao lado das ações que, segundo ele, não denotam aquilo que denotam.

O que se observa em relação às interpretações de Bateson e de Goffman é que, tanto no plano da linguagem quanto no das relações sociais, as atividades não-sérias ou "não-reais", como o jogo, a fantasia, o *joke* ou o cômico, são pensadas fora das estruturas de oposição do tipo "ordem" *versus* "desordem". O importante não seria o riso e o risível constituírem um espaço de transgressão ou de subversão da norma, mas pressuporem o estabelecimento de um nível metacomunicativo, ou de um *frame*, no interior do qual tudo o que se passa é jogo (*play*).

Outra interpretação que se opõe à idéia de um sistema preestabelecido é a de Daniel Cottom, em estudo de 1989. Cottom afirma que todo texto e toda interpretação de texto, assim como a linguagem, são contingentes, políticos e retóricos. A linguagem não faria parte da ordem, da estrutura social, das convenções lingüísticas; ao contrário: ela seria movente, sujeita a mudanças, aberta a possibilidades e a outros poderes de significação. O autor desenvolve essa idéia a partir da análise do gênero *joke*, que, por não se situar em um lugar definido em relação a um sistema normativo, não tem função transgressiva ou subversiva prévia. O interessante é que Cottom estende sua concepção do *joke* e da linguagem a todas as teorias que tentam definir o riso e o risível: como todo tipo de texto, elas são efêmeras e contingentes, isto é, histórica e retoricamente dadas. Isso significa, segundo ele, que essas teorias devem ser não só consideradas inseridas no contexto em que foram produzidas (não são apenas obra de seu tempo), mas também analisadas politicamente como construções de sentido que se referem a organizações específicas de poder.

Retornando aos estudos que partem da oposição entre norma e desvio para situar o riso, resta mencionar o trabalho de Lucie Olbrechts-Tyteca, *O cômico do discurso* (1974), um desdobramento do *Tratado da argumentação* (1958), escrito em co-autoria com Chaim Perelman. De acordo com o prefácio de Perelman, o cômico do discurso (ou "cômico da retórica") seria o lado *patológico* da linguagem, que ocorre quando fazemos dela uso abusivo, isto é, quando ultrapassamos os limites de seu uso "normal e sério". O que esse cômico assinala, diz Perelman, é que precisamos nos conservar "no caminho da precisão e da formalização" para impedir a reprodução de situações que levam ao riso. Há portanto uma oposição entre o uso sério, preciso e formal da linguagem e seu uso abusivo, sancionado pelo riso. A essa oposição acrescenta-se a que Olbrechts-Tyteca estabelece entre *demonstração* e *argumentação*. Segundo ela, o cômico do discurso só é possível na argumentação, uma vez que a demonstração se caracteriza pela univocidade, a intemporalidade e o caráter inelutável das conclusões.

Para comprovar sua tese, a autora passa a procurar, em enunciados risíveis, aquilo que os torna fonte de riso, procedendo ao que chama de "método da redução do cômico". E para assegurar-se de que os enunciados analisados são efetivamente risíveis, opta pelos que aparecem nas teorias tradicionais do riso, como os chistes estudados por Freud em 1905. "A tradição, nesse domínio", diz ela, "é uma espécie de caução mútua".[40]

É curioso observar como alguns autores tomam o conteúdo das teorias do riso como uma espécie de verdade transcendental. A utilização do material de Freud como *corpus* de análise, sob o pretexto de que já estaria consagrado como risível, revela que a autora não considera a atualidade histórica das teorias nas quais os exemplos aparecem. Além disso, Olbrechts-Tyteca incorpora a suas considerações preliminares sobre o riso e o risível definições de teorias tão diferenciadas quanto as de Laurent Joubert (publicada em 1579), Poinsinet de Sivry (de 1768) e Jean Paul (de 1804), para citar apenas as mais antigas. Esse procedimento, que consiste em adotar teorias já "históricas" sem nenhum tipo de relativização, também aparece no texto de Morreall, que usa a classificação do riso de James Beattie (de 1776) para confirmar a tese de que a "teoria da incongruência" não explicaria todos os tipos de riso.

Olbrechts-Tyteca conclui que o riso é uma espécie de termômetro que indica que o discurso em questão é argumentativo, e não demonstrativo. Mas, apesar de afirmar que pretende se ater aos problemas circunscritos, acaba transformando seu estudo numa forma enviesada de valorizar o caráter não regulamentado da linguagem.

Essa orientação torna-se relativamente clara quando Olbrechts-Tyteca se pergunta se sua pesquisa não implicaria a atribuição à *argumentação* e à *retórica* de um estatuto mais fundamental, mais real do que aquele conferido à demonstração e à lógica formal — reflexão que, no entanto, é abandonada em seguida, sob o pretexto de não ser científica, e sim filosófica. A argumentação e a retórica revelariam que a linguagem é muito mais multiforme do que se pensa, sendo o "cômico da retórica" investido da função de confirmar tais atributos: "ele salienta aquilo que distingue a argumentação: a ambigüidade dos termos, a multiplicidade dos ouvintes, a possibilidade constante de objeções, a instabilidade das premissas, a interação de todos os elementos, enfim, o caráter não-coercitivo da argumentação."[41]

Verifica-se que o "método da redução do cômico" e a análise dos exemplos consagrados pela tradição teórica tornam-se secundários diante do que interessa de fato à autora. Conseqüentemente, parece pequeno o saldo de 10 anos de pesquisa "científica" (no dizer da autora): "Esperamos que, no plano da observação e da experiência, nossas análises forneçam um material que toda teoria do cômico tenha interesse de levar em conta."[42] Afora esse material empírico da análise, o que resultaria desse estudo?

O trabalho de Olbrechts-Tyteca exemplifica, a meu ver, um procedimento comum no tratamento da questão do riso na pesquisa acadêmica contemporânea: falar de uma coisa quando, na realidade, é outra que está em questão. Em vez de se debruçar sobre o riso e o risível enquanto objetos, esse tipo de estudo confere-lhes uma função instrumental para chegar à legitimação de práticas não-normativas — nesse caso, a argumentação e a retórica. A pesquisa sobre o riso fica então deslocada e não oferece, ao fim e ao cabo, nada além do que um material empírico que se espera sirva para outras análises. Ou seja: convém que nos perguntemos novamente por que a ciência reivindica para si a competência de pensar o riso se, como no caso de Olbrechts-Tyteca, o que resta é um *corpus* compilado, que muito provavelmente nunca será utilizado para uma nova teoria, como a autora propõe — não só porque cada teoria terá novos critérios, mas também porque, como já aventei, não me parece que novas teorias do riso sejam atualmente necessárias.

A orientação deste estudo

Se o esboço traçado já não se tornou melancólico ou risível por sua insipidez, é hora de lhe pôr um ponto final e de tentar elucidar melhor a posição deste estudo no quadro atual da investigação sobre o riso.

Grosso modo, os trabalhos discutidos aqui revelam duas orientações possíveis no estudo do riso e do risível: a tentativa expressa de apreender sua essência propondo novas teorias definitivas e a análise de certas formas de manifestação do riso ou de certas práticas "não-sérias".

Ora, não creio que um novo estudo que siga um desses dois caminhos possa oferecer resultados muito diferentes dos já disponíveis. Não se iria muito além de reconhecer no riso e no risível um caráter paradoxal e ambivalente. De minha parte, partilho várias das concepções já destacadas nas pesquisas sobre o assunto. Ou seja: *nesse* particular, este livro nada tem a acrescentar. Tampouco quero cair na armadilha de estudar o riso e o risível para chegar a uma "realidade essencial", a um "fundamental" não-normativo, que seja evidenciado pela ambigüidade de meu objeto. Isso já foi feito várias vezes e merece antes ser analisado do que repetido.

Por todas essas razões, o objetivo aqui é examinar os pensamentos contemporâneos sobre o riso — que em parte são também meus —, confrontando-os com outras formulações teóricas que nos mostram ou que as concepções atuais sobre o riso não são de modo algum originais, ou que o riso pôde ser concebido de forma totalmente diferente.

Hoje, talvez só se possa analisar o tema *riso e risível* historicamente. Jacques Le Goff, em artigo sobre o riso na Idade Média, afirma, aliás, que o riso é um verdadeiro objeto de reflexão e requer particularmente um estudo histórico. "Enquanto fenômeno cultural e social, o riso deve ter uma história" — mesmo porque cabe aos historiadores "alargar o domínio da história", incorporando-lhe a oralidade, os gestos e o corpo.[43] O fato de nosso esboço não ter tratado dos estudos de perspectiva histórica produzidos nos últimos anos não deve sugerir sua inexistência. Alguns serão abordados nos próximos capítulos: principalmente os que se ocupam da produção sobre o riso e o risível em períodos determinados da história ocidental. Muitos deles, porém, parecem igualmente movidos pela busca da essência do riso e do risível, desta vez guiada pelos ensinamentos da tradição.

Nos textos teóricos da Antigüidade encontram-se muitas das premissas que orientam o pensamento sobre o riso até os tempos atuais. Não creio que seja possível refletir sobre o estatuto do riso em outros pensamentos e no pensamento moderno independentemente de certas tradições teóricas que remontam sobretudo a Platão, Aristóteles, Cícero e Quintiliano.

Nosso estudo, portanto, tem uma especificidade em relação aos que também partem de uma perspectiva histórica: é um dos únicos a acompanhar a questão do riso desde a Antigüidade até nossos dias.[44] Entre os raros exemplos desse tipo de estudo, há o já citado livro de Franz Jahn, de 1904, bastante rico em fontes bibliográficas, mas muito marcado por uma classificação evolucionista das teorias, que seriam primitivas e simples na Antigüidade, tornar-se-iam aos poucos mais complexas e conformes à essência do riso, até atingirem a quase perfeição no início do século XX.

Além desse estudo, existem algumas tentativas de interpretação da história do pensamento sobre o riso que a reduzem a duas ou três "correntes" teóricas, como é o caso dos já citados John Morreall e Jean Cohen. Não creio, contudo, que a questão do estatuto do riso em outros pensamentos seja resolvida dessa forma. É preciso que nos debrucemos sobre os próprios textos e façamos outro tipo de indagação. Por exemplo: de que modo o riso aparece como objeto e é justificado no texto? Como o autor explica o advento do riso e como define e classifica aquilo de que se ri? Quais as premissas, os exemplos e as referências que sempre retornam? Somente esmiuçando o pensamento de um autor é que se pode apreender o que seu texto nos tem a dizer acerca do pensamento sobre o riso e, talvez, da relação entre o riso e o pensamento.

Há ainda um pequeno livro, bastante recente, que parece se ocupar da "história do riso" partindo do que chamei de pensamento moderno. Trata-se de *O riso e o sagrado*, de Bernard Sarrazin (1991), que relaciona a "morte de Deus" ao "grotesco moderno" para sustentar a tese de que "a história do riso e a do sagrado são paralelas".[45] Entretanto, o autor limita-se a afirmar algumas teses sem se preocupar com explicações mais detalhadas — o que se reflete, aliás, na total ausência de referências bibliográficas, apesar de o texto conter diversas citações —, fazendo do livro muito mais um manifesto em prol da relação entre o riso e o sagrado do que propriamente um estudo sobre a história de ambos.

Minha investigação sobre o riso na história do pensamento ocidental limita-se às produções em língua francesa, inglesa e alemã e, no tocante à Antigüidade, àquelas que foram traduzidas. Ou seja, "ocidental" aqui refere-se, na verdade, a certos pensamentos mais difundidos na história da cultura européia. É curioso notar, aliás, que não encontrei teorias do riso escritas originariamente em português ou espanhol. Isso dá o que pensar, porque o que ocorre com as *teorias* não ocorre com a produção de textos cômicos: Francisco de Sá Miranda (1481-1558), Lope de Vega (1562-1635), Calderón de la Barca (1600-81), entre outros, mas sobretudo Cervantes (1547-1616), são referências imprescindíveis na literatura sobre o assunto.

Finalmente, não estarei contemplando, neste livro, a produção de textos cômicos, destinados antes a fazer rir do que a explicar o riso, e das teorias que se ocupam principalmente da comédia enquanto arte dramática.

O cômico e a comédia estarão presentes sempre que se revelarem importantes para determinada explicação do riso, já que praticamente inexiste teoria do riso que não fale também daquilo que o suscita.

NOTAS

1. Ritter, 1974:76.
2. Bataille, 1970-76, v. 7, p. 544.
3. Ibid., v. 5, p. 80.
4. Ibid., v. 8, p. 562.
5. Ibid., v. 8, p. 219-20; grifos meus.
6. Ibid., v. 5, p. 46-7.
7. Ibid., v. 7, p. 278.
8. Ibid., v. 5, p. 333-4 e 364.
9. Ibid., v. 8, p. 216.
10. Ibid., v. 8, p. 222; grifo do autor.
11. Ibid., p. 562; cf. também v. 5, p. 542. Outras referências de Bataille ao riso de Nietzsche podem ser encontradas em "O riso de Nietzsche" (1942) e em *Sobre Nietzsche* (1945).
12. Bataille, 1970-76, v. 2, p. 214, nota. Cf. *Assim falou Zaratustra*, III, § 23: "Und falsch heiße uns jede Wahrheit, bei der es nicht *ein* Gelächter gab!" (Nietzsche, 1954-63, v. 2, p. 457; grifo do autor).
13. Bataille, v. 2, p. 102.
14. Nietzsche, 1954-63, v. 2, p. 34; grifo do autor.
15. Ver, por exemplo, livro IV, § 327: "E 'onde há riso e alegria, lá o pensamento não presta' — esse é o preconceito dessa besta séria [o homem sério] contra toda 'gaia ciência'. — Muito bem! Mostremos que é um preconceito!" (Nietzsche, 1954-63, v. 2, p. 189). A "necessidade do riso" repete-se no poema "Nur Narr! Nur Dichter!", que se encerra com os seguintes versos: "Que eu seja banido/ de toda verdade,/ só palhaço/ só poeta!" (*Assim falou Zaratustra*, livro IV; Nietzsche, 1954-63, v. 2, p. 536), poema que aparece também em *Dionysos-Dithyramben*, de onde tirei seu título (Ibid., p. 1239-42).
16. E também em *Além do bem e do mal*, § 223 (Ibid., p. 686).
17. Ibid., p. 34-5.
18. Foucault, 1966:7.
19. Ibid., p. 7-9; grifo do autor.
20. O fato de Freud se concentrar principalmente no chiste não significa que, em sua investigação, não trate de outras formas do risível ou até do próprio riso. Isso fica claro pelo critério de seleção dos chistes analisados: "É evidente que tomamos como objeto de nossa investigação aqueles exemplos de chiste que causaram em nós mesmos maior impressão e nos fizeram rir ao máximo" (Freud, 1970:19).
21. Marquard, 1976:150.
22. Lévi-Strauss, 1971:588.
23. Rosset, 1971:173.
24. Ibid., grifo meu.
25. *"Comme 'vérité' de 'ce qui existe'"*, ibid., p. 179.
26. Para a frase de Nietzsche: "Die tragischen Naturen zugrunde gehen sehen und *noch lachen können*, über das tiefste Verstehen, Fühlen und Mitleiden mit ihnen hinweg, — ist göttlich", ver as obras póstumas da época de *Zaratustra* (Nietzsche, 1978, v. 1, p. 273; grifo

do autor). Na obra de Bataille, a proposição é citada no artigo "O riso de Nietzsche" e na conferência de 1953 (cf. Bataille, 1970-76, v. 6, p. 311, e v. 8, p. 225).

27. Bataille, 1970-76, v. 8, p. 225.

28. Ibid., v. 5, p. 441.

29. Ibid., v. 7, p. 276.

30. Essa "atualidade histórica" de um pensamento que julga indispensável ultrapassar seus limites já foi destacada por Foucault em *As palavras e as coisas*: "Todo pensamento moderno é atravessado pela lei de pensar o impensado" (Foucault, 1966:338).

31. Tomo emprestada a distinção de Tilman Borsche entre conceito filosófico (no interior do qual o pensamento se define) e conceito histórico (definido pelo pensamento e, portanto, objeto das ciências históricas). Ver Borsche, 1990:27.

32. Não contemplo aqui a produção contemporânea sobre o cômico nos textos literários, isto é, os estudos que se voltam para a comédia, a ironia, a sátira ou o humor na produção literária. Para esse universo, consultar por exemplo Preisendanz & Warning (1976), e Petr, Roberts & Thomson (1985).

33. Mesmo nesses textos, a palavra *cômico* não está ausente. Vale lembrar, por exemplo, que o naufrágio do *Titanic* tem, para Rosset, uma violenta força *cômica*.

34. Morreall, 1983:x.

35. Ibid., p. 39, 59.

36. Cohen, 1985:57-8.

37. Ibid., p. 60.

38. Mauss, 1969:118.

39. Escarpit, 1981:127.

40. Olbrechts-Tyteca, 1974:13.

41. Ibid., p. 401.

42. Ibid., p. 404.

43. Le Goff, 1989:1, 2 e 6. Essa opinião foi recentemente retomada pelo próprio Le Goff na introdução ao dossiê sobre o riso publicado na revista *Annales*, em que salienta "o interesse desse objeto de pesquisa e de reflexão para os historiadores e os especialistas das ciências humanas e sociais" (Le Goff, 1997:449).

44. Essa constatação não se aplica às teorias sobre a *comédia*, havendo estudos que abordam as diferentes formas de atualização do cômico na teoria e na prática literárias desde a Antigüidade. Pode-se citar, por exemplo, Northrop Frye, que, em *Anatomia da crítica* (1957), atribui princípios estruturais ao gênero da comédia desde a Antigüidade, observando a convenção de sua forma dramática desde as fórmulas de Plauto e Terêncio. Vilma Arêas, em seu instrutivo *Iniciação à comédia* (1990), apresenta um apanhado histórico do gênero desde a Antigüidade, bem como em diferentes momentos da história brasileira. Finalmente, há uma antologia, publicada em 1984, em que se acham extratos de diferentes teorias da comédia, desde Platão até E. Olson, este último de 1968 (apud Palmer, 1984).

45. Sarrazin, 1991:13.

capítulo 2

As "origens" do pensamento sobre o riso

Falar de origens do pensamento ocidental sobre o riso pressupõe algum grau de continuidade entre o antes e o depois. Não se trata, contudo, de uma continuidade linear — e por isso o uso das aspas em "origens".

É possível identificar um nível "oficial" de influência das teorias da Antigüidade sobre os pensamentos posteriores, quando referências expressas a autores antigos aparecem em textos mais tardios. Isso indica que algumas teorias da Antigüidade não são estranhas a certas tradições do pensamento sobre o riso, mas geralmente as citações restringem-se a frases ou premissas tornadas clássicas, sem relação com os textos de origem. Existem também influências não admitidas: "empréstimos" literais ou adaptados de certas passagens ou questões, sem que se faça qualquer referência à fonte original. As próprias formas de pensar o riso também podem ser objeto de difusão. A definição do riso como paixão da alma — tendência que se estende pelo menos até o século XVIII —, por exemplo, tem ligações estreitas com teorias da Antigüidade.

Todas essas influências do pensamento antigo sobre as teorias posteriores não devem deixar a impressão de que não haja *diferenças*. Boa parte do pensamento antigo sobre o riso que foi "esquecido" lhe permanece específico, só podendo ser recuperada a partir dos próprios textos. Estão nesse caso algumas das concepções que remetem à relação entre o *riso* e o *pensamento*, conforme se verá mais adiante.

Quatro perspectivas de explicação do riso ressaltam dos textos analisados neste capítulo: a ética, a poética, a retórica e a fisiológica. Elas têm aqui um papel estritamente operacional, apontando os "campos" nos quais o pensamento antigo sobre o riso podia tomar forma.

Nos textos antigos, os termos que equivalem ao que chamo aqui de "risível" são *geloion*, em grego, e *ridiculum*, em latim. Segundo Wilhelm Süss (1969), ambos designam o que, em alemão, é expresso por duas palavras: *Komik* e *Witz* — ou seja, aquilo que se entende por cômico em geral. O termo grego e, especialmente, o latino são algumas vezes traduzidos por "ridículo". Convém precisar contudo que, nestes casos, "ridículo" não tem necessariamente conotação negativa, remetendo antes àquilo de que se ri. R. Dupont-Roc e J. Lallot, em suas notas de leitura à edição da *Poética* de Aristóteles, observam a propósito do termo *geloion*: "o adjetivo *geloios* (...) pode equivaler ao francês 'ridicule', mas, substantivado, designa tecnicamente 'o cômico'."[1]

Incluo ainda neste capítulo considerações sobre o estatuto do riso na teologia medieval. Não se pode ignorar, no universo das "origens" do pensamento ocidental sobre o riso, os juízos éticos que ressaltam de textos medievais. Tais juízos não só remetem a algumas formas de pensar o riso na Antigüidade, como encerram um dado importante para a reflexão sobre o estatuto do riso: o fato de, ao contrário dos deuses antigos, Jesus Cristo nunca ter rido. Essa questão é tanto mais relevante quando se consideram as duas fronteiras que fazem do riso algo "próprio do homem" — os *animais* e *Deus* — e sua relação intrínseca com uma "condição humana" que estará na base de muitas das explicações sobre o enigma do riso. Durante muito tempo, saber o que é o riso foi desvendar os mistérios de uma faculdade humana marcada pela superioridade em relação aos animais e pela inferioridade em relação a Deus.

No *Filebo* de Platão

Em um pequeno trecho do diálogo *Filebo*, de Platão, encontramos a mais antiga formulação teórica sobre o riso e o risível que nos restou. De acordo com Michael Mader (1977), a tradição dos estudos sobre o riso e o cômico nunca reconheceu a complexidade desse trecho, em parte porque já na Antigüidade ele teria sido relegado ao esquecimento. De fato, a teoria do riso de Platão não é expressamente citada nos textos antigos tornados clássicos, mas o tema do diálogo — a questão do prazer — e o lugar aí ocupado pelo riso não são estranhos às teorias que se lhe seguiram.

Filebo começa com uma discussão sobre o prazer, da qual participam Sócrates e o próprio Filebo. Este último volta-se totalmente para o prazer: a volúpia é sua deusa e o prazer, o bem. Quando Protarco substitui Filebo como interlocutor de Sócrates, a discussão passa à natureza do bem: até que ponto ele é prazer, como quer Filebo, e até que ponto é sabedoria?

Segundo Platão, existem os prazeres verdadeiros e os prazeres falsos. Os primeiros são puros e precisos, enquanto os falsos misturam-se com a dor. Os prazeres verdadeiros são as belas formas, as belas cores, os belos sons e os belos perfumes, mas principalmente os prazeres do conhecimento, pois no ápice de todos os prazeres estão os do espírito. Além disso, o prazer não misturado com a dor é uma beleza pura e sem remorsos que nos proporciona a plenitude e a calma da posse eterna. Ele está mais próximo das características do bem — a verdade, a beleza e a medida — e propicia a realização completa, a segurança no ser e o contentamento da medida.

Já os prazeres falsos são sempre afecções mistas. Não passam de uma cessação da dor e da reconstituição de nosso equilíbrio. As afecções mistas — misturas de prazer e dor — dividem-se em três categorias: *corporais* (por exemplo, as sensações de frio e calor), *semicorporais e semi-espirituais* (como as antecipadas pela memória: a esperança, por exemplo) e *puramente espirituais*. Estas últimas são as afecções exclusivas da alma, como a cólera, o arrependimento, o luto, o amor, o ciúme, a inveja etc.

A mistura de "prazer" e "dor" nas paixões da alma já aparece no livro IV de *A República* de Platão e marca toda uma tradição teórica referente às paixões, segundo a qual as afecções da alma são regidas pelos fundamentos do "prazer" (o apetite concupiscível) e da "dor" (o apetite irascível): ou desejamos aquilo que nos agrada ou recusamos aquilo que nos desagrada.

É no contexto de caracterização das *afecções mistas puramente espirituais* que se dá a discussão sobre o riso: Sócrates quer provar, através da questão do cômico, que a afecção espiritual compõe-se de uma mistura de prazer e dor. Lembrando a Protarco os espetáculos trágicos que levam ao choro, ele evoca em seguida "o estado de alma em que nos colocam as comédias (...), que é também uma mistura de dor e prazer".[2] Mas, diz Sócrates, esse tipo de afecção não é fácil de compreender, razão pela qual deve ser examinado atentamente.

O destaque para o "estado de alma em que nos colocam as comédias" pode ser explicado pelo fato de que era necessário passar pela comédia para compreender a questão do riso e do risível. Wilhelm Süss sugere que Platão e Aristóteles não dispunham de outro material, como o romance cômico ou algo que pudesse fazer lembrar Dom Quixote ou Tristam Shandy, para apreender o fenômeno do cômico.

A investigação de Sócrates inicia-se com três pressupostos: que a inveja e a malícia (*phthonos*)[3] são uma dor da alma, que o invejoso se regojiza com os infortúnios alheios, e que a ignorância e a estupidez são males. Desses três pressupostos, diz Sócrates, deduz-se a natureza do risível (*geloion*).

O risível é definido em seguida como um vício que se opõe diretamente à recomendação do oráculo de Delfos: "conhece-te a ti mesmo". Aqueles que se desconhecem são vítimas da ilusão — do ponto de vista da fortuna (quando crêem que são mais ricos do que o são na realidade), do ponto de vista do corpo (quando se acham mais belos do que são) e do ponto de vista das qualidades da alma (quando se acham superiores em virtude). A maior parte das pessoas que se desconhece peca por esta última ignorância e, entre as virtudes, "é a sabedoria que a maioria tem a pretensão de possuir".[4]

A ilusão em relação a si mesmo divide-se ainda em dois tipos, de acordo com as espécies de pessoas que se desconhecem. Uns têm a *força* e o poder e se tornam temíveis e odiáveis por sua ignorância. Outros, que não são nem fortes nem poderosos, acrescentam a seu desconhecimento a *fraqueza*, tornando-se risíveis. É risível, portanto, o *fraco* que se imagina mais sábio, mais belo, mais rico, ou mais virtuoso do que efetivamente é. Note-se que o desconhecimento de si mesmo não constitui condição suficiente do risível: é preciso também que se seja *fraco*. Poder-se-ia falar aqui de uma dimensão *política* da teoria de Platão: os fortes e os poderosos que se acham mais sábios, mais belos ou mais ricos do que na verdade são não se tornam objeto do riso.

Sócrates desenvolve em seguida um segundo argumento, não sobre o objeto do riso, mas sobre aquele que ri. Trata-se da definição da inveja, uma das afecções mistas puramente espirituais. Mais uma vez as pessoas são divididas em dois tipos: os *amigos* e os *inimigos*. Quando rimos dos males de nossos amigos, ao invés de nos entristecermos, cometemos injustiça e experimentamos um prazer que tem como causa a inveja. Regozijar-se com os males dos inimigos, porém, não constitui nem injustiça nem inveja. Ora, diz Sócrates, já foi dito que o desconhecimento de si mesmo é um mal. Quando rimos de nossos *amigos fracos* que se desconhecem, misturamos o riso à inveja, o prazer à dor, "pois concordamos há muito que a inveja é uma dor da alma e que o riso é um prazer, e ambos coexistem nessas ocasiões".[5]

Dito isto, Sócrates conclui sua explicação sobre o caráter misto das afecções puramente espirituais: "nos cantos de luto, nas tragédias e nas comédias da vida e em uma multiplicidade de outras ocasiões, as dores se misturam aos prazeres."[6] A descrição dessa mistura "na comédia", diz Sócrates, teve como objetivo persuadir Protarco de que "uma tal fusão é fácil de demonstrar nos medos, nos amores e em outras paixões parecidas", razão pela qual não é necessário abordar todo o resto.[7] A discussão sobre as paixões mistas se encerra, então, e o diálogo se volta para a questão dos prazeres puros.

Eis a teoria do riso e do risível de Platão. Pode-se dizer que a questão do riso é identificada a um duplo "erro".[8] Da parte daquele que é objeto do riso, porque ele não obedece à inscrição do oráculo de Delfos e se desconhece a si mesmo. Da parte daquele que ri, porque ele mistura a inveja ao riso. Este é o tom principal da passagem examinada: a condenação moral tanto do risível quanto daquele que ri. Ela ressalta da interseção das duas espécies de pessoas de que trata o texto: os fracos (o objeto do riso) e os amigos (o sujeito do riso, que experimenta, em relação ao objeto do riso, o "erro" da inveja).

A grande dificuldade da teoria de Platão resulta principalmente do fato de o assunto não ser nem o risível nem o riso propriamente ditos, e sim a afecção mista puramente espiritual. O tema "comédia" aparece no diálogo como meio de provar que mesmo as afecções que parecem unicamente constituídas de prazer são, na realidade, misturadas com a dor. O exame do caso limite da afecção cômica — o "estado de alma" em que, em princípio, só se experimentaria prazer — torna-se suficiente para explicar as outras afecções mistas em que a mistura de prazer e dor é mais evidente.

Convém determo-nos nesse "estado de alma em que nos colocam as comédias". Primeiro, não se deve confundi-lo com o *risível*. Este último é duplamente definido pelo desconhecimento de si mesmo e pela fraqueza e é o objeto em relação ao qual experimentamos aquele estado de alma. Segundo, ele é feito "de uma mistura de dor e prazer". A *dor* é aqui a inveja ("uma dor da alma"), ou, como destaca Mader, o *phthonos*, que designa ao mesmo tempo a inveja e a malícia que experimentamos em relação aos males dos amigos fracos. Quanto ao *prazer*, lemos no fim do extrato que ele consiste no próprio *riso*. Como já vimos: "a inveja é uma dor da alma e o riso é um prazer, e ambos coexistem nessas ocasiões". A mistura de prazer e dor no estado de alma em que nos colocam as comédias corresponderia então à coexistência do *phthonos* e do *riso*, o que significa que o riso é o "lado" *prazer* nessa afecção mista puramente espiritual. Apesar de não estar dito expressamente no texto, pode-se supor que o riso seja um *prazer falso* (do mesmo modo que a afecção cômica), porque ocorre em combinação com uma dor, a inveja.

A mistura de inveja (o "lado" dor) e riso (o "lado" prazer) no estado de alma em que nos colocam as comédias é um resultado bastante curioso porque faz o riso equivaler a uma *afecção*. Por um lado, o riso tem o mesmo estatuto da inveja (uma afecção da alma), por outro, está compreendido e se manifesta no interior de uma afecção mista.

Veremos que a reflexão sobre o riso no quadro da discussão das paixões é bastante recorrente na tradição teórica sobre o assunto. Ela encerra, contudo, em sua base, um problema de definição, que parece emanar também das dificuldades do *Filebo*. A questão consiste em saber se o riso é, na verdade, uma *afecção* da alma de estatuto equivalente às outras afecções, como a inveja, o amor, a cólera etc., ou se *resulta* de um "estado" de afecção da alma como o da afecção cômica. Parece-me que a passagem do *Filebo* dá margem a ambas as possibilidades, circunstância também responsável por sua complexidade.

Voltemos ao tom principal do texto: a condenação moral daquele que é risível e daquele que ri. A inclusão da questão do riso em um diálogo dedicado à distinção entre os prazeres verdadeiros e os falsos nos leva à inferioridade do prazer cômico ante os prazeres puros do belo, do ser e da verdade. O prazer que experimentamos no caso do riso é marcado por um engano que cabe a Sócrates demonstrar: pensamos experimentar um prazer puro, mas na verdade ele é misturado com a dor, é um falso prazer. O estado de alma em que nos colocam as comédias não tem nada a ver com os prazeres verdadeiros do filósofo — o que nos leva, aliás, para bem longe da relação intrínseca e indispensável entre o riso e o pensamento que se discutiu no primeiro capítulo.

A posição de Platão com relação ao problema do riso é reiterada pela condenação não só ética, mas também filosófica da comédia e de toda espécie de manifestação artística, de que trata o livro X de *A República*. Segundo Platão, a poesia — entendida como a arte de imitar com palavras e frases, como é o caso da tragédia e da comédia — está afastada três graus da verdade, porque imita o que já é uma fabricação particular do objeto real, ou seja, o que já é uma imagem das Idéias. A poesia é incompatível com a filosofia, porque o poeta representa apenas a *aparência* das coisas, sem ter jamais tido *conhecimento* delas e iludindo a esse respeito a multidão que o aplaude. Veremos adiante que, para Aristóteles, ao contrário, a poesia é uma atividade filosófica, sendo justamente a *comédia* o ponto de partida dessa sua divergência com Platão.

O que importa ressaltar no momento é que, segundo Platão, a poesia, aí incluída a comédia, seria duplamente condenável. Não só por produzir obras sem valor do ponto de vista da verdade, como também por ter relação com o elemento inferior da alma humana, a parte irrazoável e distante da sabedoria. Isso porque a poesia, ao fazer prevalecer em nós a aparência, arruína o elemento da alma que julga com a razão. Além disso, nutre as paixões da alma e os excessos, enquanto a razão nos ensina a preferir a moderação e o equilíbrio.

Este último argumento aplica-se diretamente à comédia: se nós mesmos temos vergonha de ser objeto do riso, mas sentimos prazer na representação de comédias, diz Platão ainda em *A República*, corremos o risco de expandir a vontade de fazer rir, antes freada pela razão, a ponto de nos tornarmos autores cômicos. É nesse sentido que a imitação poética só faz fortalecer o mau elemento da alma, estando mais uma vez distante dos objetivos da filosofia.

Combinando as observações de *A República* e de *Filebo*, podemos concluir que o conceito negativo que Platão faz do riso e do risível é determinado, em última análise, por sua concepção da filosofia como prazer puro e única forma de apreensão da verdade, em oposição à ilusão característica das paixões. O riso e o risível seriam prazeres falsos, experimentados pela multidão medíocre de homens privados da razão. Entretanto, ambos devem ser condenados mais por nos afastarem da verdade do que por constituírem um comportamento medíocre. Afinal, o julgamento ético não se consubstancia aqui independentemente da filosofia.

Na obra de Aristóteles

Não nos restou de Aristóteles nenhuma teoria propriamente dita do riso e do risível, somente passagens dispersas em sua obra. Mas a influência de Aristóteles talvez seja a mais marcante na história do pensamento sobre o riso, principalmente no que concerne à consagração de sua definição do cômico como uma deformidade que não implica dor nem destruição. Essa definição, que se acha na *Poética*, estabelece-se como característica primeira do cômico já na Antigüidade e atravessa os séculos seguintes com soberania. Outra concepção corrente que remonta a Aristóteles é sua definição do riso como especificidade humana. O homem é o único animal que ri, diz Aristóteles em *As partes dos animais*, em trecho importante para a discussão da tradição fisiológica de explicação do riso. À parte esses dois campos de tratamento da questão do riso na obra de Aristóteles, discutiremos aqui algumas passagens da *Retórica* — úteis para a compreensão dos ensinamentos de Cícero e Quintiliano.

A abordagem poética: o cômico

Como o livro II da *Poética* — aquele que, segundo o próprio Aristóteles, tratava da comédia – se perdeu, faltam-nos as idéias de Aristóteles sobre o enigma do cômico, ausência ainda mais significativa por sabermos que ele se ocupou do assunto.[9] A própria perda do livro II da *Poética* tornou-se objeto de reflexão. Não só foi tema apaixonante para um romance — caso de *O nome da rosa*, de Umberto Eco —, como ocupa os círculos acadêmicos em tentativas de reconstituir o que Aristóteles teria dito.[10]

Certos autores, contudo, acreditam que o livro II da *Poética* não nos ensinaria muito sobre a questão: Aristóteles teria tratado muito sumariamente do cômico, cujo estatuto não se compara à posição central que a tragédia ocupa em seu tratado.[11] Manfred Fuhrmann (1973) observa que, à época de produção da *Poética*, a comédia ainda estava em desenvolvimento, sendo quase impossível apreendê-la como um todo, enquanto a epopéia e a tragédia já teriam chegado a suas formas clássicas. Por isso, apesar de o riso e o risível terem se estabelecido como questões legítimas no pensamento antigo, não se pode dizer que se destacavam como temas capitais. Estes eram muito mais a verdade e o ser, para Platão, e a tragédia, para Aristóteles.

Vejamos, porém, o que nos restou da concepção aristotélica sobre o cômico na *Poética*. A comédia é citada entre as artes que representam[12] as ações humanas: a tragédia, a epopéia, as artes do ditirambo, da flauta e da cítara. Todas essas artes, diz Aristóteles, se distinguem entre si segundo três pontos de vista: os *meios* de representação, os *objetos* representados e os *modos* de representar.

A tragédia, a epopéia e a comédia têm em comum o *meio* da linguagem, enquanto o meio das outras artes é o ritmo ou a melodia. Mas a tragédia e a comédia distinguem-se da epopéia pelo *modo* de representar a ação humana: elas usam a ação dramática, enquanto a epopéia recorre à narrativa. O único ponto de vista específico à comédia é o dos *objetos* representados: a tragédia e a epopéia representam as ações humanas nobres, ao passo que a comédia representa as baixas. Ou ainda, segundo o próprio Aristóteles: a comédia representa personagens em ação piores, e a tragédia, personagens melhores do que os homens. Essa especificidade é precisada no capítulo 5 da *Poética*:

> A comédia é, como dissemos, a representação de homens baixos; contudo ela não cobre toda baixeza: o cômico é apenas uma parte do torpe; com efeito, o cômico consiste em um defeito ou torpeza que não causa dor nem destruição; um exemplo evidente é a máscara cômica: ela é torpe e disforme sem exprimir a dor.

Ao contrário do que sabemos da tragédia, continua Aristóteles, a história do gênero cômico é desconhecida: "a quem se devem as máscaras, os prólogos, o número dos atores e todas as coisas desse gênero, é ignorado".[13] Dupont-Roc e Lallot observam, em suas notas, o tom *negativo* de tudo o que é dito sobre a comédia, tendo como referência justamente a tragédia: a comédia é a representação de homens baixos (isto é, *não* nobres); ela coloca em cena efeitos *não* dolorosos e *não* destrutivos que resultam de uma *falta* constitutiva; sua história é *desconhecida* e assim por diante. Tudo isso se opõe à positivação da tragédia e sugere que a comédia tenha sido de fato tratada mais sumariamente por Aristóteles.

A principal oposição refere-se, porém, à própria essência do trágico: se o defeito cômico é inofensivo e não engendra dor nem destruição, é ao *pathos*, à violência trágica, definida como "ação destrutiva ou dolorosa", que ele se opõe.[14] Fuhrmann sugere que, do ponto de vista da trajetória, a ação cômica também se oporia à trágica: ela iria da infelicidade à felicidade, de uma confusão à sua solução, e terminaria boa para os bons e má para os maus. Finalmente, o defeito cômico não teria muitas conseqüências: o autor acredita que Aristóteles pode ter atribuído à comédia um modelo de ação em que o personagem mau não seria horrivelmente punido, o que se ajusta, aliás, à definição do defeito ou torpeza que não causa dor nem destruição.

É curioso notar que, de certa forma, também Platão define o objeto do riso por negação ao trágico: se os fortes que se desconhecem não se tornam risíveis, e sim temíveis e odiáveis, conclui-se que o objeto do riso é o que não causa temor nem ódio. Assim, do mesmo modo que, para Aristóteles, o cômico é apenas a parte do torpe que não causa dor nem destruição, para Platão, o cômico só se verifica naqueles cujo desconhecimento de si não causa temor nem ódio.

A definição do cômico como *não-trágico* traz consigo o problema da incógnita "o que faz rir". Se a tragédia deve suscitar o terror e a piedade, como ensina Aristóteles em sua *Poética*, que tipo de afecção a comédia suscita? Ou, como formula Süss (1969): se sabemos que o terror provoca o arrepio, e a piedade, as lágrimas, e se conhecemos bem ambas as afecções, a que, então, corresponderia o fundamento do riso? Já vimos que essa incógnita não é específica dos textos antigos; está na base, por exemplo, da investigação de Plessner (1941). A resposta de Aristóteles parece uma maneira enviesada de manter o problema: o cômico é um defeito anódino que não suscita terror nem piedade. Em outras palavras: o que nos leva ao riso não é o *pathos* trágico que nos leva ao arrepio e ao choro.

Cabe dizer, contudo, que não se trata, na *Poética*, de tomar o efeito cômico enquanto afecção. Como diz Fuhrmann, nada leva a crer que Aristóteles tenha atribuído emoções específicas ao cômico. A idéia inversa vem da transferência bastante freqüente do conceito de catarse trágica à comédia. Fuhrmann já a identifica em um texto pós-aristotélico chamado *Tractatus Coislinianus*, segundo o qual a comédia teria como efeitos o prazer e o riso, *paixões* que ela purificaria no espectador. Para Fuhrmann, essa definição é uma cópia desajeitada da concepção aristotélica da tragédia, uma vez que Aristóteles jamais pensaria em designar o prazer e o riso como estados emocionais que a comédia deveria purificar no espectador. Pode-se concluir *ex silentio*, diz o autor, que Aristóteles não conheceu afecções específicas suscitadas pela comédia que pudessem corresponder ao terror e à piedade.[15]

Se o tema do cômico, na *Poética*, não aparece ligado à questão das paixões, é preciso compreendê-lo no contexto mesmo da *poièsis*, isto é, da ciência da produção das obras. A concepção de Aristóteles afasta-se aqui da de Platão, uma vez que a criação poética, para ele, é de ordem filosófica, como diz no capítulo 9, onde reconhece na comédia o atributo de revelar o caráter universal da poesia. Aristóteles parte da comparação entre a poesia e a crônica. O papel do poeta, diz ele, "é dizer não o que aconteceu realmente, mas o que poderia ter acontecido na ordem do verossímil ou do necessário". O cronista, ao contrário, diz o que aconteceu e se prende ao indivíduo particular e a suas ações. Por isso "a poesia é mais filosófica e mais nobre do que a crônica": pois parte do geral e se prende ao "tipo de coisa que um certo tipo de homem faz ou diz verossimilmente ou necessariamente".[16]

E continua Aristóteles: uma prova evidente do caráter geral da poesia é a comédia. Os poetas cômicos "constroem sua história com a ajuda de fatos verossímeis, e em seguida lhe dão de suporte nomes tomados ao acaso", ao passo que os poetas trágicos "se atêm aos nomes de homens realmente atestados".[17] Ou seja: que a poesia trate do geral é confirmado pela atribuição de nomes aos personagens cômicos. Como interpretam os tradutores da *Poética*: dar um nome significa constituir um personagem enquanto tal, isto é, os sujeitos lógicos e psicológicos das ações e os pontos de apoio das funções da história. Assim, a comédia oferece o modelo mais acabado da história construída a partir do verossímil. Apesar do estatuto central da tragédia, é a comédia, mais do que as outras artes miméticas, portanto, que comprova o caráter filosófico da poesia.

Verifica-se então a distância entre essa concepção e aquela que ressalta do *Filebo* e de *A República*: a comédia e o cômico não são ligados de antemão a valores negativos, a nada que possa lembrar o desconhecimento de si e a inveja, que opõem o prazer cômico ao prazer verdadeiro do conhecimento. A representação de homens baixos, apesar de seu cunho eticamente negativo, não implica uma inferioridade *a priori* da comédia, que é tão legítima quanto a tragédia do ponto de vista da criação poética.

Convém ainda destacar uma última menção ao cômico inserida na discussão sobre a qualidade da expressão poética. A expressão poética deve ser clara sem ser banal, diz Aristóteles, e deve empregar nomes não habituais, como a metáfora, e em geral "tudo o que se afasta do uso corrente".[18] Mas se o poeta faz uso muito evidente desses recursos, a expressão torna-se cômica: visam-se efeitos cômicos quando se empregam impropriamente as metáforas e outras espécies de nomes. Segundo Dupont-Roc e Lallot, Aristóteles nos faz entrever aqui um dos traços que caracterizariam a *expressão cômica*. Esta última situar-se-ia no ápice da gradação do uso de nomes não correntes. A *prosa* recorre a nomes não habituais, mas muito moderadamente; a *poesia séria* dispõe de uma paleta mais larga, mas também deve obedecer a uma medida e respeitar o propósito; o *cômico*, finalmente, "nasce da falta manifesta de medida e de propósito".[19]

As referências ao cômico e à comédia no livro I da *Poética* podem ser resumidas em quatro tópicos.[20]

— A comédia é uma arte poética que representa as ações humanas baixas, ou mais especificamente os personagens em ação piores do que nós.

— O cômico não cobre todo tipo de baixeza: ele é somente a parte do torpe que não causa dor nem destruição. É um defeito moral ou físico (a deformidade) que, sendo inofensivo e insignificante, se opõe ao *pathos* e à violência trágica e, por isso mesmo, não causa terror nem piedade.

— A comédia é o modelo de representação do geral próprio da arte poética, isto é, o modelo de representação do que pode acontecer na ordem do verossímil e do necessário, e não do que efetivamente aconteceu. À diferença da tragédia, a constituição dos personagens cômicos é uma invenção e seus nomes são dados ao acaso.

— Um dos traços característicos da expressão cômica é o emprego muito evidente de metáforas e outros nomes não habituais. Quando esse emprego é expressamente desmedido e fora de propósito, seu efeito é cômico.

Eis, portanto, o que nos restou da concepção aristotélica da comédia. Cumpre notar que o riso propriamente dito não aparece e que o texto nos remete sobretudo ao objeto que a comédia representa como gênero da arte poética. Esse objeto *representado* (a ação de homens baixos que não causa dor nem destruição) tem, pois, uma especificidade que lhe dá a abordagem poética: o cômico não é necessariamente aqui o objeto do riso em geral, mas certamente é o objeto da *mimesis* realizada pela comédia. Talvez por isso não possa ser apreendido independentemente da *mimesis* trágica. É curioso então que essa definição do cômico, que pressupõe uma transformação poética (filosófica) das ações humanas, se tenha estabelecido como definição do risível em geral: o que Aristóteles definiu como o não-trágico no contexto muito específico da *poièsis* passa a ser aquilo que faz rir.

A abordagem física: o próprio do homem

As partes dos animais e *Da geração dos animais* integram um conjunto de estudos físico-biológicos de Aristóteles que compreende ainda oito obras. Os dois livros nos interessam aqui porque contêm duas passagens sobre o riso, na verdade muito curtas, mas fundamentais para a discussão de algumas teorias posteriores.

A passagem principal encontra-se em *As partes dos animais* e contém uma afirmação já clássica na história do pensamento sobre o riso: "o homem é o único animal que ri". Precede o trecho a descrição das funções do diafragma nos animais sangüíneos, que merece maior atenção pela importância do diafragma para toda uma tradição fisiológica de explicação do riso.

Segundo Aristóteles, o diafragma separa o *alto* e o *baixo* do animal, isolando assim o coração e o pulmão do abdômen, protegendo-os da exalação e do excesso de calor desprendidos dos alimentos. Ele funciona como uma espécie de barragem entre a parte nobre (cabeça, pulmões, coração) e a parte menos nobre (abdômen, fígado, baço, vesícula etc.) em todos os animais em que é possível separar o alto do baixo. Pelo fato de o humor quente e excrementício exalado pelas partes adventícias ao diafragma provocar uma perturbação manifesta no *raciocínio* e na *sensibilidade*, continua Aristóteles, alguns autores chamam o diafragma de *centro frênico* (isto é, do pensamento), como se aquelas partes participassem do pensamento. Convém esclarecer que os radicais gregos *phrén* e *phrénos* remetem tanto ao diafragma — como em "frenite" — quanto ao pensamento — como em "frenologia". Nota-se que a posição mediana do diafragma confere-lhe um estatuto particularmente importante, pois ele encerra as especificidades do *alto* (do pensamento, da sensibilidade) e do *baixo* (uma vez que atrai os humores exalados pela atividade digestiva).

A idéia do diafragma como divisão entre a parte nobre da alma e a parte mais baixa já está presente no diálogo *Timeu* de Platão. Segundo Galeno, foi Platão que introduziu o termo *diafragma* (que significa barreira), apesar de ele mesmo ainda usar *phrenes* como os autores antigos. Vale registrar que o radical *phrén* permaneceu no nome *phrenitis*, doença que existiu como entidade médica de Hipócrates a Pinel, designando perturbações contínuas *no pensamento* acompanhadas de febre.[21]

Essa passagem sobre o riso em *As partes dos animais* tem a função de confirmar a ação do calor sobre o diafragma:

> O que prova que, quando recebe calor, o diafragma manifesta assim que experimenta uma sensação, é o que se passa no riso. (...) Se fazemos cócegas em alguém, ele se põe a rir logo em seguida, porque o movimento ganha rapidamente essa região, e mesmo se o movimento a esquenta levemente, o efeito é sensível, e o pensamento se põe em movimento contra a vontade. Se o homem é o único animal passível de cócegas, isso vem, primeiro, da finura de sua pele, mas também do fato de que ele é o único animal que ri.[22]

Ou seja: o homem ri quando lhe fazem cócegas porque o movimento que resulta das cócegas gera um calor que, mesmo leve, produz um efeito sensível sobre o diafragma. O diafragma manifesta e experimenta imediatamente essa sensação e "o pensamento se põe em movimento contra a vontade". Esta última asserção permanece bastante enigmática no texto, principalmente porque sua relação com as outras asserções não é muito clara. Mas considerando o que Aristóteles quer provar nessa passagem — que o calor de "baixo" causa uma perturbação manifesta no raciocínio —, pode-se concluir que, no caso do riso, essa perturbação é definida como um movimento do pensamento contra a vontade.

O trecho contém ainda uma observação sobre o riso provocado por feridas de guerra na região do diafragma, "em conseqüência do calor que se desprende da ferida". Veremos que esse tema é recorrente na tradição teórica sobre o riso. P. Louis o faz remontar a um tratado hipocrático que menciona um certo Tychon que teria sido tomado por um riso agitado depois de ser ferido no peito por um tiro de catapulta.[23]

Já a passagem referente ao riso em *Da geração dos animais* limita-se a uma frase sobre o riso dos recém-nascidos: "Quando estão acordadas, as crianças pequenas não riem, mas dormindo, elas choram e riem".[24] Esta frase nos interessa porque estabelece distinção entre o riso da criança pequena e do adulto, que ri acordado. Ela integra a discussão sobre a necessidade de sono nos animais pequenos. Quando nascem, diz Aristóteles, os animais passam a maior parte do tempo dormindo; é apenas com a progressão da idade que a duração da vigília aumenta. Essa circunstância é mais acentuada nas crianças, que permanecem dormindo mais tempo do que os outros animais, porque "em seu nascimento são os mais imperfeitos dos pequenos que nascem acabados".[25]

De acordo com Aristóteles, o homem pertence "às espécies que põem no mundo pequenos cuja formação é acabada", mas esses pequenos são os mais imperfeitos — eles permanecem cegos por algum tempo e não conseguem andar. Ou seja: por serem ainda imperfeitos, os recém-nascidos não têm a capacidade de rir, salvo dormindo.

Outros autores também se preocupam com essa questão: o riso é próprio do homem, mas ainda não é próprio do recém-nascido, que, nesse sentido, se parece com os outros animais.

A importância dessas passagens para a história do pensamento sobre o riso ficará mais clara nos próximos capítulos. Convém, contudo, destacar um ponto. Se procuramos aqui a relação entre o *pensamento* e o *riso*, ela não poderia se apresentar de modo mais *físico* do que na questão do diafragma — esse "centro frênico" que torna patentes as perturbações que os humores causam a nosso raciocínio e a nossa sensibilidade. Que o riso tenha algo a ver com ele e com o movimento do pensamento contra a vontade merece ser salientado, mesmo que isso soe por demais enigmático.

Cumpre registrar que não estamos muito longe de uma certa tradição médico-filosófica antiga que põe em evidência a relação entre *pensamento* e *ar*, *respiração* e *diafragma*. Jean-Pierre Vernant (1957) menciona essa combinação quando, ao falar sobre a formação do pensamento positivo na Grécia arcaica, refere-se à técnica de controle do sopro respiratório com que o sábio concentrava em si mesma a alma dispersa pelo corpo.

Um texto hipocrático, examinado por Jackie Pigeaud (1981), chama a atenção para a participação do ar no processo do conhecimento. Diz a passagem, por sinal bastante hermética: o ar passa primeiro pelo cérebro, vindo puro, o que permite a nitidez do juízo. No cérebro se dá o conhecimento e o juízo. Se o ar passasse primeiro pelo corpo, quando chegasse ao cérebro estaria quente e misturado com o humor da carne e do sangue, retirando assim a nitidez. Desse modo, entrando primeiro no cérebro, o ar deixa ali sua *força*, para só então passar para o resto do corpo, onde é responsável pela ação dos olhos, ouvidos, língua, mãos e pés — porque há *pensamento* em todo o corpo, na medida em que ele participa do *ar*.

Pigeaud identifica nesse texto uma teoria da significação aliada a um modelo físico: o cérebro é um intérprete do conhecimento, que se acha *fora dele* e é idêntico ao *ar*, e a condição física para a interpretação do conhecimento é haver um bom acesso do ar ao cérebro.

A relação do riso com o pensamento e a vontade, concretizada pela ação do diafragma, é retomada em pelo menos uma teoria do riso que veremos mais adiante. Além disso, o tema do diafragma e a questão da vontade, mesmo que dispersos, são recorrentes quando se trata de explicar o advento do riso.

A abordagem retórica: o agradável e o útil

Examinemos agora algumas passagens da *Retórica* de Aristóteles sobre o riso e o risível. Em geral curtas e dispersas na obra, elas ganham importância pela semelhança de teor com outras fontes do pensamento antigo sobre o riso.

A primeira delas é um dos trechos que servem de prova de que Aristóteles teria escrito a parte perdida da *Poética*:

> Assim como o jogo e toda sorte de repouso e o riso contam entre as coisas agradáveis, as *coisas risíveis* são necessariamente agradáveis, *homens*, *discursos*, *atos*; as coisas risíveis foram definidas à parte em nossa *Arte poética*.[26]

Pode-se destacar três elementos nessa passagem. Primeiro, uma classificação do cômico que talvez tenha sido desenvolvida por Aristóteles em sua *Poética*: as coisas risíveis podem ser encontradas nos homens, nos discursos e nos atos. Veremos que essa tipologia é retomada por outros autores, estando possivelmente na origem da divisão do objeto do riso em "cômico de ação" e "cômico de palavras". Segundo, somos informados de que o riso está entre as coisas agradáveis e, mais enfaticamente, que o risível é necessariamente agradável. Finalmente, o riso é relacionado ao jogo e ao repouso.

Vejamos contudo qual o papel das "coisas agradáveis" nesse tratado. Do ponto de vista argumentativo, elas aparecem no livro I da *Retórica* entre as causas do ato que o orador deve defender ou acusar em seu discurso. O agradável, diz Aristóteles, é tudo o que produz prazer, sendo este último definido como "um movimento da alma de uma espécie determinada e um retorno total e sensível ao estado natural". Agradável é o habitual e o natural, o que não é efeito de coação ou de necessidade e, finalmente, "tudo aquilo de que temos o desejo inato".[27] Desse ponto de vista, não está em pauta aqui uma possível mistura de prazer e dor que implique a condenação ética do riso e do risível. Trata-se, antes, de qualificá-los como atos agradáveis que produzem prazer, sem que se discuta a natureza (verdadeira ou falsa) desse prazer.

Outros trechos sobre o riso confirmam esse tom: quando trata das paixões que o orador pode suscitar no ouvinte ou no juiz, Aristóteles caracteriza o riso e o risível como circunstâncias propícias à calma e à amizade, próximas do jogo e da festa, em que haveria, enfim, ausência de sofrimento.[28] Como ressalta Dufour, o objetivo de Aristóteles não é descrever cientificamente cada paixão (o que seria objeto da ética), e sim pesquisar os argumentos de que o orador pode lançar mão para suscitar as paixões na alma de seus ouvintes. Nesse sentido, uma descrição *retórica* das paixões estaria preocupada com o provável e o persuasivo, indicando o caráter contingente do discurso oratório.[29]

O livro III da *Retórica*, que trata do estilo e da ordenação das partes do discurso, também contém algumas referências ao riso. Uma delas, localizada na parte consagrada ao estilo, refere-se especificamente à troca de letras em uma palavra e à troca de palavras em um verso como recursos cômicos. Aristóteles salienta a necessidade de se manter evidentes os dois sentidos da palavra, o ordinário e o que resulta da mudança: "a coisa deve estar evidente no momento mesmo em que é dita".[30] Essa passagem ilustra como algumas questões da Antigüidade são atuais: o jogo de palavras que evoca simultaneamente dois sentidos é freqüentemente estudado em textos mais recentes, inclusive de Freud (1905). Se o orador não consegue expressar os dois sentidos ao mesmo tempo, ou se o ouvinte não conhece ambos os sentidos, diz Aristóteles, o jogo de palavras fica sem efeito.

Aristóteles ainda introduz na reflexão sobre o riso o recurso mais destacado nas teorias posteriores: o fator surpresa. Para ele, a palavra modificada pela troca de letra produz um efeito diferente do esperado. Fuhrmann sugere, aliás, que no livro perdido da *Poética* tenha sido atribuído ao *acaso*, na comédia, função equivalente à desempenhada pelo *destino* na tragédia, sendo o acaso responsável pela surpresa do espectador. Veremos como já a partir de Cícero a traição da expectativa se impõe como a explicação preferida para o risível.

Outra referência, desta vez na parte concernente à ordem do discurso, também seria retomada pela retórica romana. Nessa passagem, o riso é visto como um dos efeitos produzidos pelo orador na atenção do ouvinte. Não é bom que o ouvinte esteja sempre atento, diz Aristóteles, "por isso muitos oradores se esforçam para fazê-lo rir".[31] Quintiliano retomaria esse argumento para justificar o uso do risível no discurso: ele serve para desviar a atenção prestada aos fatos.

Finalmente, temos uma passagem mais extensa, quase ao final do livro, na qual Aristóteles se refere pela segunda vez ao fragmento perdido da *Poética*. Ei-la na íntegra:

> No que concerne ao risível, já que ele parece ter alguma utilidade no processo e que é preciso, dizia com razão Górgias, destruir o sério dos adversários pelo riso e o riso pelo sério, dissemos, em nosso tratado sobre a *Poética*, quantas espécies há de risível, das quais uma parte concorda com o caráter do homem livre, e outra não: é preciso portanto estar atento para adotar apenas aquela que está em harmonia com sua pessoa. A ironia é mais digna do homem livre do que a bufonaria; pelo riso, o ironista procura seu próprio prazer; o bufão, aquele de outrem.[32]

Dois elementos ressaltam desse trecho: a utilidade do risível para o orador e a nova classificação que distingue os procedimentos dignos do homem livre e os do bufão.

Em resumo, na *Retórica*, as referências ao riso e ao risível aparecem no contexto da discussão das paixões, o que não significa que sejam afecções da alma, e o risível adquire funções no discurso oratório, o que nos leva diretamente à seqüência deste capítulo. Como na *Poética*, não está em jogo um julgamento ético do riso. A única distinção de ordem ética é a estabelecida entre a ironia e a bufonaria, que retomaremos adiante.

Nota sobre o Tractatus Coislinianus

Antes de chegarmos às teorias de Cícero e Quintiliano, convém examinarmos um texto pós-aristotélico, o *Tractatus Coislinianus*, que deve seu nome ao proprietário do *codex*, De Coislin. Segundo Fuhrmann (1973), este é o texto principal de um conjunto de fragmentos anônimos reunidos sob o título *Comicorum Graecorum Fragmenta*, composto de textos da Antigüidade tardia e bizantinos.

Fuhrmann observa nesses fragmentos a presença de algumas definições semelhantes às de Aristóteles. Do ponto de vista do objeto representado, é dito que a tragédia põe em cena imperadores, chefes de exércitos e heróis, ao passo que a comédia trata de eventos inofensivos da esfera privada e mostra pessoas comuns. Além disso, de acordo com alguns dos fragmentos, a representação de pessoas comuns e de acontecimentos da vida privada se faz de maneira média e agradável na comédia, em oposição à maneira elevada da tragédia. Por fim, também se acha nessas fontes a idéia de que a comédia representa os homens piores do que eles são. Quanto ao *Tractatus Coislinianus*, trata-se de um esboço baseado em parte nas idéias de Aristóteles, não ficando claro se seu autor conhecia o livro II da *Poética*.

A novidade do *Tractatus* em relação às fontes anteriores é a classificação das origens do cômico em dois tipos: as expressões da língua (*lexis*) e os eventos e as coisas (*pragmata*). O cômico nasce ou do que é *dito*, ou da *ação*. Fuhrmann crê que essa classificação talvez tenha como origem a parte perdida da *Poética*, já que corresponde aos *discursos* e *atos* de que fala Aristóteles na *Retórica* quando menciona a divisão das "coisas risíveis" em "homens, discursos, atos". Esses dois tipos de risível predominam nos tratados de Cícero e Quintiliano, sendo encontrados também em textos bem posteriores.

O *Tractatus* enumera os procedimentos cômicos próprios a cada um dos tipos. No caso dos "discursos", cita sete expressões da língua que engendram o efeito cômico: a homonímia, a sinonímia, a repetição de palavras, a paronímia, a forma diminutiva da expressão infantil, a modificação de palavras por gestos ou voz e os erros de gramática. Observa-se, nessa relação, a ausência da metáfora, justamente o único recurso de expressão cômica a que se refere Aristóteles na *Poética*. Quanto aos eventos e às coisas, o *Tractatus* arrola nove procedimentos, relacionados à modificação de uma história, de uma situação, ou ainda das formas de representação. Teríamos, por exemplo, a assimilação ao melhor ou ao pior, rubrica sob a qual se consideram, segundo Fuhrmann, os disfarces e as trocas de papéis; os artifícios usados por um personagem para atingir seu objetivo; o inesperado e a surpresa; a dança grosseira do coro; a escolha do pior, quando se tem a possibilidade de obter o melhor, entre outros.

Além da divisão do cômico em *lexis* e *pragmata*, outro indício da semelhança do *Tractatus* com as formulações de Aristóteles são os três exemplos do *caráter* cômico citados no texto: o ironista, o fanfarrão e o fazedor de chistes. Segundo Fuhrmann, esses exemplos não só lembram a distinção entre ironista e bufão encontrada num dos extratos da *Retórica*, como também correspondem provavelmente aos *homens* da classificação "homens, discursos, atos". Veremos a seguir que essas questões também ganham destaque nas teorias de Cícero e Quintiliano.

O ensinamento da retórica

As teorias de Cícero e Quintiliano são provavelmente os primeiros textos sistemáticos sobre o riso e o risível no pensamento ocidental. À diferença dos textos analisados até aqui, em que a questão do riso e do risível aparece como desdobramento de um objeto principal (as afecções mistas, para Platão, o diafragma ou a arte poética, para Aristóteles), Cícero e Quintiliano dedicam um capítulo inteiro de suas obras de retórica ao *ridiculum*. E mesmo que ambos declarem ser impossível definir o riso e o risível, essa impossibilidade já constitui um posicionamento teórico.

Do ponto de vista da retórica, o riso é visto como matéria que escapa a uma doutrina fechada, o que não impede, contudo, que sejam transmitidas ao orador as instruções necessárias para que faça um bom uso do risível em seus discursos. O objeto, antes indefinível, passa a ser examinado sob diferentes ângulos: estabelecem-se classificações do risível, descrevem-se os usos inadequados ao orador, ressaltam-se procedimentos para melhorar o efeito do discurso e chega-se mesmo a formular algumas generalizações.

Em suma, é da retórica romana que nos chega um primeiro entendimento mais completo do riso. Veremos, contudo, que isso não se dá de modo independente no pensamento antigo: identificam-se semelhanças bastante claras com a reflexão anterior, sobretudo com o que sabemos do pensamento aristotélico sobre o riso. Por isso, o exame do ensinamento retórico nos ajudará a discernir retrospectivamente não só a importância dos fragmentos da *Retórica*, como o significado do *Tractatus Coislinianus*. Vale ainda notar que as formulações de Cícero e Quintiliano também figuram em textos teóricos da Idade Média e da Renascença.

A teoria de Cícero

Cícero parece ter sido o primeiro a destinar um lugar específico ao risível num tratado de retórica. Em *De oratore*, escrito em 55 a.C., o *ridiculum* ocupa um espaço maior do que o ensinamento da *dispositio* ou da *memoria*, duas das cinco partes fundamentais da retórica. Encontra-se na parte *inventio*, que compreende as idéias, os argumentos ou as provas que fundamentam a matéria do discurso.

Leeman, Pinkster e Rabbie (1989), em comentário a *De oratore*, sugerem duas razões para Cícero ter tratado do assunto. Primeiro, teria querido legitimar o uso que ele mesmo fazia do cômico em seus discursos. Segundo, seria uma forma de divertir o leitor entre duas seções mais pesadas do livro. Não está claro, contudo, por que motivos e em que momento o *ridiculum* passou a preencher as condições necessárias para se tornar objeto específico no ensino da retórica.

De oratore é construído sob a forma de diálogo. Na parte dedicada ao risível, Cícero fala sobretudo através de César (Iulius Caesar Strabo), um orador que nos é apresentado como mestre no uso do *ridiculum* em seus discursos. Antônio, que detinha a palavra até então, introduz a questão: "A brincadeira (*iocus*), de um lado, e os ditos espirituosos (*facetiae*), de outro, são de um efeito agradável e freqüentemente também muito úteis nas defesas".[33] Coincidência ou não, reaparecem aqui o *agradável* e o *útil*, presentes nas duas passagens da *Retórica* em que Aristóteles se refere à parte perdida da *Poética*.

Convidado a cuidar do assunto, César concorda com Antônio quanto à impossibilidade de estabelecer uma doutrina sobre essa parte do talento oratório. E aqui situa-se o trecho transcrito no capítulo anterior: as obras que tentam dar uma teoria do risível fazem rir por sua insipidez. Logo em seguida, contudo, Cícero se mostra bastante informado sobre o assunto. Existem, diz ele através de César, dois gêneros de risível: "Um se estende igualmente por todo o discurso, o outro consiste em ditos vivos e curtos. Os antigos deram ao primeiro o nome de troça (*cauillatio*), ao segundo, o de dito espirituoso (*dicacitas*)". De acordo com a descrição de César, o primeiro tipo consiste no risível sustentado ao longo de todo o discurso, na alegria divertida e no tom de jovialidade contínuo, e o segundo, no risível que escapa em rápidas piadas, no dito malicioso ou sarcástico. Curiosamente, porém, essa classificação do risível não é tida como suficientemente séria e desaparece da discussão subseqüente.

O *ridiculum* passa a ser tratado seguindo um plano bastante preciso:

> Mas, para não vos atrasar mais, vou expor-vos em poucas palavras minha opinião sobre toda essa matéria — diz César. Cinco questões aqui se apresentam: primeiro, qual é a natureza do riso?; segundo, o que o produz?; terceiro, convém ao orador querer excitá-lo?; quarto, até que ponto?; quinto, quais são os gêneros do risível?

As duas últimas questões são as que ocupam César até o fim de sua exposição. Pode-se dizer que são a matéria por excelência do ensinamento retórico sobre o risível.

Das duas primeiras indagações, ele se desembaraça rapidamente. Qual a natureza do riso, onde se situa, "como nasce e explode de repente, a ponto de não se poder retê-lo, apesar do desejo que se tem; como ocorre que a agitação produzida se comunique aos flancos, à boca, às veias, aos olhos, à fisionomia" — tudo isso, diz César, não é pertinente a seu discurso. Quanto ao domínio do risível, a solução de Cícero foi seguir os rastros da definição do cômico de Aristóteles: o risível "é sempre alguma torpeza moral, alguma deformidade física", sendo "o meio mais poderoso, senão o único, de provocar o riso (...) destacar e apontar uma dessas torpezas de uma forma que não seja torpe".

As indagações três e quatro dizem respeito ao emprego do risível no discurso oratório: ele é útil ao orador, mas deve-se saber fixar os limites de sua utilização. Quanto à utilidade, são apontadas várias razões para que o orador excite o riso: o emprego do risível no discurso torna o ouvinte benevolente, produz uma agradável surpresa, abate e enfraquece o adversário, mostra que o orador é homem culto e urbano, mitiga a severidade e a tristeza, e dissipa acusações desagradáveis.

Já os limites de tal utilização merecem, segundo César, um exame dos mais sérios. A primeira regra é a circunspeção em relação às afecções do ouvinte: não se deve atacar as pessoas que lhe são caras. Mas a regra à qual César dedica mais atenção é a que restringe os assuntos que se pode tratar como risíveis: "os que não excitam nem um grande horror (*odio*) nem uma grande piedade (*misericordia*)" — o que remonta evidentemente ao esquema aristotélico de oposição ao *pathos* trágico. Ou seja: à exceção dos "facínoras que deveriam antes ser levados ao suplício" e dos "indivíduos cujo infortúnio torna simpáticos", o orador pode tornar risíveis todos os *vícios* da humanidade, assim como as *deformidades* e os *defeitos corporais*.

Leeman, Pinkster e Rabbie observam, com razão, que as medidas que visam a limitar o emprego do risível no discurso ajustam-se ao que é legítimo para a retórica em geral: tudo é permitido quando ajuda o orador a ganhar sua causa. O uso do risível estaria, então, sempre subordinado a propósitos sérios: seu objetivo não é divertir, e sim ser útil ao cliente. Além disso, obedeceria a uma prescrição do ensinamento da retórica: a de ajustar o discurso às *pessoas*, às *circunstâncias* (ou *coisas*) e às *ocasiões*.

Essa tríade aparece em uma intervenção de Antônio — "é preciso considerar as pessoas, as circunstâncias e os tempos, sob pena de o risível tirar algo da autoridade do discurso" – e é retomada por Cícero em *De officiis*, escrito 11 anos após *De oratore*. Assim, nem toda ocasião se presta ao uso do risível — só se deve recorrer a ele quando é um meio retórico, o que pressupõe propósitos sérios; não se pode tornar risíveis as circunstâncias que levam ao ódio ou causam danos — novamente fica claro como as categorias da *Poética* de Aristóteles se enraizaram na tradição teórica do riso; e não se deve empregar o risível contra o oponente, contra o juiz, nem contra aqueles que sofrem de grandes infortúnios, devendo-se poupar o amigo.[34]

A adequação do risível ao discurso oratório fica ainda mais patente quando se lhe contrapõem os procedimentos adotados pelo bufão, diferença que aparece diversas vezes no texto e que certamente remonta à distinção feita por Aristóteles entre os procedimentos cômicos adequados ao homem livre e os do bufão. Segundo Cícero, o bom orador tem sempre uma razão para empregar o risível, enquanto os bufões e mimos fazem troça o dia todo e sem razão.

Isso não significa contudo que o bufão seja excluído do domínio do risível; ao contrário: de acordo com César, ele é muito divertido. No texto são identificados quatro modos de risível que ultrapassam o domínio adequado ao orador. O primeiro, "que talvez faça rir mais", consiste em representar o próprio caráter do homem de que rimos: o rabugento, o supersticioso, o desconfiado, o glorioso, o extravagante. O segundo é a imitação cômica, bastante agradável; este seria o único recurso ainda disponível ao orador, desde que usado com parcimônia e rapidamente, para não cair no trivial. O terceiro e o quarto modos são a careta e a obscenidade, totalmente impróprias ao orador.

A quinta indagação de César — "quais os gêneros do risível?" — nos coloca diante da dificuldade de compreender um pensamento que não é mais o nosso. Convém, por isso, que o examinemos com vagar.

Há duas espécies de risível, diz César: "uma consiste nas *coisas*, a outra nas *palavras*". A primeira compreende dois gêneros: o *conto* ou a *anedota* e a *imitação* cômica das pessoas. O mérito da *anedota* "é colocar em relevo o que se conta, fazer sobressair o caráter, o tom, a fisionomia do herói da história, dando a ilusão de que a cena se passa sob os olhos". Já a *imitação* cômica consiste em "caricaturar o ar e a voz do adversário", ou ainda copiar "qualquer coisa de seu gesto", evitando, é claro, o exagero e a obscenidade. Além disso, o risível que diz respeito às coisas caracteriza-se pela maneira *contínua* de descrever os caracteres humanos.

Há alguma semelhança entre essa classificação e a tipologia anteriormente mencionada por César, mas logo abandonada. A maneira contínua de descrever faz lembrar o gênero *cauillatio* (troça) e o risível de palavras pode ser identificado com o gênero *dicacitas* (dito espirituoso): "O risível de palavras", diz César agora, "é aquele que consiste em uma expressão ou pensamento picantes".[35]

A semelhança entre as duas classificações, contudo, desaparece em seguida. O risível de coisas compreende, juntamente com o conto e a imitação, categorias que, ao invés de corresponderem ao gênero que se estende por todo o discurso, se aproximam muito mais dos ditos vivos e curtos da *dicacitas*. Entre essas categorias estão, por exemplo, a "frase de contrastes" (como em "Não falta nada a este homem, a não ser a fortuna e a virtude"), "dar à troça uma forma de sentença", "nomear com palavra honorável uma ação repreensível", ou ainda "aquela figura de linguagem que, para diminuir ou aumentar a verdade das coisas, é levada até o surpreendente e o inacreditável". Todas essas categorias são risíveis de *coisas*, e não há como deixar de nos perguntar em que reside sua unidade.

Uma segunda distinção entre os risíveis de coisas e os de palavras parece desfazer de vez a relação com a continuidade do discurso e o caráter curto e vivo. No caso dos risíveis de coisas, diz o trecho, a graça subsiste "independentemente das palavras empregadas", ao passo que os de palavras "perdem seu sal, uma vez mudadas as palavras".

Tentemos compreender o estatuto que as "coisas" adquirem aqui. Curiosamente, voltamos ao par que deu título ao livro de Foucault e mereceu explicação de Freud, como vimos no capítulo 1: a relação entre as *palavras* e as *coisas*. Porém, pelo menos por convicção histórica, não se pode dizer que os dois pares sejam equivalentes. As "coisas" de Cícero não parecem corresponder aos objetos reais que apreendemos pelas palavras; é preciso procurar seu fundamento na própria retórica.

Pesquisando as possíveis fontes de Cícero no tratamento da questão do *ridiculum* na arte oratória, Leeman, Pinkster e Rabbie observam que boa parte das categorias por ele utilizadas são figuras de estilo, divididas, no ensinamento retórico, em figuras de *coisas* e de *palavras*. Isso revelaria que Cícero utilizou como fonte um texto retórico que ordenava os tipos de cômico a partir dessas figuras, e não uma fonte poética. Os autores excluem a possibilidade de Cícero ter conhecido a parte perdida da *Poética* de Aristóteles. A análise do texto teria revelado a utilização de duas fontes diferentes: uma grega, que ordenava as categorias do cômico a partir das figuras de estilo, e outra latina, que conhecia a diferença entre *cauillatio* e *dicacitas*. Os autores sugerem ainda a existência de uma fonte latina, oral ou escrita, que devia conhecer o *Tractatus Coislinianus*.

A estreita ligação da teoria de Cícero com os fundamentos da retórica torna-se clara numa advertência aos oradores:

> Lembrem-se bem disto: algumas fontes do riso que lhes indicarei, acontece quase sempre que sejam igualmente fontes de pensamentos graves. A única diferença é que o pensamento grave se aplica a coisas honestas, às qualidades sérias, o risível, ao que é baixo e torpe.

A recomendação é seguida de um exemplo. Diz-se freqüentemente com relação a um escravo honesto que não há, na casa, nada lacrado nem fechado para ele. Essa mesma asserção foi empregada uma vez por Claudius Nero a respeito de um escravo que o roubava: "É o único, na casa, para quem não há nada lacrado nem fechado." Ou seja: o ditado torna-se engraçado, apesar de nada ter mudado no enunciado; as fontes do riso e do pensamento grave são, portanto, iguais. Mesmo havendo uma mudança, acrescenta César, "o engraçado e o sério ainda nascem das mesmas fontes".

Esse trecho é importante para compreender o fundamento da divisão dos risíveis entre os de *palavras* e os de *coisas*. De fato, nos gêneros do cômico de *palavras* encontram-se categorias como a alegoria, a metáfora, a antífrase e a antítese — figuras de estilo que também são utilizadas nos pensamentos graves. Já as "coisas" constituem aquilo que, no discurso, não concerne à escolha dos nomes em si, mas — como veremos — à *prova* ou *demonstração*, de um lado, e à *ação*, de outro.

De acordo com o esquema encontrado no início do livro III da *Retórica* de Aristóteles, são três os elementos no discurso oratório: as figuras de estilo (a metáfora, por exemplo); as provas e fontes (poderíamos dizer o "conteúdo" do discurso) e as ações (a encenação pela voz e pelos gestos). Isso explicaria por que categorias como "guardar no tom uma calma imperturbável", ou "analogias de imagens", ou ainda "copiar algum elemento do gesto do adversário" são, no texto de Cícero, risíveis de *coisas*. Ou seja: a "coisa" não é um objeto referencial, mas em geral tudo aquilo que, no discurso, não constitui figura de estilo.

Na categoria do risível de *palavras*, Cícero lista oito gêneros, desde as figuras já citadas, como a metáfora e a antítese, as palavras com duplo sentido e a alteração ligeira de palavras ou versos, até o risível que consiste em tomar uma palavra ao pé da letra. Menos engraçados do que os risíveis de *coisas*, os risíveis de *palavras* tornam-se mais cômicos quando se lhes acrescenta um outro gênero muito conhecido — "fazer esperar uma coisa e dizer outra". Quando o ouvinte ri dessa expectativa traída, ele ri de seu próprio engano. Curiosamente, o recurso à expectativa traída — já encontrado na *Retórica* de Aristóteles e no *Tractatus Coislinianus* — aparece aqui como gênero não só no cômico de *palavras* como no de *coisas*.

Quanto ao risível de *coisas*, pode-se identificar cerca de 20 espécies no texto — número inexato porque é difícil precisar se os tipos descritos têm todos o mesmo estatuto. O risível de *coisas* compreende a narrativa cômica (o conto ou a anedota), a imitação cômica (dos gestos, da voz e do ar do adversário) e todos os demais procedimentos que não extraem seu caráter risível das palavras utilizadas. Estão neste caso, por exemplo, além dos mencionados, a ingenuidade fingida, a ironia (disfarçar o pensamento dizendo o contrário do que se pensa), as comparações e as analogias.

O gênero do risível de *coisas* diz respeito, então, ao *argumento* do discurso (tudo o que se diz, tudo o que se finge dizer ou ainda tudo o que se deixa adivinhar pelo recurso à ironia, à comparação, à ingenuidade etc.) e à *ação* do discurso (a voz, os gestos, o tom, o ar etc.). Graças possivelmente a esse duplo caráter, os risíveis de *coisas* aparecem ao final do tratado como risíveis que resultam "das coisas mesmas *e do pensamento*". Isto é: o "pensamento" do discurso (o argumento, a narrativa, o que se diz ou se finge dizer) pode ser engraçado.

A relação entre a classificação de Cícero e a do *Tractatus Coislinianus* parece clara: aqui como lá o risível divide-se entre o de *coisas* e o de *palavras*; aqui como lá as "coisas" não equivalem aos "objetos", mas se referem ora às figuras de ação do discurso, ora a seus "pensamentos". No *Tractatus* encontram-se, entre as "coisas", categorias tais como o impossível; o possível, mas impróprio; a surpresa ou o inesperado — que podemos identificar como aquelas em que o risível resulta do *pensamento*. E encontram-se também os disfarces e as trocas de papel, ou ainda a dança ordinária do coro — categorias que se referem às *ações* do discurso, que nesse caso dizem respeito diretamente à comédia.

Mas a semelhança entre os dois textos não é total: o *Tractatus* inclui entre os risíveis de *palavras* a modificação das palavras pelo recurso à voz ou aos gestos, categoria relacionada antes à *ação* do discurso. Além disso, as categorias citadas no *Tractatus* não se acham no texto de Cícero: à exceção da surpresa, nenhuma outra é totalmente coincidente.

A teoria de Quintiliano

Diz-se freqüentemente de Quintiliano que sua teoria sobre o riso e o risível é apenas um prolongamento da teoria de Cícero.[36] Concordo que seu texto não pode ser compreendido fora da tradição que o liga ao de Cícero, mas também não se pode ignorar o que tem de novo em relação aos textos anteriores. Além disso, a teoria de Quintiliano esclarece algumas das categorias que servem de base ao pensamento antigo sobre o riso, de modo que convém examiná-la.

O ensino do risível na arte retórica é o tema do terceiro capítulo do livro VI da única obra de Quintiliano que chegou até nós, *Institutio oratoria*, escrita entre 92 e 94 d.C. A obra apresenta, em 12 livros, um programa completo de educação para fazer do aluno um orador. O livro VI trata da peroração — última parte do discurso, que tem como uma de suas funções apresentar o balanço da intervenção. É nessa parte que

Quintiliano aborda as paixões, que devem estar presentes no discurso e ser suscitadas no público e no juiz. Segundo o tradutor de *Institutio oratoria*, o fato de Quintiliano associar as paixões à peroração significa que, na última parte do discurso, o orador deve "lançar toda a sua força na batalha" e "tentar comover o ouvinte" pela sedução de seus sentimentos.[37] A questão do riso está, portanto, inserida na discussão sobre as paixões, sendo o risível um dos últimos recursos para convencer e seduzir o ouvinte.

O capítulo 3, totalmente dedicado ao riso, é o mais longo dos cinco capítulos do livro VI. Segue-se à discussão sobre o patético — o sentimento que o orador deve saber suscitar no juiz e que freqüentemente culmina em lágrimas. Sem esclarecer imediatamente o que corresponde àquele "sentimento" no caso do riso, Quintiliano começa o capítulo falando abstratamente de uma qualidade (*virtus*):

> Ao patético se opõe uma qualidade que, excitando o riso do juiz, dissipa aqueles sentimentos tristes de que falamos e desvia freqüentemente o espírito da atenção prestada aos fatos, e às vezes mesmo o reaviva e renova, quando está saturado ou cansado.[38]

Em seguida, Quintiliano salienta como é difícil tratar da questão, tendo em vista a própria indefinição do objeto do riso. Primeiro, diz ele, um dito espirituoso "tem, na maior parte do tempo, alguma coisa de falso"; depois, julgamos o dito espirituoso "de maneira variada, porque não o avaliamos de acordo com um *princípio racional*, mas por uma espécie de propensão do espírito, de que mal podemos dar conta". "Com efeito", conclui, "creio que, apesar dos muitos ensaios, ninguém explicou bem a origem do riso."

Essa falta de conhecimento da matéria não impede, contudo, como em Cícero, a formulação de algumas premissas. O leitor passa então a ser informado de que o riso não é apenas provocado "por uma *ação* ou uma *palavra*, mas às vezes também por um *toque físico*"[39] e de que rimos não só do que é dito ou feito de modo picante e espirituoso, mas também "por estupidez, por cólera, por medo". Finalmente, eis a unidade que define o risível: "Como diz Cícero, o riso tem sua sede em alguma deformidade e alguma torpeza" — definição que tem origem, como já sabemos, na *Poética* de Aristóteles. Mas Quintiliano não pára por aí e acrescenta: "quando o assinalamos nos outros, é uma brincadeira de bom tom, quando o dito recai sobre aquele que fala, o chamamos de estupidez". Veremos a seguir que essa asserção antecipa uma nova classificação do risível.

Depois de introduzir o capítulo, Quintiliano anuncia o assunto de que se irá ocupar primordialmente:

> O próprio do assunto de que trataremos agora é o que faz rir (*ridiculum*) (...). A divisão primária é aqui a mesma que em todo discurso, onde se distinguem as coisas e as palavras. Mas, na prática, a distinção leva a três pontos: o riso se extrai ou de outrem, ou de nós, ou de elementos neutros. No que concerne aos outros, ou repreendemos, ou refutamos, ou humilhamos, ou replicamos, ou iludimos. No que diz respeito a nós, falamos rindo, e, para retomar a expressão de Cícero, dizemos palavras que beiram o absurdo. Porque as mesmas palavras que são asneiras se nos escapam por imprudência, passam por elegâncias se é um fingimento. O terceiro gênero, como ele o diz ainda, consiste em decepcionar a expectativa, em tomar as palavras em uma acepção deturpada, em usar outros meios, que não concernem nem a nós nem aos outros e que, por essa razão, eu chamo de neutros.

Convém esclarecer que Cícero fala do *absurdo* ao tratar das ingenuidades fingidas: "Algumas ingenuidades, um pouco absurdas, e por isso mesmo freqüentemente risíveis, podem convir não só aos mimos, mas ainda a nós, os oradores." E mais adiante, depois de uma série de exemplos: "Todos esses ditos fazem rir, como todos aqueles que deixam escapar as pessoas prudentes, com uma ingenuidade fingida que só é mais espirituosa. O mesmo ocorre quando se tem o ar de não compreender o que se compreende muito bem."[40] Segundo Quintiliano, a ingenuidade fingida torna-se claramente um caso de risível localizado "em nós" — ou seja, nas "pessoas prudentes" que deixam escapar o dito espirituoso deliberadamente. Isso explica a observação de Quintiliano sobre as asneiras: elas são asneiras quando as deixamos escapar por imprudência, mas são elegantes "se são um fingimento". Veremos como esse fingimento adquire importância em sua teoria.

Essa classificação faz a grande diferença entre as duas teorias da retórica romana. Na prática, diz Quintiliano, o risível está *localizado* nos três lugares de onde se extrai o riso: em nós, em outrem e nos elementos neutros. Já a divisão entre *coisas* e *palavras* parece constituir o instrumento retórico que tem por função revelar o risível. Continuando sua exposição, Quintiliano acrescenta: "Fazemos rir igualmente ou pelo que *fazemos* (*facimus*), ou pelo que *dizemos* (*dicimus*)." Podemos concluir: por ações que praticamos ou por palavras que dizemos, revelamos o risível que repousa no outro, em nós, ou no elemento neutro. A especificidade da classificação de Quintiliano está em combinar as duas divisões: a que se refere ao *objeto* risível (encontrado na prática nos três "lugares" de onde se extrai o riso) e a que se refere às *maneiras* de destacá-lo (pelas *coisas* ou pelas *palavras*).[41]

À semelhança do que ocorre no texto de Cícero, há, na teoria de Quintiliano, uma profusão de tipos e de exemplos de risível que dificulta a discriminação de todas as categorias por ele consideradas. Entre os gêneros de risível são mencionados, por exemplo, as palavras com duplo sentido, ou com sentidos opostos; a modificação de letras para formar nomes de pessoas; a comparação de pessoas a animais; os risíveis fundados nos contrários, que são de diversas espécies, e assim por diante. Mas o risco de sobrecarregar o livro com exemplos conduz Quintiliano a uma nova tentativa de generalização:

> Todas as fontes de argumentos podem oferecer a mesma ocasião. (...) Conseqüentemente, o gênero, a espécie, os caracteres próprios, as diferenças, as afinidades, as circunstâncias acessórias, os conseqüentes, os antecedentes, os contrários, as causas, os efeitos, as comparações de igual a igual, do maior ao menor, do menor ao maior, tudo isso fornece matéria para o risível; assim como todos os tropos.[42]

Reconhece-se aqui o fundamento de Cícero: as fontes dos pensamentos graves e sérios são as mesmas do risível. Aos *argumentos* e *tropos* Quintiliano acrescenta em seguida as figuras de pensamento (*figuras mentis*):

> As figuras de pensamento também (...) convêm todas ao risível, e mesmo alguns retores se serviram delas para *distinguir* as espécies dos ditos. Com efeito, interrogamos e duvidamos e afirmamos e ameaçamos e desejamos; é às vezes a piedade, às vezes a cólera que inspiram nossas palavras. Mas o risível é tudo que é evidente simulação.

Essa simulação — o fingimento — marca para Quintiliano a diferença entre o *emprego sério* e o *emprego engraçado* das mesmas fontes. As figuras de pensamento são úteis para *distinguir* as espécies de enunciados: os inspirados pelo sério e os que fazem rir. Quando servem aos pensamentos sérios, são inspiradas ora pela piedade, ora pela cólera, mas quando se destinam a fazer rir, são evidente simulação.

Vale lembrar que Cícero não chega a indicar o traço distintivo entre o discurso sério e o risível. Depois de afirmar que suas fontes são as mesmas, declara: "A única diferença é que o pensamento grave se aplica às coisas honestas, às qualidades sérias; o risível, àquilo que é baixo e torpe."[43] No fundo, essa distinção é tautológica, porque significa dizer que a única diferença entre os empregos grave e risível das mesmas fontes consiste em sua aplicação grave (honesta, séria) ou risível (baixa, torpe). Aristóteles também não vai muito além com sua definição do cômico: o que nos leva a rir é aquilo que não nos leva ao choro nem ao arrepio: nem a piedade, nem ao terror.

Parece, portanto, que Quintiliano chega mais perto da questão resumida por Süss: se o terror e a piedade suscitam o arrepio e o choro, qual afecção corresponde ao riso? No discurso *sério*, diz Quintiliano, a piedade e a cólera inspiram nossas palavras. No discurso *não-sério*, trata-se da simulação evidente. É importante notar, contudo, que a simulação não é uma afecção como a piedade e a cólera. Nos termos de Quintiliano: ela não *inspira* nossas palavras; ela *é* atributo do risível. Ou seja: seu estatuto difere do estatuto das paixões. Além disso, a busca de uma definição do risível não se dá mais no contexto da oposição entre as *afecções* próprias à tragédia e à comédia, e sim no da oposição entre os *discursos*, sério e não-sério, sendo o discurso um todo do qual fazem parte as narrativas, as figuras de estilo e as ações.

É curioso que, logo após identificar o risível à simulação evidente, Quintiliano retome a diferença entre as asneiras que nos escapam por imprudência e aquelas que passam por elegâncias se são fingidas — diferença em que se fundamentava, no início do tratado, o risível localizado "em nós". A simulação e o fingimento acabam resolvendo a questão "o que faz rir", explicando tanto a diferença entre seriedade e brincadeira quanto os três lugares onde se encontra o risível. Após citar vários casos de risível nos quais se simula o que se diz — como a desculpa, a atenuação, o procedimento de rebater uma brincadeira com outra e o de rebater uma mentira com outra, entender as palavras de forma diferente do que são ditas, deturpar o sentido de um pensamento etc. —, Quintiliano conclui:

> Na verdade, *todo* o sal de uma palavra está na apresentação das coisas de uma maneira contrária à lógica e à verdade: conseguimos isso *unicamente* seja fingindo sobre nossas próprias opiniões ou as dos outros, seja enunciando uma impossibilidade.[44]

Vale esclarecer que sal (*salsum*), para Quintiliano, é o que faz rir. Reencontramos nesta passagem a divisão do risível conforme sua localização: simular as próprias opiniões ou as de outrem é o risível que se acha em nós e nos outros; já "enunciar uma impossibilidade" pode corresponder ao "elemento neutro".

A teoria de Quintiliano não pode ser compreendida fora do contexto do ensinamento retórico e dissociada da teoria de Cícero. Vários conselhos e premissas se repetem aqui – os limites a observar em função das circunstâncias, do tempo e das pessoas —, bem como a distinção entre o risível de coisas e o de palavras. Mas a diferença entre ambas é bastante clara: em Cícero, não se encontra a divisão dos lugares do risível, nem a ênfase sobre o fingimento e a simulação como fatores da especificidade do risível.

Essa característica torna o texto de Quintiliano mais próximo da formulação de Aristóteles, que diz: "as coisas risíveis são necessariamente agradáveis, homens, discursos, atos". Os "discursos e atos" aparecem na fórmula "palavras e ações": fazemos rir seja por palavras seja por ações. No que concerne aos "homens", Quintiliano os mostrou como objetos do riso, estabelecendo a divisão entre nós mesmos e os outros. É curioso que essa diferença em relação à teoria de Cícero não seja assinalada, apesar de ela nos fornecer uma classificação totalmente nova do objeto do riso. Além disso, que o riso possa ser extraído de nós mesmos através da elegância de uma asneira fingida parece um fator bastante original, comparado ao predomínio do riso *de* outrem — seja o riso *dos* amigos que se desconhecem, seja o riso *do* personagem baixo e torpe das comédias, seja ainda o riso *do* adversário.

Finalmente, do ponto de vista da relação entre o riso e o pensamento, encontramos em Quintiliano duas asserções particularmente interessantes. A primeira, no início do texto, destaca, entre as dificuldades de tratamento do assunto, o fato de julgarmos um dito espirituoso de modos variados, "porque não o avaliamos de acordo com um *princípio racional*, mas por uma espécie de propensão do espírito, de que mal podemos dar conta". A segunda asserção informa que "todo o sal de uma palavra está na apresentação das coisas de uma maneira contrária à lógica e à verdade".

Ora, tanto do ponto de vista da percepção do risível (o julgamento de um dito espirituoso) como do ponto de vista de sua produção (a apresentação das coisas risíveis), o riso de Quintiliano situa-se fora dos limites do pensamento sério (dos princípios racionais, da lógica e da verdade). A semelhança com o pensamento moderno sobre o riso e o risível é sem dúvida notável, ainda mais porque o atributo de ser contrário à lógica e à verdade não parece ter, para Quintiliano, implicações negativas. Entretanto — e aqui está a diferença em relação aos textos examinados no capítulo 1 —, esse mesmo atributo não implica a valorização do riso e do risível como elementos que nos levariam para mais perto de uma "realidade" que o pensamento racional não pode atingir. Ao contrário: Quintiliano constata o caráter não-racional e não-lógico do risível como fato dado, sem tirar maiores conclusões, a não ser a necessidade de adaptar àquele caráter o ensinamento e o emprego retóricos: como o *ridiculum* não obedece a princípios racionais, cabe ao orador se adaptar às circunstâncias e aos conselhos que podem ser dados nessa matéria.

* * *

Pode causar surpresa, hoje, que Cícero e Quintiliano tenham dito tantas coisas sobre o riso. Malgrado suas observações sobre a dificuldade ou a impossibilidade de tratar do assunto, seus textos são efetivamente teorias do riso e do risível. É notável que suas formulações complexas tenham sido em grande parte esquecidas na história do pensamento sobre o tema. As referências a Cícero e a Quintiliano limitam-se em geral a seus enunciados sobre a impossibilidade de definir o riso e seu objeto, como se seus textos teóricos não constituíssem tentativas estruturadas de tratamento do assunto. Todo o universo da classificação retórica do *ridiculum* permanece estranho às teorias posteriores (salvo algumas exceções, nas quais, porém, os tipos aparecem desligados de seu contexto original), como se também ele fosse marcado pela contingência e desaparecesse fora das circunstâncias, dos lugares e dos momentos nos quais foi constituído. Ou seja: parece que não se viu nas classificações de Cícero e Quintiliano um potencial explicativo capaz de ultrapassar o emprego retórico do *ridiculum* no *forum*.

O riso na teologia medieval

Passemos agora a discutir algumas questões que ressaltam das concepções do riso de textos medievais. A principal diz respeito à definição de "próprio do homem". Como adiantei no início deste capítulo, nos textos teológicos da Idade Média, o próprio do homem ganha mais uma especificidade: o riso nos distingue não só dos animais, mas também de Deus.

Para tratar do pensamento teológico sobre o riso, baseio-me principalmente no estudo de Joachim Suchomski (1975) sobre uma série de textos que abordam a questão do riso ao longo de toda a Idade Média. A faculdade do riso, que aparece nos textos teológicos como *risibilitas*, é a única que diferencia os homens de Deus — já que ambos possuem a faculdade da razão. Mas o reconhecimento do riso como próprio do homem não significava que o homem pudesse fazer uso dessa faculdade livremente, diz Suchomski. O riso era em geral condenado nos textos teológicos porque não haveria na Bíblia nenhum indício de que Jesus Cristo rira algum dia, apesar de dispor da *risibilitas*, assim como de todas as nossas fraquezas. A conduta de Jesus, como bem nota Suchomski, aproximava perigosamente o riso do pecado: Jesus podia pecar, mas sua vontade de não fazê-lo era mais forte.

Jacques Le Goff também concebe a discussão nesses termos, ao chamar a atenção para os dois temas recorrentes nos meios eclesiásticos medievais: a indagação sobre se Jesus alguma vez havia rido em sua vida terrestre e a asserção de Aristóteles de que o riso é o próprio do homem.

> Vê-se, portanto, que em torno do riso travou-se um grande debate, que vai longe, porque, se Jesus não riu uma única vez em sua vida humana, ele que é o grande modelo humano, (...) o riso torna-se estranho ao homem, ou pelo menos ao homem cristão. Inversamente, se é dito que o riso é o próprio do homem, é certo que, ao rir, o homem estará exprimindo melhor sua natureza.[45]

Segundo Suchomski, na tradição teológica medieval distinguiam-se dois gêneros do riso: a *laetitia temporalis* e o *gaudium spirituale.* O primeiro correspondia à felicidade das coisas terrenas e passageiras, que fazia com que o homem esquecesse sua missão. O segundo, em compensação, era a verdadeira felicidade, aquela que atingia sua maior realização após a morte, mas podia ser experimentada ainda em vida, pela contemplação de Deus e de suas criações. A esta última correspondia o riso discreto e mudo que exprimia a felicidade do coração.

A dupla implicação da especificidade do homem que ressalta do texto de Aristóteles e dos textos teológicos marca profundamente o pensamento ocidental sobre o riso. O riso torna-se a prova por excelência da ambigüidade própria à condição humana: a superioridade em relação ao mundo físico e aos seres irracionais, e a inferioridade em relação ao transcendental e ao eterno.

Essa ambigüidade é claramente evocada por Charles Baudelaire, em um ensaio de 1855. Para ele, a essência do riso se desprende do choque entre dois infinitos próprios à condição humana: a grandeza infinita que o homem experimenta ante os animais, em relação aos quais se sente superior, e a miséria infinita que o homem experimenta em relação ao ser absoluto, que nunca ri.

Na Antigüidade, o riso não marcava a diferença entre os homens e os deuses: estes últimos também riam.[46] Mas tanto o riso quanto o risível eram passíveis de condenação, na medida em que nos afastavam, não do Deus cristão, é claro, mas do filósofo tal como Platão o concebia. Somente o filósofo, atingindo o bem e o ser, podia experimentar o prazer puro do saber, que o preenchia, pode-se dizer, à maneira do *gaudium spirituale* da teologia medieval. A verdade plena — seja a do filósofo, seja a do teólogo — exclui a fraqueza humana do riso. Estamos portanto bem longe das teorias do século XX que atribuem ao riso e ao risível um papel indispensável na apreensão da totalidade do *Dasein*: o não-sério é aqui desnecessário para a atividade do pensamento.

Em seu artigo sobre o riso na Idade Média, Le Goff procura ordenar cronologicamente as diferentes atitudes com relação ao riso. Entre os séculos IV e X, haveria predominado a repressão do modelo monástico. Em seguida, teríamos, no âmbito da Igreja, a domesticação do riso, e, no âmbito da corte, sua liberação, com o desenvolvimento da sátira e da paródia. Já a partir do século XII — mais particularmente com Francisco de Assis —, um semblante risonho, dotado de espiritualidade e bondade começaria a se mesclar à conduta dos santos, até então rigorosamente sérios. Por fim, haveria o riso desenfreado da "cultura do riso" estudada por Mikhaïl Bakhtine, ainda que Le Goff conteste a periodização proposta por esse autor.

Outro dado interessante no artigo de Le Goff é a instituição do *rex facetus*, o rei brincalhão, se assim se pode chamá-lo, cujo primeiro modelo teria sido Henrique II da Inglaterra. No âmbito da corte, o rei assumiria a função de fazer brincadeiras, enunciar ditos espirituosos e rir de um e de outro, fazendo do riso quase um instrumento de governo, uma imagem do poder.

Le Goff ainda faz menção ao *gab*, o riso feudal: quando reunidos, os homens contavam histórias de guerreiros, exagerando suas proezas (como, por exemplo, cortar ao meio, com um só golpe de espada, o cavaleiro e seu cavalo), passando assim boa parte de seu tempo de lazer. O *rex facetus* e o *gab* são evidentemente manifestações práticas, e não concepções teóricas do riso.

Os textos teológicos que tratam do assunto destacam outras questões. De acordo com Suchomski, ao longo de toda a Idade Média, os julgamentos sobre o riso e o risível variaram segundo duas tendências: a que se referia à Bíblia e a que se apoiava em autores da Antigüidade. Seria possível verificar nuanças na apreciação do assunto, dependendo de o autor ser mais marcado pelos dogmas teológicos ou mais familiarizado com o pensamento antigo.

A primeira dessas tendências condenava o riso e o risível, tendo por fundamento as provas bíblicas de que Jesus jamais rira. Os textos dessa vertente bíblica analisados por Suchomski tratam sobretudo das medidas de interdição do riso. Condena-se todo riso imoderado e tolera-se apenas o riso do *gaudium spirituale*. Nos mosteiros e entre os sacerdotes, o risível era proibido, porque as narrativas ou palavras que provocavam riso faziam parte do discurso superficial e inútil (o *verbum otiosum*), de que o homem devia prestar contas no Juízo Final. No tocante ao mundo leigo, vários textos censuram os *joculatores* — os histriões, cantores, dançarinos ou bufões —, com os quais os membros do clero não podiam estabelecer relações e dos quais era recomendado aos cristãos se afastar.

Segundo Suchomski, essas proibições, sempre reiteradas, revelam a dificuldade de fazê-las cumprir, inclusive pelo clero. Haveria então um abismo entre as prescrições oficiais da Igreja e a prática.

A repressão ao riso também é destacada por Le Goff. Nas regras monásticas, por exemplo, o riso aparece como a maneira mais violenta de se romper o silêncio, uma virtude fundamental, sendo também o oposto da humildade. A *Regra do Mestre*, do século VI, é bastante incisiva: quando o riso está prestes a se expandir, é preciso impedi-lo vigorosamente, porque ele é a pior de todas as formas más de expressão que vêm do interior, a pior de todas as máculas da boca. No entanto — e Suchomski também chama a atenção para isso —, apesar de o riso monástico ser proibido, os próprios monges divertiam-se criando textos cômicos, os *joca monacorum*.

Com relação à segunda tendência, Suchomski analisa 10 textos escritos entre os séculos II e XIII. Entre seus autores estão Clemente de Alexandria (160-215), Martin de Bracara (*c.* 570), Petrus Venerabilis (1094-1156), Jean de Salisbury (1110-80) e Tomás de Aquino (1224[5]-74). Nenhum deles constitui uma teoria do riso propriamente dita; trata-se muito mais de fragmentos de obras éticas nos quais se julga o riso e o risível. Suchomski observa, aliás, a ausência de uma teoria poética ou filosófica sobre o fenômeno do cômico, pois não se conhece um ensaio ou tratado que encerre uma unidade, como os de Cícero e Quintiliano. Parece, diz Suchomski, que os autores medievais não se arriscavam a despender tempo e trabalho abordando teoricamente uma "futilidade nociva". Os argumentos em favor do riso eram encontrados em tratados antigos, com os quais os religiosos se deparavam ao longo de sua formação. De acordo com Suchomski, os textos examinados justapõem freqüentemente as proibições da Igreja e os argumentos da Antigüidade, podendo-se encontrar, em uma mesma obra, julgamentos sobre o riso com base nas duas tendências.

Os principais argumentos dessa segunda tendência são tirados de Aristóteles, Cícero, Quintiliano e Sêneca, e compreendem o repouso, a medida e a subordinação do riso aos propósitos sérios.

No tocante ao repouso, tolerava-se o risível como distração entre duas tarefas, argumento que tinha como fontes, entre outras, as éticas de Aristóteles (*Ética a Nicômaco* e *Ética a Eudêmio*) e o *De officiis* de Cícero: o riso, o jogo e a brincadeira eram atividades necessárias ao espírito, do mesmo modo que o sono era necessário ao corpo. Já a medida e os propósitos sérios eram os limites impostos ao riso e ao risível. Ainda nas éticas de Aristóteles encontrava-se uma prescrição — as atividades de distensão não deviam ser permitidas quando se tornavam um fim em si mesmas. Além disso, não se podia praticá-las em demasia, nem, ao contrário, permanecer excessivamente sério e jamais participar dos divertimentos. Os argumentos medievais repetem ainda as circunstâncias de ocasião, de coisas e de pessoas encontradas em Cícero e Quintiliano, assim como o padrão de conduta do homem virtuoso, honrado e urbano.

Finalmente, a tolerância para com o riso e o risível varia em função do grupo de pessoas: o riso e as atividades cômicas são mais tolerados entre os cristãos leigos, menos tolerados entre os sacerdotes e menos ainda no caso dos monges.

Também o espaço de permissão dos textos cômicos é determinado pelas categorias da Antigüidade, mais especificamente da retórica. Assim, sua legitimação é condicionada pela *delectatio* — o repouso e o divertimento entre tarefas sérias — e pela *utilitas*. Primeiro, os textos de matéria risível (*materia jocosa*) deviam servir a uma *utilitas* moral: eram tolerados na medida em que ensinassem o que era útil na vida e o que se devia evitar. Esse argumento, porém, dava margem a uma grande flexibilidade, observa Suchomski: as histórias de traições amorosas que detalhavam os jogos sexuais dos amantes não eram de modo algum raras, e mesmo que se alegasse sua finalidade moral, por apresentarem uma prática a ser evitada, o desfecho da aventura nem sempre era desfavorável aos amantes. Segundo, tolerava-se que os religiosos jovens — em formação, portanto a quem se podia perdoar alguns pecados de juventude — escrevessem textos cômicos: se a matéria não estivesse totalmente dentro da moral, eles estariam pelo menos exercitando seus espíritos, aproveitando a experiência para melhorar seu domínio da língua e da estilística.

Cabe aqui uma última referência à introdução de pequenas histórias de matéria cômica na pregação religiosa, prática que pode ser observada, segundo Suchomski, pelo menos a partir do século XIII. A teoria da pregação incluía, desde Santo Agostinho (354-430) até o século XIV, os ensinamentos retóricos de Cícero e Quintiliano, mas não incorporava suas instruções sobre o *ridiculum*. A partir do século XIII, diz Suchomski, pequenas histórias cômicas passam a ser introduzidas na pregação religiosa, através de uma outra tradição teórica — a teoria dos exemplos. Os exemplos consistiam em histórias concretas incluídas no sermão para convencer o público menos instruído do que havia sido dito. Suchomski observa, entre os tratados sobre o emprego dos exemplos na pregação, um texto do século XIII mencionando os *jocundis exemplis*: narrativas cômicas que aliviavam momentaneamente a seriedade do sermão e que deviam ser utilizadas a fim de chamar a atenção para o ensinamento sério que se seguia. Como tudo o que diz respeito ao risível nesse contexto, os *jocundis exemplis* estavam submetidos aos propósitos sérios, não podiam constituir um fim em si mesmo e eram limitados em quantidade (tinham que ser pouco empregados nos sermões) e em qualidade (proibiam-se a bufonaria, as obscenidades e a farsa).

Os textos analisados por Suchomski falam, portanto, sobretudo dos limites de tolerância do risível. Não se encontram neles discussões sobre a natureza do riso e de seu objeto — questão possivelmente secundária tendo em vista o debate principal instituído pela condenação teológica do riso. É em torno desse debate que se posicionam os argumentos que fundamentam seja a proibição, seja a tolerância do riso e do risível. Além disso, o estudo de Suchomski sugere um antagonismo constante entre os preceitos dos textos e a licença observada na prática: os primeiros ou condenam ou regulamentam atitudes já largamente difundidas, como as relações dos cristãos com os *joculatores*. Por fim, as prescrições, que na Antigüidade regulamentavam o discurso oratório e a conduta digna dos homens livres, passam a determinar o espaço conferido ao riso e ao risível na vida dos bons cristãos.

* * *

No início deste capítulo mencionei quatro abordagens teóricas do riso. Do ponto de vista da *ética*, já se pode dizer que o riso e o risível são ou *condenados* ou *tolerados* de acordo com certas medidas e regras. A *condenação*, seja platônica, seja teológica, baseia-se na distância entre o riso e a instância da verdade suprema — a das Idéias ou a de Deus. O riso e o cômico prejudicam nosso acesso à essência fundamental do ser: os prazeres impuros e a felicidade terrena da *laetitia temporalis* nos dão a ilusão do bem, enquanto o verdadeiro prazer deve ser procurado apenas na sabedoria e no conhecimento da verdade. Ou seja: as condenações platônica e teológica do riso e do risível têm como fundamento justamente a oposição entre o riso e o pensamento sério — este último, completo e eterno no ser.

A *tolerância* em relação ao riso e ao risível também é uma abordagem de ordem ética: trata-se de circunscrevê-los nos limites dignos do homem livre e do cristão. São tolerados na medida em que constituem uma especificidade humana: primeiro, porque o repouso é necessário e natural ao homem; segundo, porque, a despeito de nós mesmos, temos a faculdade de rir, que nos distingue de Deus. A tolerância em relação ao riso não fere a missão primordial do homem em direção ao ser e ao bem: sendo observadas as medidas, o riso e o risível nos relaxam entre duas tarefas e continuam excluídos da verdade e do sério.

Veremos que esse julgamento ético perpassa a história do pensamento sobre o riso e o risível, sempre apoiado na oposição riso *versus* pensamento sério.

Riso e melancolia na história de Demócrito

Entre as origens do pensamento ocidental sobre o riso, cumpre ainda fazer menção a uma interessante história envolvendo o filósofo pré-socrático Demócrito (*c.* 460-352 a.C.), personagem de uma carta erroneamente atribuída a Hipócrates (*c.* 460-377 a.C.), cuja redação parece datar da segunda metade do século I a.C. A *Carta de Hipócrates a Damagetus*, como é chamada, ajudou a difundir a imagem de Demócrito como o "filósofo que ri", em oposição a Heráclito (*c.* 540-470 a.C.), o "filósofo que chora" — oposição que parece datar também da época romana.[47]

A história revela uma curiosa relação entre o riso, a sabedoria e a loucura.[48] Conta a *Carta* que Hipócrates teria sido chamado pelos cidadãos de Abdera, cidade natal de Demócrito, porque o filósofo estaria gravemente enfermo, acometido de loucura — ria de qualquer coisa. Ao ouvi-lo e vê-lo, contudo, Hipócrates teria se convencido do contrário: Demócrito estaria mais sábio do que nunca.

O documento tem grande força narrativa e vale a pena resumi-lo.[49] Ao ser levado pelos abderianos ao local de moradia de Demócrito, Hipócrates avista, do alto de uma colina, o filósofo sentado sob uma árvore baixa e encorpada, grosseiramente vestido, cercado de cadáveres de animais, ora escrevendo compulsivamente, ora parando para pensar, levantando-se em seguida para examinar as vísceras dos animais. Dois dos cidadãos de Abdera que acompanham ansiosamente o médico começam a chorar para testar o filósofo. Um deles chora como uma mulher cujo filho houvesse morrido; outro, imitando um viajante que teria perdido a bagagem. Segue-se a isso a prova da loucura do filósofo: ao ouvi-los, Demócrito põe-se a rir copiosamente.

Hipócrates resolve então descer a colina para ver e ouvir pessoalmente os propósitos do filósofo, deixando os cidadãos de Abdera à espera. Demócrito mostra-se extremamente cortês e satisfeito ao conhecer a identidade do visitante e, perguntado sobre o que escrevia, revela tratar-se de um livro sobre a loucura: sobre o que é, sobre como se engendra no homem e sobre como dele pode ser retirada. Por isso dissecara os animais à sua volta: para descobrir, neles, a natureza e a sede da bílis negra.

Na tradição médico-filosófica antiga, a *bílis negra* é o humor da *melancolia* e está na origem tanto da loucura quanto da sabedoria. Todo homem de exceção — o sábio, o poeta —, diz Aristóteles em seu *Problema XXX*, é melancólico, porque tem em si, como possíveis, os caracteres de todos os homens.[50] Procurar a bílis negra como resposta à questão da loucura mostra que a *Carta* do pseudo-Hipócrates segue a tradição peripatética sobre o tema. Na interpretação de Pigeaud, ela é um dos três documentos que formam a base de toda concepção ocidental sobre a melancolia e, por isso mesmo, trata das aproximações entre o gênio e o louco.[51] Mas a *Carta* mostra que, não só a melancolia, mas também o *riso* é comum à sabedoria e à loucura. Dado como louco pelos abderianos por causa do riso desmedido, Demócrito revelar-se-ia um sábio aos olhos de Hipócrates, que, tendo ouvido do filósofo as razões de seu riso, retorna ao alto da colina cheio de admiração. "Sou-lhes muito grato", diz o médico aos cidadãos de Abdera, "por me terem chamado. Pois vi o muito sábio Demócrito, que é o único que pode tornar sábios todos os homens do mundo."[52]

Qual será o segredo desse riso tão acertado? Voltemos à narrativa. Informado de que Demócrito estava ocupado em desvendar a natureza do humor da melancolia, Hipócrates louva aquela oportunidade e lamenta que ele mesmo, ocupado com problemas domésticos, com crianças, com doenças, com mortes, com serviçais e coisas semelhantes, não possa se dedicar a igual investigação. Tal comentário provoca em Demócrito um riso extremamente forte, tornando mais receosos os abderianos que de longe observam a entrevista. O médico pede uma explicação para essa paixão tão violenta: não seria absurdo rir da morte de um homem e de sua doença, ou, ao contrário, das coisas inteiramente boas, como as crianças, as dignidades, os mistérios e as coisas sagradas? "Você ri e caçoa de coisas" — diz Hipócrates — "das quais se deveria ter piedade e sobre as quais se deveria estar feliz, de sorte que não há nenhuma distinção do bem e do mal em seu ponto de vista." Ou seja, o objeto do riso de Demócrito é aparentemente o inverso do que foi consagrado como cômico a partir da definição da *Poética* de Aristóteles. Demócrito ri do trágico e do belo, enquanto deveria rir das deformidades e dos defeitos anódinos.

Mas a explicação que o filósofo dá a Hipócrates revela que, no fundo, ainda não é disso que ri:

> Eu rio do homem cheio de loucura e vazio de toda ação direita, que (...) se comporta puerilmente, (...) que vai até o fim do mundo (...) procurando ouro e prata, (...) trabalhando sempre para adquirir mais bens (...). Eu rio também do homem que cava as entranhas e veias da terra, para as minas, (...) enquanto se podia contentar com aquilo que a terra, mãe de todos, produz suficientemente para o sustento dos homens. Há os que querem ser grandes senhores e comandar muitos; há os que não conseguem se comandar a si mesmos. Eles se casam com mulheres que logo repudiam. Eles amam, depois odeiam. Eles são muito desejosos de ter filhos, e quando eles estão grandes, os mandam para longe. (...) Vivendo em excessos, eles não têm nenhuma preocupação com a indigência de seus amigos e de sua pátria. Eles perseguem coisas indignas (...). Além disso, têm apetite por coisas penosas, porque

> aquele que mora em terra firme quereria estar no mar, e aquele que nele está quereria estar em terra firme.

Interrompendo a explicação repleta de exemplos, Hipócrates objeta que as ocupações dessa vida causam tais necessidades, já que a natureza não fez o homem para ser ocioso, havendo muitos de bom senso que se aplicam a fazer tudo seriamente. Mesmo estes não podem prever o mal, porque se alguém, quando se casa, receasse a futura separação, ou aquele que alimenta os filhos pensasse em sua morte, só o fariam com remorsos. Do mesmo modo, continua Hipócrates, há a agricultura, a navegação, a dominação e todas as coisas dessa vida, das quais todos se alimentam de esperança, sem presunção de erro, pensando no melhor e não no pior. "Como, pois, você pode rir do que seja bem intencionado?", pergunta finalmente.

Na resposta de Demócrito está o fundamento de sua sabedoria:

> Se os homens fizessem as coisas prudentemente, (...) me poupariam o riso. Mas, ao contrário, eles, como se as coisas fossem firmes e estáveis nesse mundo, vangloriam-se loucamente, sem poder reter sua impetuosidade, por faltar-lhes a boa razão, o discernimento, o julgamento. Porque esse único aviso lhes bastaria: de que todas as coisas têm seu turno, o qual advém por mudanças súbitas (...). Eles, como se a coisa fosse firme e perdurável e esquecendo os acidentes que ocorrem ordinariamente, (...) se envolvem com várias calamidades. Se cada um pensasse fazer todas as coisas de acordo com seu poder, certamente se sustentaria em uma vida certa e tranqüila, conhecer-se-ia a si mesmo, (...) contentando-se com as riquezas da natureza. (...) Eis o que me dá matéria de riso. Ó homens insensatos, vocês são bem punidos de sua loucura, avarice, insaciabilidade, (...) e [de] faze[rem] do vício virtude (...).

Vê-se portanto que o objeto do riso de Demócrito se aproxima do que já sobressaía do *Filebo* de Platão: o defeito por excelência é o ato de julgar-se mais sábio do que se é na realidade, ao contrário do que prescreve o oráculo de Delfos. Além disso, como se trata de um defeito, de um vício, não está distante da caracterização do cômico que se consagrou a partir da definição de Aristóteles. Não é do trágico nem do belo que Demócrito ri, e sim da insensatez humana de não levar uma vida certa e tranqüila, ajustada ao que se é e ao que a natureza nos dá. Nesse sentido, diz ainda Demócrito, os animais se contentam melhor nos limites da suficiência, pois não há leão que esconda ouro na terra, ou leopardo que tenha sido louco. Ao contrário, diz o filósofo: o javali tem sede, mas lhe apetece apenas a água; o lobo, tendo comido o necessário, não quer mais nada; mas o homem nunca sacia seu apetite.

Em outras palavras: a julgar pelo caráter desmedido das paixões, o homem deixa de ser superior aos animais, na medida em que estes o sobrepujam em sensatez. Seriam eles — os animais — mais razoáveis do que o homem, que não sabe dominar seus apetites? Não, se tivermos como padrão justamente o *sábio*, que, ao contrário dos outros homens, vive em pleno equilíbrio e não perde a razão diante dos valores passageiros. Assim, aquele que era tido como louco porque ria do bem e do mal é, na verdade, o sábio que está acima dos homens e dos animais. Como observa Pigeaud (1981): o riso de Demócrito pode significar um solipsismo patológico, porque é um riso de desinteresse pelas coisas da vida, mas também o *recolhimento filosófico*, requisito para a sabedoria mais profunda.

Cabe registrar ainda que o riso sábio de Demócrito está vinculado a certa concepção de saúde e de cura que pode ser resumida no conceito de *eutimia* (do grego *euthymia*: bom espírito, bom ânimo), isto é, a ausência de preocupação e a felicidade como sabedoria universal, em contraposição à idéia de que haveria um espírito mau movendo o universo.[53] Nesse contexto, o riso muitas vezes aparece como remédio para as doenças da alma, inclusive a melancolia. A carta do pseudo-Hipócrates contém uma referência clara a essa concepção: "Quando você entender meu riso", prenuncia Demócrito, "eu sei que o estimará, tanto para você quanto para seu país, como melhor remédio e cura que há em sua legação, e disso poderá fazer sábios os outros."[54]

Essa abordagem médica do riso — sem esquecer que "médico", nesse contexto, é também filosófico e ético — estende-se para além da Antigüidade, como veremos no próximo capítulo. E a prova de que Hipócrates reconhece a superioridade desse riso está no fato de anunciar, no final da narrativa, que apenas Demócrito era capaz de tornar sábios todos os homens.

A *Carta* do pseudo-Hipócrates é excelente exemplo da ambigüidade que cercava a questão do riso na Antigüidade. Ela oscila entre chamar de louco ou de sábio aquele que ri de todas as coisas. Como louco, ele não tem a medida do bem e do mal; como sábio, está acima do bem e do mal e conclama os homens à sensatez, ao mesmo tempo em que receita o riso como remédio para todos os males, inclusive o da loucura. Além disso, a *Carta* reúne as lições de Platão e de Aristóteles no que diz respeito ao defeito risível por excelência: o homem que não se conhece a si mesmo. Com o passar do tempo, contudo, a complexidade do riso de Demócrito tende a ser substituída pela polaridade entre o "filósofo que ri" e o "filósofo que chora", resumindo uma preocupação ética bastante comum aos moralistas dos séculos XVII e XVIII — saber se os vícios da humanidade são para rir ou para chorar. Ainda no último quarto do século XVI, Montaigne ocupar-se-ia dessa questão:

> Demócrito e Heráclito foram dois filósofos, dos quais o primeiro, achando vã e ridícula a condição humana, só saía em público com uma face que caçoava e ria; Heráclito, tendo piedade e compaixão dessa mesma condição nossa, tinha a face continuamente entristecida e os olhos carregados de lágrimas (...). Eu prefiro o primeiro humor, não porque seja mais agradável rir do que chorar, mas porque é mais desdenhoso e porque nos condena mais do que o outro (...). O lamento e a comiseração são misturados a uma estimação da coisa que se lamenta; as coisas de que caçoamos, as estimamos sem valor.[55]

Observa-se que o riso passa a ter uma função moral bem mais aguda: a de condenar aquilo de que se está rindo — objeto de desdém pelo qual não se tem qualquer apreço. Mas esse uso ético do riso já faz parte de outro quadro, de que trataremos no capítulo 4.

Notas

1. Ver Aristóteles, *Poética* (1980a:169).
2. Platão, *Filebo*, 48a.
3. Para a tradução de *phthonos* por *inveja* e *malícia*, ver Mader, 1977:17-9.
4. Platão, *Filebo*, 49a.
5. Ibid., 50a.
6. Ibid., 50b.
7. Ibid., 50d.
8. Ver a esse respeito também Mader, 1977:21.
9. A parte perdida da *Poética* é convencionalmente chamada de "livro II". Sua existência é atestada por três referências na obra de Aristóteles: no início do capítulo 6 da *Poética*, em que Aristóteles anuncia que tratará da comédia após dedicar-se à tragédia e à epopéia, e em duas passagens da *Retórica* (I:11, 1.372a, e III:18, 1.419b).
10. Ver Janko, 1984 e 1987; e Fuhrmann, 1973.
11. Ver por exemplo as notas de leitura de Dupont-Roc e Lallot, na edição francesa da *Poética* (1980a:179), e Fuhrmann, 1973:55.
12. Sigo aqui a sugestão de Dupont-Roc e Lallot de traduzir *mimesis* por "representação", e não por "imitação" (ver a introdução à edição francesa da *Poética* de 1980, p. 17-22, e as notas de leitura).
13. Aristóteles, *Poética* (1980a, cap. 5, 49a-b).
14. Ver Fuhrmann, 1973:61; e notas de leitura de Dupont-Roc e Lallot in: Aristóteles, *Poética* (1980a:178).
15. Esta não parece ser a opinião de Northrop Frye, para quem "tal como há uma catarse para piedade e terror na tragédia, há também uma catarse das emoções cômicas correspondentes, que são simpatia e ridículo, na comédia antiga" (1957:43).
16. Aristóteles, *Poética* (1980a, 51a-b). Sigo a sugestão de Dupont-Roc e Lallot de traduzir *historia* (isto é, "coleta exaustiva de dados em sua diversidade") por "crônica" (Ibid., p. 222).

17. Ibid., 51b.
18. Ibid., 58a.
19. Ibid., p. 362-3. Que o uso impróprio da metáfora pode suscitar o riso é confirmado por uma passagem da *Retórica* em que Aristóteles recomenda cuidado em seu emprego, "pois as metáforas podem não convir, umas porque se prestam ao riso (com efeito, os poetas cômicos também empregam metáforas); outras porque têm um ar por demais trágico e pomposo" (Aristóteles, *Retórica*, III, 3, 1.406b).
20. Esse resumo não explica a passagem, bastante obscura, que trata da origem da comédia. Sobre as dificuldades de interpretação dessa passagem, ver Fuhrmann, 1973:57-8, e as notas de leitura de Dupont-Roc e Lallot (Aristóteles, 1980a:171-5). Tampouco faz parte desse resumo o trecho em que Aristóteles se refere à origem etimológica do nome "comédia". A esse respeito, ver também as notas de Dupont-Roc e Lallot (Ibid., p. 163) e Suchomski, 1975:221-8.
21. Ver a esse respeito Pigeaud, 1981:71-ss e 78.
22. Aristóteles, *As partes dos animais* (1956, 637a).
23. Ver ibid., p. 97, nota 2.
24. Aristóteles, *Da geração dos animais* (1961, V, 1, 779a).
25. Ibid.
26. Aristóteles, *Retórica*, I, 11, 1.371b-1.372a.
27. Ibid., 1.369b-1.370a.
28. Ver ibid., II, 3, 1.380b e 4, 1.381a.
29. Ver a análise de Dufour do livro II da *Retórica* (1967:20-1).
30. Aristóteles, *Retórica*, III, 11, 1.412a.
31. Ibid., 14, 1.415a.
32. Ibid., 18, 1.419b.
33. Para esta citação e as seguintes, ver Cícero, *De oratore*, II, 216, 218, 234-6, 238 e 229.
34. Ver Suchomski, 1975:32.
35. Para as citações deste parágrafo e as dos parágrafos que se seguem, ver Cícero, *De oratore*, II, 239, 241, 244, 281, 286, 272, 267, 252, 248-9, 255 e 289.
36. Ver Leeman, Pinkster & Rabbie, 1989:205-6; e Plebe, 1952:78-80.
37. Ver a análise de Jean Cousin dos livros VI e VII de *Institutio oratoria* (Quintiliano, 1977:xix-xx).
38. Reconhece-se aqui a utilidade do risível para desviar a atenção do ouvinte, elemento já observado em Aristóteles. Para esta citação e as seguintes, ver Quintiliano, *Institutio oratoria*, VI, 3, 1; 6-8 e 22-4.
39. O toque físico remonta certamente à passagem sobre as cócegas de *As partes dos animais*, de Aristóteles.
40. Cícero, *De oratore*, II, 274-5.
41. Essa combinação é reiterada na seguinte passagem: "O riso nasce, seja do físico daquele contra quem falamos, seja de seu caráter, como o revelam seus atos e suas palavras, seja de circunstâncias exteriores. (...) Tudo isso é *indicado com um gesto* ou é *exposto* ou *destacado com uma palavra*". (Quintiliano, *Institutio oratoria*, VI, 3, 37.) Ou seja: o riso que nasce do adversário ou de circunstâncias exteriores é mostrado pelo *gesto*, a *exposição* ou a *palavra* — três instrumentos retóricos que equivalem à divisão "primária" encontrada em todo discurso: a que distingue as coisas (gesto e exposição) e as palavras.
42. Para esta citação e a seguinte, ver Quintiliano, *Institutio oratoria*, VI, 3, 65-6 e 70.
43. Cícero, *De oratore*, II, 248.
44. Quintiliano, *Institutio oratoria*, VI, 3, 89; grifos meus.
45. Le Goff, 1989:4-5.

46. Ver as referências de Homero aos deuses e semideuses que riam livremente, estudadas por Dominique Arnould (1990).

47. Arnould, 1990:260. Para a provável data da *Carta de Hipócrates a Damagetus*, ver Pigeaud, 1981:452-3, e 1988.

48. Sobre essa relação, ver Pigeaud, 1981 e 1988.

49. Para o resumo, baseio-me em três fontes: a versão integral da *Carta* reproduzida no apêndice ao *Tratado do riso*, de L. Joubert (1579); o resumo que dela faz R. Burton, em *Anatomia da melancolia* (1621), e os trechos citados por J. Pigeaud (1981).

50. Pigeaud, 1988.

51. Os outros dois documentos seriam o 23º aforismo de Hipócrates, que descreve a melancolia como doença, e o *Problema XXX* de Aristóteles (Pigeaud, 1988).

52. Para esta citação e as seguintes, ver Joubert, 1973, apêndice, p. 375 e 363-8.

53. Sobre esse conceito, ver Pigeaud, 1981:443 e segs.

54. Joubert, 1973, apêndice, p. 363.

55. Montaigne, 1962, v. I, p. 50.

capítulo 3

O Tratado do riso *de Laurent Joubert*

> Se é assim, como diz Plutarco, que, em algum lugar das Índias, haja homens sem boca, alimentando-se do cheiro de alguns odores, quantas de nossas descrições são falsas? Ele [o homem] não é mais risível, nem capaz de razão e de sociedade.
>
> Montaigne, *Ensaios*, II, 12

Em 1579 foi publicada em Paris uma das obras mais densas voltadas exclusivamente para a questão do riso — o *Tratado do riso, contendo sua essência, suas causas e seus maravilhosos efeitos, curiosamente pesquisados, refletidos e observados*. Seu autor, Laurent Joubert, é apresentado como conselheiro e médico ordinário do rei, primeiro doutor regente, chanceler e juiz da Universidade de Medicina de Montpellier.

Apesar de outros textos da Renascença se ocuparem do assunto, o livro é sem dúvida um dos mais significativos, além de provavelmente o único em francês (e não em latim) no período.[1] O riso interessa a Joubert, e a outros autores da época, do ponto de vista da medicina, o que pressupunha, naquele universo, o conhecimento não só dos órgãos do corpo mas também das faculdades da alma. Como a alma é movida pelo objeto do riso, qual a paixão em causa e como se produzem os maravilhosos efeitos fisiológicos do riso são algumas das questões de que ele se ocupa tenazmente.

A expressividade do *Tratado do riso* não lhe garante, contudo, uma repercussão à altura na história do pensamento sobre o riso. É certo que está citado no verbete "Riso" da *Enciclopédia* de Diderot e D'Alembert (1751-80), mas apenas como referência bibliográfica, ao lado de outras obras que, segundo os autores, não merecem mais ser lidas. Só encontrei novas referências ao livro de Joubert em uma notícia biobibliográfica de 1814 (Amoureux) e em textos do século XX.[2]

Um deles é o consagrado livro de Mikhaïl Bakhtine, *A obra de François Rabelais e a cultura popular na Idade Média e sob a Renascença*, de 1965. Para Bakhtine, a "história do riso" é marcada por uma clara descontinuidade entre a Renascença e a idade clássica. Na Renascença, e culminando com Rabelais, o riso teria "um profundo valor de concepção do mundo", enquanto, na idade clássica, teria sido domesticado, limitando-se aos vícios dos indivíduos e da sociedade. Na Renascença o riso exprimia a verdade sobre o mundo, sobre a história e sobre o homem e não era menos importante que o sério. Já no século XVII, diz Bakhtine, o que era essencial ou importante não podia mais ser cômico: o riso tornara-se um divertimento leve, ou ainda uma espécie de castigo útil. O século XVI, para Bakhtine, marca o apogeu daquilo que ele chama de história do riso também no plano teórico:

> Para a teoria do riso da Renascença (como para as fontes antigas), o característico é justamente o fato de reconhecer que o riso tem uma significação positiva, regeneradora, *criadora*, o que a diferencia nitidamente das teorias e filosofias do riso posteriores, até a de Bergson, inclusive, que preferem assinalar suas funções denegridoras.[3]

Essa asserção generalizadora sobre "a teoria do riso da Renascença" não vem acompanhada de nenhuma análise de textos teóricos do século XVI. Bakhtine limita-se a indicar, como referência, o tratado de Joubert, e a mencionar Montaigne como exemplo de humanista e homem de letras que partilhava os julgamentos sobre o riso da época. Mas vimos, no final do capítulo anterior, que Montaigne partilhava a idéia de que o riso teria a função moral de condenar — mais do que o choro — os vícios da humanidade. Ou seja, o lugar em que a "teoria do riso da Renascença" trata do significado criador, regenerador e positivo do riso, como quer Bakhtine, permanece uma incógnita.

Ainda que no século XVII encontremos efetivamente uma "domesticação" do risível, banido pela moral e os bons costumes para o terreno do "ridículo" — como veremos no capítulo 4 —, o julgamento negativo do riso não seria fenômeno novo. Lembremos, por exemplo, a teoria de Platão: o estado de alma em que nos colocam as comédias é um prazer impuro, misturado de inveja e malícia, e aquele de que rimos desconhece-se a si mesmo. Lembremos também que Jesus Cristo nunca riu e que os bufões e *joculatores* deviam ser evitados. Além disso, o que são a *delectatio* e a *utilitas* dos textos medievais senão a redução do riso a divertimentos leves e a espécies de castigos úteis? Não é apenas no século XVII que o riso é excluído do sério: vimos que a própria teoria de Aristóteles sobre a comédia se constituiu em um espaço marginal em relação ao caráter fundamental da tragédia, essa sim capaz de ter um "profundo valor de concepção do mundo".

Mais impróprio do que sustentar uma ruptura que não houve é, a meu ver, atrelar a significação *positiva* do riso (que também identifico no tratado de Joubert) à sua significação *regeneradora* e *criadora*. O que Bakhtine entende por isso torna-se mais claro com seu conceito de "realismo grotesco":

> A forma do grotesco carnavalesco (...) ilumina a ousadia da invenção, permite associar elementos heterogêneos, aproximar o que está afastado, ajuda a se libertar do ponto de vista predominante sobre o mundo, de toda convenção, das verdades correntes, de tudo o que é banal, costumeiro, comumente admitido; permite, enfim, *lançar um olhar novo sobre o universo, sentir a que ponto tudo o que existe é relativo* e que, conseqüentemente, *é possível uma ordem do mundo totalmente diferente.*[4]

Para Bakhtine, o riso da Renascença tem força criadora: revela a possibilidade de uma outra ordem do mundo totalmente diferente. Além disso, "o verdadeiro riso, ambivalente e universal, não recusa o sério, ele o purifica e completa".[5]

Ora, reencontramos nessa interpretação o *leitmotiv* discutido no capítulo 1: a positividade do riso é dada por sua capacidade de apreender o mundo para além dos limites do pensamento sério. Não creio, contudo, que isso se aplique ao tratado de Joubert; nele, riso e risível não oferecem qualquer possibilidade para se atingir *outra* ordem mundial. Isso porque o mundo já *é* suficientemente ambivalente, sendo desnecessário "lançar um olhar novo sobre o universo" para sentir "como tudo o que existe é relativo".

Montaigne, como vimos na epígrafe deste capítulo, fala dos "homens sem boca". Joubert não os menciona em seu tratado, mas é como se o fizesse.[6] Ele investiga o riso em todas as suas manifestações: no objeto risível, no corpo, na alma e em todas as suas formas, até o riso provocado por uma picada de aranha ou pela erva da Sardônia, ou ainda aquele que decorre, como menciona Aristóteles, de um ferimento no diafragma. No tratado de Joubert, o riso *é* admiravelmente concreto. Por isso mesmo é a *afirmação* de um mundo onde nada é impossível, nem mesmo os homens sem boca.[7] Apesar de Bakhtine, ainda não é nesse momento que a ambivalência se firma como valor.

A obra e seu autor

As informações biográficas sobre Laurent Joubert de que dispomos são evidentemente incompletas e por vezes controversas.[8] Nascido em dezembro de 1529, em Valence, onde teria começado seus estudos médicos, em

1550 transferiu-se para a Universidade de Medicina de Montpellier, onde Rabelais, ao que parece, também obteve o grau de médico, por volta de 1530 (Joubert entretanto não menciona Rabelais em seu tratado). Aluno e sucessor de Rondelet em sua cadeira a partir de 1566, em 1573 Joubert foi nomeado chanceler da Universidade de Montpellier, função que exerceu até a morte, em 1582, aos 53 anos. Em suas viagens de aprendizado, teria estudado com Falópio, em Pádua, e com Argentier, em Nápoles, entre outros.

Além do *Tratado do riso*, escreveu diversas obras, entre as quais *Erros populares* (1570?); um tratado sobre as feridas de arcabuzes (1570); uma reedição anotada da *Cirurgia de Guy de Chauliac*, obra de 1363; uma compilação de paradoxos médicos e filosóficos (1561), e uma *Pharmacopaea* (1579). De todas, a que obteve maior sucesso parece ter sido *Erros populares*, que teve diversas reedições em francês, bem como edições em latim e em italiano. Nela, Joubert discutia temas como concepção, fecundidade, gravidez, parto e amamentação, com um estilo "um pouco livre", de acordo com Amoureux (1814), dado o assunto que levava a "essa espécie de licença". Ainda segundo Amoureux, esse livro teria sido um dos motivos que levaram Henrique III a chamar Joubert à corte em 1579, na esperança de que curasse a esterilidade de sua mulher. Por isso recebeu o título de médico ordinário do rei, mas já possuía o de médico da rainha de Navarra, a quem, aliás, dedicaria tanto o *Erros populares* quanto o *Tratado do riso*.[9]

O *Tratado do riso*, de 352 páginas, divide-se em três livros, precedidos de um prefácio em forma de carta à rainha de Navarra. Nesse prefácio, datado de 1579, somos informados de que o tratado fora originariamente escrito em latim e de que o primeiro livro, traduzido por Louis Papon, havia sido publicado há mais de 20 anos. Os outros dois livros teriam sido traduzidos por Jean Paul Zangmaistre, jovem alemão da casa de Augsburgo e discípulo de Joubert. Algumas compilações bibliográficas mencionam de fato edições do tratado anteriores a 1579: uma de 1558, publicada em latim, mas incompleta, e três outras edições francesas, de 1560, 1567 e 1574. Contudo, nem mesmo Amoureux, em 1814, teve acesso a uma dessas edições, de modo que considero a data de publicação do tratado coincidente com a do prefácio.

Os três livros publicados em 1579 compõem claramente um todo, o que é comprovado pelas inúmeras referências do próprio Joubert, no primeiro livro, a capítulos dos livros II e III, e vice-versa. Além disso, o *Tratado do riso* segue um plano de investigação muitas vezes resumido pelo autor, seja para anunciar as etapas seguintes, seja para recapitular os resultados já alcançados.

Entre a carta-prefácio e o tratado propriamente dito, há quatro páginas de poemas e pequenos textos dedicados a Joubert, a maioria em latim, e, em seguida, um "índice das matérias" dividido em livros e capítulos. Há ainda uma lista de 72 autores "hebreus, árabes, gregos, latinos e vulgares" (a lista é incompleta, pois o número de autores citados chega a mais de 90) e uma errata.

Aos três livros do *Tratado do riso* seguem-se quatro textos de natureza diversa: uma nota do tradutor Zangmaistre; a *Carta* do pseudo-Hipócrates sobre o riso de Demócrito, traduzida do grego, segundo consta, por J. Guichard, doutor regente de medicina em Montpellier; um "Diálogo sobre a cacografia francesa", em que se explica por que só o francês pronuncia sua língua diversamente do que escreve, e algumas anotações sobre a ortografia preconizada por Joubert, feitas por um auxiliar do autor que a ele se refere como "meu tio".[10] No fim do livro, após os quatro apêndices, há seis páginas de poemas, epigramas e pequenos textos, inclusive um extrato do privilégio do rei, datado de 1577, que permite a Joubert a publicação de todas as suas obras. O conjunto publicado comporta mais de 400 páginas, tendo sido reimpresso em fac-símile em 1973.

A justificativa do *Tratado*

Na carta-prefácio à rainha de Navarra e no prólogo ao "primeiro livro do riso", encontra-se uma longa justificativa de Joubert para seu empreendimento. "O argumento do riso é tão alto e profundo", diz ele, "que poucos filósofos o alcançaram e nenhum ganhou ainda o prêmio de o haver sabido bem manejar."[11] Se o riso não fosse habitual, todo mundo se espantaria ao ver o corpo tremer tão violentamente em um instante. Ele é uma das mais admiráveis ações do homem, ainda mais por ser próprio ao mais admirável dos animais.

O tratado de Joubert contém uma série de pressupostos teóricos que remontam aos textos da Antigüidade, como atestam o tremor violento do corpo e o "próprio do homem", dois elementos que já encontramos em Aristóteles, Cícero e Quintiliano. Essa circunstância ajuda a situar a obra: seu autor conhecia um grande número de fontes antigas sobre o riso, chegando a lhes fazer referência expressa em diversas ocasiões. Mas Joubert não se contentava em repetir as asserções já conhecidas, ordenava-as com bastante precisão em seu esquema teórico. Por isso sua importância.

Joubert parte da idéia de que o riso é um *milagre* semelhante a outros fenômenos cujas causas são escondidas, como o raio ou o ímã. Os filósofos antigos não tentaram conhecer a causa secreta do riso porque, segundo eles, ela não podia ser conhecida, "estando por demais próxima de sua forma, e provindo desta imediatamente". Eles achavam que não se podia atribuir ao riso outra razão que não sua propriedade oculta. O mesmo se passa com o raio e "as outras coisas que ocorrem miraculosamente", tão difíceis e escondidas que confessamos livremente serem suas causas desconhecidas ao homem. Nesses casos, dizemos que é "impossível tornar mais evidente a causa de seus efeitos do que a propriedade natural", que nasce da qualidade dos quatro elementos. Em razão da fraqueza de nosso espírito, não podemos compreender qual porção dos quatro elementos há em cada coisa e por isso nos maravilhamos ao ver o ímã atrair o ferro e a raia-elétrica paralisar a mão do pescador sem tocá-lo. Disso tudo se deduz que a "Natureza quis esconder alguma coisa, para se fazer mais estimada, onde nossos espíritos, por demais pesados desse corpo, não podem ancorar". Porém, é "bem louvável querer se entremear, e não deixar nada a sondar, seguindo a pista dos antigos, usando seus meios e acrescentando os nossos inventados de novo", porque "o filósofo diz muito bem que o *scibile* (o que podemos saber) tem maior extensão que a ciência".

Para Joubert, pensar o riso é uma declaração de fé à faculdade do entendimento, que "tem por objeto tudo o que está no céu, na terra e entre os dois". Se conseguirmos decifrar o mistério, isso equivalerá a descobrir a causa do ímã ou do raio. Com uma vantagem: é mais fácil achar as causas de efeitos que têm sua fonte e fundamento em nós, porque das coisas visíveis e sensíveis chegamos ao conhecimento das invisíveis e secretas. Podemos entender a "condição, a força e a afecção do riso porque ele nos é intrínseco, manifestando-se fora de nós"; como toda obra da alma, sua manifestação visível nos conduzirá a seus segredos intrínsecos — aos segredos tanto do riso quanto da alma.

O circuito do riso

Ao longo de todo o primeiro livro de seu *Tratado do riso*, Joubert investiga o que passo a chamar de o "circuito do riso": a matéria risível penetra na alma através dos sentidos da audição e da visão e é prontamente transportada para o coração, sede das paixões, onde desencadeia um movimento próprio à paixão do riso, que se estende para o diafragma, o peito, a voz, a face, os membros, enfim, para todo o corpo. A descoberta desse circuito corresponde à descoberta da causa intrínseca do riso, que estava escondida sob sua propriedade oculta.

Cada etapa do "circuito do riso" é cuidadosamente examinada e tem implicações importantes para definir o riso e seu significado que também são discutidas nos livros II e III. Não se trata apenas de descrever uma trajetória que vai do objeto do riso ao tremor do corpo, mas principalmente de discutir essa trajetória e suas conseqüências do ponto de vista teórico — discussão que tem como interlocutores os autores antigos e os "grandes filósofos e excelentes médicos" contemporâneos a Joubert.

A matéria risível

A matéria do riso é o assunto dos quatro primeiros capítulos do livro I. Joubert a denomina *matière ridicule* ou *chose ridicule*, correspondendo *ridicule* ao que chamo de "risível". A coisa risível é uma entidade concreta, uma *matéria* com estatuto semelhante ao dos "espíritos" e "humores" e, como eles, aparece várias vezes no plural (*les ridicules*).

Na definição da matéria risível, Joubert segue de perto as pistas e os meios dos antigos: o risível é coisa torpe e indigna de piedade e se encontra "em fato" (coisa) ou "em dito" (palavra). Nota-se, porém, uma diferença de abordagem: a coisa risível não interessa a Joubert como recurso oratório ou dramático para suscitar o riso nos espectadores, e sim como matéria concreta apreendida pelos sentidos e causa externa do movimento do riso. Essa "primeira ocasião" do riso, como ele a chama, não é diretamente responsável pelo caráter maravilhoso do riso. A coisa risível é vã, leve, frívola e sem qualquer importância, de modo que a sede do riso — sua causa intrínseca — encontra-se em outro lugar.

Em todo o *Tratado do riso* é forte a presença de questões de método, que salientam a positividade do riso como objeto do entendimento. No primeiro capítulo do livro I, intitulado "Qual é a matéria do riso", há uma explicação do método utilizado na investigação da coisa risível. "Toda inquisição bem ordenada começa das coisas mais conhecidas; dessas, como por degraus, das baixas às altas, ela nos conduz à inteligência das mais árduas e difíceis." As coisas mais conhecidas são aquelas sobre as quais todos estão de acordo, aquelas que são recebidas "do popular" e as que não se pode negar. É, portanto, a partir da opinião comum que Joubert mostra a matéria do riso.

As questões de método discutidas por Joubert assemelham-se muitas vezes às *Regras para a direção do espírito* de Descartes (1628). Nesse caso, por exemplo, há proximidades com a regra V: observamos fielmente os objetos, diz Descartes, se, partindo da intuição das proposições mais simples, tentamos nos elevar por degraus até o conhecimento das proposições complexas e obscuras.

A investigação de Joubert sobre a coisa risível leva à classificação em gênero e espécies. O gênero é "coisa torpe e indigna de piedade" e as espécies são os risíveis *feitos* e *ditos*, já que a matéria risível se dirige aos sentidos da *visão* e da *audição*. Tudo isso pode parecer um pouco obscuro, diz ele, mas, por indução e exemplos, tornar-se-á fácil.

Segue-se então uma série de exemplos que indubitavelmente encantam o leitor de fins do século XX. Os primeiros que visam a demonstrar a classificação do risível são todos obscenos. Assim, que o objeto do riso seja "torpe, disforme, desonesto, indecente, indecoroso e pouco conveniente, se não formos movidos pela compaixão" fica claro pelas partes pudendas (*parties hõteuses*). Se descobrirmos as partes pudendas, que, por natureza ou honestidade pública, temos o costume de esconder, as pessoas serão incitadas a rir, porque isso é torpe e indigno de piedade. O argumento é corroborado por dois contra-exemplos. Se excluirmos dele a indecência ou torpeza, descobrindo, por exemplo, os braços ou os pés, não haverá do que rir, porque não consideramos indecente ver essas partes expostas. Já se excluirmos a ausência de compaixão, vendo, por exemplo, ser retirado o membro viril de um homem, também não haverá riso, porque a piedade nos surpreende e nos freia, em razão do desprazer de contemplar uma operação desse tipo.

Mostrar o traseiro (*montrer le cu*[12]) é desonesto e, se não há dano que suscite a misericórdia, não podemos deixar de rir daquele que o expõe. Mas, se um outro lhe queima o traseiro com um ferro quente, o riso cede à compaixão. Quando o mal é pequeno, como uma simples queimadura, isso reforça o riso, já que aquele que mostrou o traseiro será punido por sua vilania.

A necessidade de coexistirem a torpeza e a falta de piedade para suscitar o riso é ainda provada pela queda na lama: se não imaginamos que a pessoa que cai pode se machucar, rimos porque é indecente e ridículo não saber se segurar e cair como um bêbado. Este exemplo contém ainda o fator surpresa: quando a queda não é comum nem pretendida, diz Joubert, rimos mais ainda, pela novidade. As crianças e os bêbados caem ordinariamente, mas rimos muito mais "se um grande e notável personagem, que se esforça para andar com um passo grave e compassado, tropeçando pesadamente contra uma pedra, cai repentinamente em um lamaçal". A queda é ainda mais torpe se a pessoa estiver vestida com uma roupa muito rica.

A discussão sobre a queda cômica acaba constituindo uma inversão de uma das classificações do *Filebo*. Não rimos, diz Joubert, se aquele que cai é nosso parente, aliado ou grande amigo, porque dele teríamos vergonha e compaixão. Mas, "não há nada tão disforme e que faça menos piedade" do que aquele que cai ser indigno da posição que ocupa e da honra que se lhe faz: se ele é odiado por todos em virtude de sua arrogância, ninguém poderá se abster de rir. Ao contrário do que dizia Platão, portanto, não é dos amigos fracos que rimos, e sim dos inimigos fortes que se desconhecem, diferença que permite identificar uma especificidade da teoria de Joubert em relação ao julgamento ético do riso. Apesar de, para ele, a matéria risível ser vã e frívola, não há, em seu tratado, uma condenação moral *daquele que ri*. Ele não mistura a inveja e a malícia ao prazer do riso.

O tema da queda cômica é um dos mais recorrentes na história do pensamento sobre o riso, repetindo-se várias vezes a imagem do personagem bem vestido, surpreendido por uma pedra ou outro objeto traiçoeiro, antes de cair em um chiqueiro ou lamaçal. A exemplo do que ocorre no tratado de Joubert, essa imagem serve muitas vezes de ponto de partida para generalizações sobre as causas do riso e a natureza do risível. Também Lévi-Strauss dela se serviu para chegar ao curto-circuito entre dois campos semânticos distantes, sua interpretação definitiva da causa do riso que mencionei no capítulo 1. Segundo ele, o exemplo da queda cômica, apesar de freqüentemente invocado, sempre recebeu interpretações falsas, cabendo a ele explicar o que se passa realmente quando um personagem rigorosamente vestido, caminhando solenemente, escorrega numa casca de banana e cai bruscamente em uma valeta da rua.

Prosseguindo sua investigação, Joubert distingue, na espécie dos *feitos* risíveis, cinco subespécies: os risíveis que são feitos sem querer — por exemplo, quando vemos as partes pudendas através de alguma costura desfeita das calças; os risíveis feitos de propósito — um velho imitando uma criança, ou uma pessoa digna que, embriagada, se fantasia; os danos leves — quando uma criança lamenta ter perdido algo de pouco valor; as brincadeiras que fazemos com os outros — por exemplo, rasgar a roupa ou jogar água sem que a pessoa esteja preparada; e os enganos relacionados aos cinco sentidos — como comer algo amargo achando que era doce, tocar um ferro sem saber que estava quente, ou ainda imaginar que um odor é suave, quando na verdade é fétido. Em todos os casos, o objeto do riso é torpe sem que suscite piedade. Há ainda os equívocos da imaginação, como não ousar sair à noite por medo de sombras e fantasmas, fugir de um rato ou não tocar em vermes com medo de que mordam. Todos esses exemplos de risíveis *feitos* e *vistos* demonstram de modo familiar, segundo Joubert, "como a coisa torpe e indigna de comiseração é aquilo de que rimos".

Ao tratar dos risíveis *ditos* e *ouvidos*, Joubert afirma que "o ouvido recebe os risíveis próprios a ele e outros comuns à visão", sendo estes últimos os atos feitos e vistos que são relatados e que, durante o relato, parecem estar diante dos olhos. É possível reconhecer aqui a narrativa cômica de que fala Cícero, também denominada *cauillatio*, cuja especificidade era justamente a de apresentar as coisas como se estivessem diante dos olhos. Nos termos de Joubert, é o ouvido que "recebe" a narrativa cômica, e é o olho que "vê" os risíveis feitos. Já os risíveis exclusivos ao ouvido são os ditos picantes, as zombarias, os trocadilhos, os equívocos, os ditos ambíguos e que levam ao engano – à semelhança dos ditos vivos e curtos de que falam Cícero e Quintiliano e que recebem o nome de *dicacitas*. Finalmente, ao perguntar-se por que esses ditos provocam o riso, Joubert limita-se a repetir a fórmula já consagrada: "não por outra coisa que certa torpeza ou deformidade indigna de piedade". Ao contrário do cuidado com que demonstrou essa regra no caso dos risíveis feitos, a fórmula não é acompanhada de explicações nem de exemplos. O "cômico de palavras" parece constituir uma espécie de calcanhar de Aquiles para as definições do risível enquanto torpeza ou deformidade. Cícero e Quintiliano também não explicam em que medida enunciar uma impossibilidade, trair a expectativa, ou ainda empregar palavras com duplo sentido, por exemplo, constituem coisas baixas e torpes.

No capítulo em que trata dos risíveis ditos, Joubert se aproxima muito do ensinamento da retórica, chegando a copiar, sem mencionar a fonte, várias passagens da teoria de Quintiliano. Para Quintiliano, fazemos rir seja pelo que fazemos (*facimus*), seja pelo que dizemos (*dicimus*), classificação que possivelmente está na origem dos risíveis *feitos* e *ditos* de Joubert. Contudo, se para Quintiliano essa classificação tinha como fundamento a divisão primária de todo discurso entre *coisas* (*ações*) e *palavras*, no texto de Joubert, esse fundamento desaparece. Para Quintiliano tratava-se de produzir o riso na qualidade de orador ("fazemos rir", diz ele); para Joubert trata-se de classificar a matéria risível do ponto de vista do observador — e por isso mesmo ele não faz uso de *fazemos* e *dizemos*, e sim de *feitos* e *ditos*. Ainda mais notável é a transformação dos risíveis feitos e ditos em *vistos* e *ouvidos*. A classificação de Joubert fala da percepção dos risíveis, e não de sua produção, o que se ajusta, aliás, a seu propósito de investigar a causa do riso na alma.

Uma última questão ocupa Joubert na definição da matéria risível: as condições para que ela suscite o riso. Os risíveis feitos e ditos fazem rir apenas se a) são engraçados e b) penetram os sentidos. Para serem engraçados, é necessário que sejam adequados em tempo e lugar, que não sejam tão reiterados a ponto de nos enfadar e, principalmente, que sejam inesperados. Em todo risível, diz Joubert, "é preciso haver algo de imprevisto e de novo, além daquilo que esperamos atentos, porque o espírito suspenso e em dúvida pensa cuidadosamente no que advirá, e nas coisas engraçadas comumente o fim é inteiramente outro do que imaginávamos, sendo disso que rimos". Temos aí o fator surpresa, já encontrado em textos antigos, como condição de todo risível. Pode-se dizer que ele divide com o "gênero" "torpe e indigno de piedade" a definição da matéria do riso. É importante destacar esse ponto, porque o reencontraremos em textos dos séculos XVIII e XIX, sob uma forma curiosamente semelhante à da descrição que Joubert faz do espírito suspenso e em dúvida, que se engana em sua expectativa.

A segunda condição de desencadeamento do riso desdobra-se em duas circunstâncias. Os risíveis não penetram os sentidos quando não estamos prestando atenção neles, seja porque não os vemos ou não os ouvimos, seja porque, mesmo presentes, pensamos em outra coisa. Uma dor ou um desgosto, por exemplo, podem distrair a atenção. Vale notar que essas circunstâncias avessas ao riso — estar com o espírito em outro lugar ou sentir dor — são também recorrentes na história do pensamento sobre o tema.[13] Podemos ainda não entender os risíveis, porque são falados em voz muito baixa ou em língua estrangeira.

Também pode ocorrer de rirmos ao nos lembrarmos de alguma coisa risível que aconteceu meses atrás. Nesse caso, apesar de o risível não estar penetrando os sentidos, "a recordação coloca diante dos olhos o que se viu outrora, e pode mover o sentido como a coisa presente". Por fim, podemos rir de algo que não é de modo algum risível, mas em relação ao qual nossos olhos se enganam, provocando um riso falso, que logo cessa quando descobrimos a verdade.

Todas essas considerações mostram o caráter extremamente concreto da *matéria* do riso — algo que se encontra fora do homem e o penetra pelos sentidos. Ou não o penetra, porque há obstáculos igualmente concretos que impedem sua passagem. Além disso, se rimos sem que haja uma matéria risível real penetrando nossos sentidos, esse riso é inevitavelmente falso, cessando tão logo verificamos o erro — a não ser que seja provocado por uma presença virtual do risível, em decorrência da ação da memória.

Como a alma é movida pelo risível

Passada a investigação sobre a matéria risível, na qual, segundo Joubert, não foi preciso mais do que destacar os risíveis e mostrar em que todos convêm e concordam, faz-se necessário voltar as atenções para a *paixão* que produz seus maravilhosos efeitos. Na primeira vez em que aparece no tratado, ela recebe o nome de "paixão risoleira" (*passion risoliere*), mas não é sua única designação. Joubert usa também "afecção risoleira" (*affeccion risoliere*), "afecção risífica" (*affeccion risifique*), "faculdade risífica" (*faculté risifique*), ou ainda "afecção de coisa torpe, indigna de piedade" (*affeccion de chose laide, indigne de pitié*). A inconstância mostra bem a dificuldade de definir a causa do riso. Além disso, não é raro que a paixão apareça simplesmente sem nome, como em "afecção que faz rir" (*affeccion qui fait rire*), "essa afecção" (*cette affeccion*), ou que seja chamada de "riso", emprestando o nome a seu efeito.[14]

Na verdade, a paixão do riso é o objeto mesmo da investigação de Joubert. Ela é a *causa* intrínseca do riso, que se esconde por trás de sua propriedade natural. Descobrindo-a, poderíamos descobrir o enigma do riso e explicar todas as suas variáveis. Por isso, o tratado mergulha nos segredos da alma, na descrição de suas faculdades, que, de modo similar aos quatro elementos citados no caso do raio, nos darão a "composição" do riso.

Joubert divide as faculdades da alma em cinco: a "vegetativa", a "sensitiva", a "apetitiva", a "movente" e a "intelectiva" — divisão que corresponde à de Aristóteles em *Da alma*. Segundo Joubert, essas cinco faculdades têm a vantagem de "explicar e declarar mais distintamente a essência e as obras da alma"[15] do que as três usualmente consideradas pelos médicos (a animal, que domina no cérebro; a vital, no coração; e a natural, no fígado). Como cada faculdade tem uma sede principal no corpo, é necessário descobrir a sede do riso para saber que faculdade da alma o produz. O caráter maravilhoso e os movimentos repentinos e diversos do riso indicam de antemão que sua sede só pode ser uma parte nobre, que tenha o poder de fazer os outros movimentos anuírem a suas próprias afecções. As únicas partes do corpo que preenchem essas condições são o *cérebro* (sede da faculdade sensitiva) e o *coração* (sede da faculdade apetitiva).

A principal dúvida de Joubert consiste em saber se o objeto do riso toca e pertence melhor ao cérebro ou se é o coração que "quer dele fazer seu próprio e atribuir-se-o de direito". Em princípio, parece pertencer melhor ao cérebro, por ser este a parte que "recebe tudo o que requer o espírito atento"[16] e que governa os músculos e os nervos que participam dos diversos movimentos do riso. Porém, como os movimentos do riso ocorrem apesar de nós, não podem ser ligados ao cérebro, que governa apenas os movimentos voluntários.

O problema de saber se a sede do riso é o cérebro ou o coração está estreitamente vinculado à discussão sobre a sede das paixões. Se o que provoca o riso é uma paixão, há que saber em que parte do corpo as paixões se alocam. Não pode ser no cérebro, porque o "são julgamento" muitas vezes reprova as paixões, sem poder freá-las. Por outro lado, às vezes as paixões se apaziguam com o julgamento ou o discurso, ao qual obedecem. Subordinada à relação das paixões com a virtude racional da alma, a ligação entre o riso e a razão é extensamente discutida em todo o tratado.

Vejamos como continua a explicação do "circuito do riso" em função das faculdades da alma. As duas faculdades que interessam especialmente aqui são a sensitiva e a apetitiva. A primeira, segundo Joubert, tem "duas maneiras de agir": pelos *sentidos exteriores* (os cinco sentidos que chegam ao cérebro pelos nervos) e pelos *sentidos interiores*, que "estão dentro do cérebro" e se dividem em cinco: o sentido, ou senso comum; a faculdade imaginativa; a cogitação ou discurso; a faculdade especulativa, e a memória. Ao longo do tratado, essas partes muito específicas da alma tendem a se confundir. Assim, os sentidos interiores acabam equivalendo aos efeitos do *entendimento*, que, por sua vez, compõe a faculdade *intelectiva*. Essa circunstância não é casual. O próprio Aristóteles salienta, em *Da alma*, a inter-relação das faculdades sensitiva e intelectiva: não se pode compreender nem apreender nada sem o exercício dos sentidos, porque é nas formas *sensíveis* que se acham os *inteligíveis*.

A faculdade *apetitiva*, prossegue Joubert, tem "três condições": a afecção ou desejo *natural*, a afecção ou desejo *sensitivo* e a afecção ou desejo *voluntário*. Este último, contudo, acaba se confundindo com a *vontade*, ou o *querer*, uma das partes da faculdade *intelectiva*. Quanto ao desejo *natural*, ele é quase equivalente à faculdade *vegetativa*, com a diferença de ocorrer depois de algum conhecimento, podendo ser guiado pela razão. Mais uma vez, essa confusão não é exclusiva ao tratado de Joubert. Aristóteles também divide a faculdade apetitiva em três funções em *Da alma* — desejo, sensação e aspiração —, divisão que também aparece em sua *Ética a Nicômaco* e que acaba correspondendo à tripartição da alma platônica.[17]

O conhecido tratado de Robert Burton, *Anatomia da melancolia* (1621), também contém uma descrição das faculdades da alma. Sua proximidade temporal com o *Tratado do riso* ajuda a situar as preocupações teóricas de Joubert no debate da época. Dividindo a alma em três partes — a vegetativa, a sensitiva e a racional — Burton também estabelece relações entre elas. A faculdade sensitiva divide-se, segundo ele, em *apreensão* e *movimento*, partes que também compõem a faculdade racional, na forma do entendimento (apreensão racional) e da vontade (movimento racional). Além dos cinco sentidos externos, a *apreensão* da faculdade sensitiva também é feita pelos *sentidos internos*: o senso comum, a fantasia ou imaginação e a memória. Já a faculdade apetitiva está embutida no *movimento* da faculdade sensitiva, que se divide em poder de apetite e em poder de locomoção. O poder de apetite compreende, como em Joubert, o apetite natural, o apetite sensitivo e o apetite voluntário ou intelectivo.

A sede do riso, para Joubert, acaba sendo a faculdade apetitiva *sensitiva*, que se divide ainda em dois tipos, pois "o desejo sensitivo é de duas formas, uma por toque e outra sem ele". *Por toque* sentimos prazer ou dor pela mediação dos nervos e, nesse caso, o apetite não decorre de nenhum discurso, nem obedece à razão (podemos pensar o quanto quisermos que um de nossos membros está ferido, e nem por isso sentiremos dor). Já os desejos ou apetites *sem toque* "seguem necessariamente o pensamento ou a cogitação". O pensamento, "verdadeiro ou falso, nos ensina a evitar o que desagrada e a perseguir o agradável".[18]

Já vimos no capítulo 2 que a divisão das afecções da alma em *dor* e *prazer* faz parte de uma tradição teórica bastante difundida, que remonta ao livro IV de *A República* de Platão. Joubert a retoma no prefácio do livro II de seu tratado, ao dividir as paixões entre "as da ira" e "as da concupiscência", isto é, as "irascíveis" e as "concupiscíveis". Segundo essa tradição, todas as paixões, como o medo, a esperança, a cólera, o amor, o ciúme etc., são regidas pelo fundamento da "dor" e do "prazer". A dor nos incita a recusar o objeto que desagrada; e o prazer, a desejar o que nos apraz. Por isso, é comum vincular-se a faculdade motora (ou "movente", como a chama Joubert) à faculdade apetitiva, uma vez que, sem aversão ou desejo, não pode haver movimento de fuga ou perseguição em relação ao objeto da paixão.[19]

A afecção que suscita o riso, para Joubert, é do mesmo estatuto que a alegria, a tristeza, a esperança, o medo, a amizade, a ira, a compaixão, a vergonha, o zelo, a audácia, a inveja e a malícia — as 13 afecções que ocorrem *sem toque* e das quais a paixão do riso será uma variante. Mas ele só chega a esse resultado depois de uma longa descrição de todas as outras faculdades da alma, das quais o riso vai sendo progressivamente excluído.

O riso é excluído da faculdade vegetativa e da faculdade apetitiva natural porque nele estão implicadas duas ações, o sentir e o mover, que não são comuns às plantas. Também não pertence à faculdade sensitiva porque, então, teríamos de rir toda vez que estivéssemos vendo, ouvindo, cheirando, degustando ou tocando. Nada tem a ver com a faculdade apetitiva voluntária e a faculdade intelectiva porque freqüentemente ocorre contra a nossa vontade, quando não podemos impedi-lo nem retê-lo. E faz parte da faculdade apetitiva sensitiva sem toque porque a matéria risível não toca o corpo.

A investigação sobre a causa intrínseca do riso também precisa passar pela especificidade dos movimentos do coração quando é movido por afecções. O coração move-se de duas maneiras: a ordinária — movimento contínuo da pulsação, sempre se dilatando e contraindo — e a das afecções. Esses dois movimentos do coração lhe são próprios e naturais. Próprios, porque não os encontramos em qualquer outra parte do corpo; naturais, porque são dados pela natureza das fibras do coração, bastante diferentes das demais fibras musculares, tanto em matéria quanto em virtude. Essa especificidade do coração permite que ele se mova e mova as artérias "sem que a vontade comande", razão pela qual seus movimentos são chamados de "naturais".[20]

O movimento do coração durante as paixões tem assim duas origens: como movimento ordinário da pulsação, é independente da vontade; como as afecções têm sede na faculdade apetitiva sensitiva sem toque, é necessariamente acompanhado de conhecimento ou de imaginação. Eis como o coração é tocado por aquilo que o conhecimento imagina:

> Imaginando alguma coisa, e a estimando boa ou má, os espíritos agitados de sua notícia chegam ao coração, o qual, como que tocado e chocado se comove, desejando ou desdenhando o objeto. É a aliança das forças naturais que incita esses movimentos a seguirem o conhecimento. Portanto, as causas da afecção que chamamos de eficientes [as causas de seus *efeitos*] serão *os objetos e o coração*, já que as perturbações nascem do coração (...), tendo, cada uma delas, alguma matéria própria a comover.[21]

O amor teria a beleza; a ira, a injúria; o medo, algum perigo, e assim por diante.

Percebe-se que Joubert trabalha gradualmente o terreno para discutir a verdadeira essência do riso. As causas eficientes da paixão que suscita o riso são os objetos ou as matérias risíveis, de que já se ocupou, e o movimento do coração próprio à afecção do riso. Essa segunda causa eficiente engendra todos os seus maravilhosos efeitos.

A primeira etapa do circuito do riso consiste, então, no seguinte processo: o *objeto risível* é percebido pelos *sentidos exteriores* (a visão e a audição), que "não são nada mais do que tubos (*tuyaux*) dando passagem a essa espécie de objetos". O risível chega em seguida ao cérebro, precisamente ao *senso comum*, como todos os objetos percebidos pelos sentidos exteriores. Finalmente, a coisa risível é transportada repentinamente e em um instante ao *coração*, porque todos os objetos percebidos pelos sentidos correm a solicitar a faculdade da alma que lhes é própria; é o objeto que comove (*émeut*) a potência da alma. Esse transporte ao coração é tão rápido que só conhecemos o objeto risível quando já estamos rindo. "Portanto", conclui, "a ação do cérebro percebendo tais coisas é apenas conhecimento comum, já que ele não toma o risível por risível (*vù qu'il ne prand le ridicule pour ridicule*), o que pertence mais propriamente ao coração."[22]

O movimento do coração

"Nosso propósito começa a entabular o que é mais útil, tocando no melhor do assunto", diz Joubert no início do capítulo 10 do livro I. "O passado nos ensinou", continua, "quais são os risíveis, provocando na alma certa faculdade, que é obreira do riso. Também dissemos que ela reside no coração como as outras paixões. Só nos resta saber qual é e como é preciso nomeá-la."[23]

Saber qual é a paixão do riso equivale a descobrir sua segunda causa eficiente, ou seja, o *movimento do coração* próprio à afecção que faz rir. Mas "como nomeá-la" não aparece mais no tratado, e nenhum dos nomes listados no item anterior tem valor de resposta.

É da alegria (*joie*) que a paixão do riso mais se aproxima, porque os efeitos de ambas as afecções se assemelham e seus objetos são igualmente "algumas vezes misturados e confusos", distinguindo-se apenas na medida em que o da alegria é "mais sério e grave", enquanto o do riso é "mais leve e vão". Ou ainda: o objeto da alegria é "coisa séria, que traz prazer, ganho, proveito, comodidade ou verdadeiro contentamento", enquanto "a matéria da afecção que faz rir é apenas galhofeira, divertida, vã e freqüentemente mentirosa, de assunto de nenhuma importância".

Mas no tocante ao movimento do coração, ambas as afecções são particularmente dessemelhantes. Na "verdadeira e simples alegria", o coração se dilata, como que para abraçar (*ambrasser*) o objeto apresentado, não podendo evitar, durante essa dilatação, espalhar muito sangue e muitos espíritos, que sobem à face, onde produzem os sinais da alegria (a carne aberta, a fronte limpa e estendida, os olhos brilhantes, as bochechas avermelhadas e os lábios ligeiramente esticados). Uma vez alargado, o coração não consegue mais reter os espíritos e vapores sangüíneos e perde sua força, razão pela qual uma grande alegria pode até provocar a morte, como já dizia Galeno.

Já o movimento do coração *no riso* é diferente. Por ser movido por "coisa torpe", não decorre puramente da alegria, mas também de "um pouco de tristeza". Na tristeza, o coração se contrai, retirando os espíritos da face, que encolhe e empalidece. Pode-se também morrer de grande tristeza, porque, se o coração se contrai além da medida, ele não consegue se reabrir a tempo de tomar fresco, de modo que a alma sufoca e se apaga.

A dicotomia entre os movimentos do coração e seus efeitos na alegria e na tristeza é recorrente na tradição teórica das paixões. Segundo Levi (1964), ela foi transmitida pelos estóicos, através de Santo Agostinho e de Santo Tomás de Aquino, aos moralistas do século XVI. Também Descartes, em *As paixões da alma*, a ela se rendeu. Na alegria, descreve, o coração se dilata e produz espíritos, o sangue abundante provoca calor nas partes externas do corpo e a face enrubesce; já na tristeza, as aberturas do coração se contraem, diminuindo nele a quantidade de sangue, o corpo esfria e a face empalidece.

Para Joubert, a combinação dos dois contrários acaba constituindo o fundamento do riso: a paixão do riso é um misto de alegria e de tristeza, e o movimento do coração afetado por essa paixão é uma alternância entre dilatação e contração, sendo maior a dilatação, porque no riso há mais alegria do que tristeza. Curiosamente, essa combinação é causa direta de uma das maravilhas do riso: o fato de não ser possível morrer de rir, já que a alternância de movimentos impede a perda ou a retenção fatal dos espíritos. Os acidentes do riso no corpo e na face são de grande violência, diz Joubert, e revelam como a agitação do coração é rápida e veemente. Se o movimento do coração fosse apenas de dilatação, ao menor riso a perda de espíritos seria tão grande que morreríamos.

Vale lembrar que, no início do tratado, Joubert afirma que as causas intrínsecas e escondidas da alma manifestam-se do lado de fora. Pode-se constatar que ele chega à causa intrínseca do riso justamente por suas manifestações externas: os acidentes tão veementes do corpo e da face revelam que o movimento do coração deve ser duplo. Temos, afinal, o resultado de sua investigação: "Esses dois movimentos juntos farão o que queremos que seja *a própria diferença do riso*, porque, estando [isso] ligado às condições de sua matéria e aos acidentes, faz *sua essência*." Ou seja, a alternância entre dilatação e contração corresponde à essência da coisa risível ("sua matéria") e constitui a origem de todos os movimentos do corpo no riso ("seus acidentes"). Quanto à essência da coisa risível, Joubert acrescenta que ela simultaneamente alegra o coração, porque é indigna de piedade e não causa dano, e o entristece, porque advém de torpeza e indecência. O riso dura, aliás, apenas o tempo em que a matéria risível reúne ambas as condições responsáveis pelos movimentos contrários do coração.

"Eis como o riso é feito", conclui, "da contrariedade ou do debate de duas afecções, ocupando o meio entre a alegria e a tristeza, que podem, em seus extremos, fazer perder a vida." Mais especificamente: "O riso, portanto, pode ser dito uma *falsa alegria*, com *falsa tristeza*, como participando das duas e sem reter o próprio nem de uma nem de outra."[24] O "próprio" de cada paixão constitui, evidentemente, por um lado, seu objeto e, por outro, o movimento do coração.

Chegamos, então, à causa misteriosa do riso, aquela que está escondida sob sua "propriedade natural" e que, à semelhança dos quatro elementos que compõem o raio, o ímã e outras maravilhas, nos dá a *composição* do riso: um *objeto* torpe e indigno de piedade + um *movimento do coração* em que se alternam a dilatação e a contração. Que esse resultado seja conseqüência de um esforço da *ciência* (que alarga, assim, seu domínio no universo do que podemos saber) fica ainda mais claro porque, segundo Joubert, não distinguimos os movimentos contrários do coração *pelos sentidos* "porque eles ocorrem a tal velocidade que só os podemos compreender *pela razão*". A esse respeito convém evocar a distinção estabelecida por Aristóteles em *Da alma*: o *sensível* depende do exterior (do visível e do audível, por exemplo) e se aplica a objetos particulares; já a *ciência* independe do exterior e se aplica a objetos universais, que residem de alguma forma na alma.

Cabe notar ainda que reencontramos na descoberta de Joubert o tema da mistura entre o prazer e a dor, já constante no *Filebo*. Essa mistura, porém, não implica, em Joubert, a perda da legitimidade do riso. Ao contrário, ela garante seu caráter *médio*, em acordo com a essência do homem, "o mais temperado de todos os animais", e com os desejos da natureza: o riso "está longe dos extremos e a natureza compraz-se com a mediocridade". Além disso, a mistura entre prazer e dor legitima o riso do ponto de vista da medicina: "por isso mesmo [porque o riso está "longe dos extremos"] não se morre de rir". Também aqui Joubert não está distante de certas formas de pensar que remontam à Antigüidade. Aristóteles, em sua *Ética a Nicômaco*, já preconizava o meio-termo — aquilo que é eqüidistante entre o excesso e a falta — como objetivo da virtude.

O diafragma e os acidentes do riso

O "circuito do riso" ainda não chegou ao fim. Resta explicar como o movimento do coração produz todos os tremores do corpo que constituem o caráter maravilhoso do riso: a boca se abre, a voz treme, os dentes se mostram, os olhos brilham, o ventre é sacudido, os membros também, e assim por diante. Esses são os *acidentes* do riso, ligados àquilo que marca sua diferença — o movimento alternado de contração e dilatação do coração.

Tal movimento é próprio à paixão do riso e não deve ser confundido com o movimento ordinário de "sístole e diástole", porque, no riso, o coração é "fortemente comovido (*ému*)", movendo também o *pericárdio*, "sua cobertura", que se agita "além de seu costume". Agitado, o pericárdio puxa o *diafragma*, e eis que aparece o fundamento anatômico que faz do riso uma exclusividade do homem: "O pericárdio movido pelo coração puxa o diafragma, onde ele é preso de uma grande largura nos homens, bem diferentemente do que nos animais, como se vê pela anatomia. E é, a meu ver, a razão pela qual só o homem é risível, ao menos uma das principais."[25]

No livro III do tratado, Joubert recorre ao "muito excelente anatomista" André Vesalius, autor do famoso *De humani corporis fabrica* (1543), para fundamentar essa diferença anatômica.[26] Vesalius teria observado corretamente que, nos homens, a ponta do pericárdio e boa parte de seu lado direito "se prende muito firmemente e em grande largura ao círculo nervoso do diafragma" e que isso não se encontrava nos outros animais, nos quais "o pericárdio está bem longe do diafragma". O próprio Joubert diz ter "anatomizado muitos desses animais" e constatado o mesmo, podendo assim concluir "por que o coração não tem o poder, nos animais, de mover o diafragma".[27]

A importância do diafragma é lembrada nos livros II e III, onde Joubert discute a passagem de *As partes dos animais* que trata do papel do diafragma no riso. O argumento de Aristóteles lhe traz, porém, alguns problemas, porque se restringe ao riso provocado pelas cócegas. Lembremos que, segundo Aristóteles, o movimento que resulta das cócegas ganha rapidamente a região do abdômen, produzindo um calor que, mesmo leve, causa um efeito sensível sobre o diafragma. Essa explicação não se coaduna com o esquema de Joubert, porque não contém aquilo que, para ele, é a *diferença mesma* do riso — o objeto risível e o movimento do coração, que são a origem do movimento do diafragma. Além disso, como a "principal ocasião" do riso é a faculdade apetitiva *sem toque*, para Joubert, o riso que advém das cócegas é um riso *bastardo*.

O papel desempenhado pelo diafragma no circuito do riso é ainda reiterado pela tradição. Aristóteles e Plínio já o teriam destacado, afirmando que o diafragma é a "principal sede da alegria". Assim, o coração *e* o diafragma acabam se tornando "os principais instrumentos do ato denominado riso", sendo o primeiro o "mestre fazedor" e o segundo, o "coadjuvante".

Joubert também conhecia o estatuto especial do diafragma: ele é "quase todo nervoso e delicadamente sensível, tendo muitos nervos notáveis da sexta parelha, que o fazem sentir tão suavemente que, estando doente, ele tem os mesmos acidentes do cérebro", sendo por essa razão que "os antigos gregos chamaram o diafragma de *phrenes*, isto é, pensamento e entendimento".

Prosseguindo a explicação dos movimentos desencadeados pela paixão do riso, Joubert afirma que o diafragma, assim como o pericárdio, não se opõe aos movimentos do coração, "conveniência" que se coaduna com as leis da natureza. "A natureza bem colocou a razão por cima, comandando as paixões. Entretanto, ela quis que o coração não tivesse nenhuma contenção no peito. Era necessário, portanto, colocá-lo em liberdade, ou prendê-lo a outras partes que pudessem rapidamente seguir seu movimento quando fosse preciso." O diafragma segue os movimentos do coração sem resistência, mas o faz apenas durante a expiração, quando está em repouso, porque durante a inspiração os movimentos do coração não o alcançam. É por isso, aliás, que o riso só ocorre durante a expiração, quando contraímos o peito.

A agitação do diafragma dá origem a toda uma série de acidentes do riso, descritos em detalhe ao longo dos 10 últimos capítulos do livro I. Joubert divide esses acidentes entre aqueles "que são da essência e encontramos em todo o riso" e aqueles "que advêm de maior violência e só se encontram no riso dissoluto". Os acidentes comuns a todo riso são: a agitação do peito, sacudido pelo diafragma; a compressão pulmonar, conseqüência dos movimentos do diafragma e do peito; a voz entrecortada, que resulta da agitação dos pulmões; o alargamento dos lábios, decorrente dos espíritos que sobem à face, e a abertura da boca, decorrente da ação dos músculos do peito, dos espíritos e dos vapores sangüíneos que também esticam os músculos da face. Além disso tudo, os olhos choram de rir porque estão cheios de vapores, que se tornam líquidos por causa da frieza do cérebro, e porque ocorre um empréstimo de humores à tristeza. As veias incham na fronte e no pescoço, enchendo a face de sangue e de espíritos. Enrubescemos em razão dos vapores e tossimos quando uma gota dos espíritos que subiram em direção à face cai dentro do pulmão. As artérias são comovidas (*émues*) pelo movimento do coração, resultando no pulso desigual, que salta por interrupções — o pulso característico das afecções mistas e confusas, como ensinou Galeno. Se rimos logo após termos comido ou bebido, o que engolimos pode voltar pela boca ou pelo nariz. Além disso, os braços, as pernas, todo o corpo se comove quando o peito está atormentado, porque ele é a origem dos músculos que vão a todos os lugares. A dor que sentimos no ventre vem da veemência do movimento, que afeta as entranhas, a pele e as membranas. Podemos também urinar e evacuar, porque os esfíncteres não resistem à pressão do diafragma e dos músculos epigástricos, também tensionados pelo diafragma. O suor vem da dificuldade de respirar e do trabalho que aquece os humores. É possível desmaiar de rir, por causa da notável perda de espíritos e das dificuldades de respiração, quando se ri com grande veemência. Mas morrer de tais excessos é impossível, como já sabemos.

Eis, portanto, como o riso é causado pelo movimento alternado de dilatação e contração do coração. Conhecemos sua causa, como seria desejável conhecer a do raio, e sabemos por que só o homem é capaz de rir. Decifrado o enigma, podemos agora apreendê-lo como objeto da ciência.

A definição do riso

No "Segundo livro do riso, contendo sua definição, suas espécies, diferenças e diversos epítetos", encontramos uma definição e uma classificação completas do riso e de suas espécies. Mais uma vez, salta aos olhos a precisão com que Joubert trata da questão.

Antes de nos dar a sua definição do riso, Joubert discute cinco definições de autores que lhe são contemporâneos: François Valeriole, Isaac Israelita, Gabriel de Tarrega, Melet e Hieronymo Fracastorio.[28] Todas elas, salvo a primeira, são por ele refutadas. Segundo Valeriole, o riso seria um "movimento precoce do espírito, de coisa prazerosa, para explicar a alegria concebida interiormente", que move os músculos do peito e da boca.[29] Já para Isaac Israelita, o riso seria um tremor e um som dos músculos do peito, o que não é correto, diz Joubert, porque o riso não é tremor e porque os músculos do peito não são vocais. Na definição de Tarrega, o riso seria um movimento sonante dos membros espirituais, com situação das partes da face. Para Melet, o riso seria um movimento que dilata os músculos, em decorrência da agitação dos espíritos que empurram as entranhas. Fracastorio teria definido o riso como um movimento composto de admiração e de alegria, mas, ao invés de "admiração", deveria ter usado "tristeza ligeira e falsa". Esta última definição merece ser notada, porque a categoria da *admiração* aparece em certo número de explicações teóricas do riso. Não se trata, contudo, da "admiração" tal como a concebemos hoje em dia. *Admiratio* é *surpresa*.[30]

Joubert formula sua própria definição do riso ao comentar a definição de Valeriole:

> Em suas definições, ele [Valeriole] tomou sabiamente *movimento* por gênero, tanto que, na verdade, o riso é alguma emoção (*emocion*), e da classe das coisas que chamamos *sucedentes* (*succedantes*). Porque sua essência está toda em ação e no fazer, como dizem os filósofos: como são também a voz, o som, a ação, a paixão, que não têm nenhuma permanência ou estabilidade, mas são enquanto são somente (*sont tandis que se sont seulemant*). Ora, o riso é efeito de uma paixão que ele denota (*denote*), assim como demonstramos no primeiro livro. Portanto, de bom direito ele é definido por movimento e ação.[31]

Essa definição se aplica ao *riso*, movimento e ação, e não à *paixão* que o suscita. O riso é, assim, conceptualmente distinto de sua paixão: esta caracteriza-se pelo objeto risível e pelo movimento do coração, enquanto ele exprime (ou "denota") a paixão de que resulta. Completando o comentário a Valeriole, Joubert enuncia sua definição final do riso:

> O riso é um movimento, feito de espírito espalhado (*epandu*) e desigual agitação do coração, que alarga a boca e os lábios, sacudindo o diafragma e as partes pectorais, com impetuosidade e som entrecortado, pelo qual é expressa (*exprimé*) uma afecção de coisa torpe, indigna de piedade.

Somos informados, em seguida, de que "toda definição é completada de seu gênero e de suas diferenças". "Movimento" é aqui o gênero, sendo todo o resto as diferenças que distinguem o riso de outras agitações do corpo. Como suas causas, em número de cinco: a causa "material" — a coisa torpe, indigna de piedade; a causa "eficiente" — agora, a efusão dos espíritos; a causa "instrumental" — a emoção desigual do coração pela qual o diafragma e todo o peito são agitados; a causa "formal" — a extensão da boca e dos lábios, acompanhada de som entrecortado; e a causa "final" — a "declaração de afecção prazerosa de uma coisa mais alegre do que triste".

A precisão *científica* com que Joubert discerne o riso talvez seja única em toda a história do pensamento sobre o assunto. O riso é classificado em gênero (movimento), em classe (das coisas "sucedentes") e em causas, revelando-se um objeto que o pensamento efetivamente apreende. Além disso, a classificação em gênero e em classe permite relacioná-lo a outros objetos do entendimento, situá-lo no universo do "tudo o que é".

Mas há ainda as *espécies*, em número de duas: o riso *natural* e o riso *bastardo*, ou o "falso riso". Este último ocupa todo o restante do livro II do tratado e se diferencia do riso natural, verdadeiro ou legítimo, por não obedecer a pelo menos uma de suas condições. O riso bastardo divide-se também em espécies: o riso de loucura ou delírio, o riso convulsivo ou equivocado, o riso que resulta de uma ferida no diafragma ou de uma forte pancada nas costas e o riso provocado por cócegas.

O riso de loucura ou delírio, que ocorre nos mais sangüíneos (e também quando bebemos a erva "gelotophylle" com mirra e vinho), tem as mesmas formas do riso legítimo, mas é um riso "doentio, do cérebro abusado". Na verdade, falta-lhe a matéria risível, razão pela qual dizemos que "riso sem causa é sinal de loucura" (*le ris sans cause, est sine de sotie*).

O riso convulsivo consiste apenas em uma retração dos músculos da boca, que se pode facilmente imitar. Nem o coração nem o peito são agitados e não há também difusão de espíritos. Suas causas internas são febres ardentes, frenesis, feridas na cabeça, marasmos ou ainda "a torção do nervo que chega aos testículos". Suas causas externas são a picada de certa espécie de aranha, o uso da erva da Sardônia ou ainda comer ou beber muito açafrão.

O riso que acompanha o diafragma ferido também provoca os acidentes do riso legítimo, como a agitação do pulmão, a voz entrecortada e o alargamento da boca. Mas não provém da matéria risível, nem tampouco do movimento do coração.

No riso que decorre da pancada nas costas, a dor do golpe é comunicada ao diafragma, originando os demais efeitos do riso legítimo, inclusive a "careta risoleira" (*grimace risoliere*).

O riso provocado por cócegas é o que mais ocupa Joubert. A questão o leva a um debate com vários autores que se teriam pronunciado sobre o problema, em especial Aristóteles. A principal preocupação de Joubert é provar que o riso das cócegas não é verdadeiro, o que ele resolve aproximando-o do riso do diafragma ferido: a ambos falta a matéria risível e o movimento do coração. Em suas palavras: o riso das cócegas, como o do diafragma ferido, "não tem necessidade de cogitação, ou de pensar e ser atento". Em relação ao tema, Joubert ainda discute questões como: por que não é possível fazer cócegas em si mesmo; o "prazer desagradável" (*plaisir deplaisant*) das cócegas como indicativo da mistura de prazer e dor, e o fato de ser possível morrer de cócegas excessivas, por falta de respiração, como acontece com o riso do diafragma ferido. Note-se que o riso bastardo, ao contrário do legítimo, pode ser fatal.

A definição do riso compreende ainda seus *epítetos* — as "diferenças acidentais observadas em um mesmo riso" que "podem ser infinitas". Os epítetos são tão diversificados quanto a voz na espécie humana: há aqueles que riem como se assobiassem, outros que riem à moda das galinhas ou como os cachorros etc. Ir ao fundo dessas diferenças seria impossível e inútil, diz Joubert, mas acaba descrevendo os principais epítetos do riso, entre eles o riso trêmulo, o modesto, o canino e o sorriso (*soub-ris*).

Através da classificação em gênero, classe, causas, espécies e epítetos, o riso é plenamente apreendido enquanto objeto da ciência. E mais: essa classificação prevê um "lugar científico" para o riso que não é riso — o riso bastardo —, que também é um movimento da classe das coisas "sucedentes", como a voz, o som e a ação, mas da espécie do riso falso. O riso bastardo não resulta da apreensão da matéria risível pelos sentidos, nem necessita do pensamento e da cogitação. O riso legítimo pressupõe, portanto, o cumprimento de uma atividade *cognitiva*, inserindo-o na "disputa" entre o cérebro e o coração.

Riso e "razão"

O "pensamento" ou "cogitação"

O fato de o verdadeiro riso pressupor uma atividade cognitiva é ainda reforçado por duas discussões de que se ocupa Joubert no livro III do tratado. Uma acerca do "não-riso" do recém-nascido e outra do "não-riso" dos animais. Nem os recém-nascidos nem os animais podem rir, conclui Joubert, porque lhes falta o "pensamento" ou "cogitação".

No caso do "não-riso" do recém-nascido, reencontramos o tema da passagem de *Da geração dos animais* de Aristóteles: "Quando estão acordadas, as crianças pequenas não riem, mas dormindo, elas choram e riem." Joubert faz referência a essa passagem, bem como a extratos de Hipócrates e de Plínio segundo os quais, durante os primeiros 40 dias de vida, a criança não ri (veremos que essa precisão temporal aparece em textos posteriores). Após longa discussão sobre o tema, Joubert conclui que a criança só ri quando seu corpo tem força e quando ela consegue conceber a matéria risível, o que pode ocorrer mesmo muito tempo depois do quadragésimo dia de vida. O recém-nascido tem os membros muito úmidos e moles e os músculos muito pouco firmes para que possa rir como um adulto. Se ri acordado, é porque apenas estica a boca; seu diafragma, seu peito e seus pulmões não se agitam, de modo que seu riso é "imperfeito e bastardo". Se ri dormindo, é por causa da abundância de espíritos que esticam a boca, pois, "estando sempre pendurados ao peito", os recém-nascidos têm muito alimento e engendram muito sangue e muitos espíritos.[32]

O estado durante o qual o recém-nascido não ri tambem é semelhante àquele em que se encontram os animais: "eles [os recém-nascidos] não concebem em seu espírito o risível, porque só conhecem nos primeiros meses o que é necessário à vida, assim como os animais (*bêtes*)". A alma do recém-nascido ocupa-se somente da "faculdade vegetativa"; é certo que ela "recebe as espécies de cores e de sons, mas não conhece nada, de modo que não é comovida por elas". É preciso, portanto, mais do que a faculdade vegetativa para ser comovido pela coisa risível: é preciso *conhecer* ou *conceber* a matéria que entra na alma.

O "não-riso" dos animais também é explicado pela ausência de uma faculdade capaz de conceber o risível:

> Porque, para comover (*emouvoir*) o riso (...) parece que é necessário o conhecimento e a imaginação, visto que as afecções não podem ser comovidas senão pela coisa concebida e conhecida. Ora, a Natureza só deu aos animais conhecimento das coisas pertencentes às necessidades da vida, à sua alimentação, à conservação de sua espécie e à defesa de seus corpos. Se alega-se que alguns têm outra inteligência do que dessas coisas, como se diz dos elefantes, isso é raro e imperfeito, ou se relaciona aos conhecimentos citados acima. Mas ao homem foi dada a notícia de todas as coisas, pelos sentimentos e afecções, para que não houvesse nada de escondido àquele que se aproxima mais de Deus.

Em outras palavras: o fato de o riso ser necessariamente precedido de conhecimento e de imaginação, ou ainda de pensamento e de cogitação, explica tanto sua ausência entre os animais quanto o caráter bastardo do riso do recém-nascido. Além da *diferença* da paixão (a coisa risível + o movimento alternado do coração), o que determina agora a especificidade do riso é a atividade *cognitiva*, da qual os recém-nascidos e os animais são privados. A preponderância do *coração* parece ter cedido lugar à do *cérebro*.

O próprio Joubert se indaga: "por que não o [o riso] relacionamos antes à inteligência racional (*raisonnable*), visto que dessa forma os animais seriam excluídos da faculdade risoleira?"[33] E responde em seguida: porque o riso não obedece à *vontade*. Curiosamente, vemos ressurgir os termos da asserção obscura de Aristóteles citada no capítulo anterior: "e o pensamento se põe em movimento contra a vontade". Não fica claro se este é o mesmo movimento, mas Joubert demonstra não ignorar a passagem de Aristóteles, que cita entre aspas quando discute a questão das cócegas.

A "vontade"

No livro I do tratado, ao descrever as faculdades da alma, Joubert explica que a razão comanda duas faculdades de duas maneiras diferentes: a faculdade apetitiva sensitiva, que tem sede no coração, e a faculdade "movente", a dos músculos. O comando sobre a primeira é *civil* ou *político*: a razão mostra o dever ao coração e aconselha que ele apazigúe a afecção. Se o coração resiste ao freio, a razão recorre ao segundo comando, que exerce sobre os movimentos e é *imposto* ou *soberano*: a razão ou *vontade* ordena aos músculos e aos nervos que parem os movimentos da paixão, e a faculdade motora obedece prontamente.

O exemplo da alegria esclarece esse processo. Como em todas as paixões, o objeto da alegria é diretamente transportado ao coração, porque o cérebro não o compreende logo como alegre; só vem a discerni-lo e a conhecê-lo como tal quando sente o coração se comover, passando então a refletir "se é razoável que o coração esteja tão comovido". Se lhe parece honesto, o cérebro consente e participa da emoção; se não, aconselha o coração a parar o movimento. Neste caso, algumas vezes o coração apazigua a afecção, obedecendo "de modo político". Outras, não há razão que impeça o coração de estar violentamente afetado. Ora, quando a razão se vê desobedecida, esclarece Joubert, ela ordena à faculdade motora que não siga os movimentos do coração comovido, e a faculdade motora, que lhe "serve de escrava", não contradiz seus comandos.

A analogia com a *política* na descrição das faculdades da alma não é especificidade do texto de Joubert. O próprio trecho da *Ética a Nicômaco* que trata da divisão da alma em uma parte racional e outra privada de razão é introduzido pela relação entre a virtude política e o conhecimento da alma: cabe ao *homem verdadeiramente político*, diz Aristóteles, estudar a alma do mesmo modo que o médico estuda o corpo, uma vez que a virtude humana é a virtude da alma. Jackie Pigeaud (1981) também chama atenção para o fato de, na tradição médico-filosófica antiga, a política servir de metáfora ao organismo e a seu funcionamento, como é o caso da noção de potências ou poderes (*puissances*) da alma.

Toda a discussão sobre os papéis da razão, da vontade e da paixão é bastante complexa no tratado de Joubert, por isso vamos recorrer a seus virtuais interlocutores para compreender melhor o alcance de suas noções.

Aristóteles também sugere, em *Da alma*, que os movimentos obedecem à faculdade intelectiva, além de seguirem diretamente os desígnios dos apetites ao fugirem ou perseguirem os objetos. A inteligência que comanda a locomoção — também chamada de "reflexão executiva" — raciocina em função de um objetivo, diferentemente da inteligência especulativa.

No tratado de Robert Burton fica especialmente claro que a cognição e a vontade são duas atividades da virtude racional da alma. Para Burton, a faculdade racional se divide em entendimento (*understanding*) e vontade (*will*), sendo o primeiro o poder da alma pelo qual percebemos, conhecemos, rememoramos e julgamos, e a segunda o poder da alma que persegue ou rejeita as coisas que foram anteriormente julgadas e apreendidas pelo entendimento. Burton também distingue entre os movimentos que têm origem nos apetites e aqueles que têm origem no poder da alma racional, isto é, na vontade.

Para Joubert, é justamente no ponto em que a razão ordena à faculdade motora que pare os movimentos da paixão que reside o problema do riso. Diversamente do que ocorre na alegria e nas demais paixões, no caso do riso a faculdade motora *não obedece* a esse segundo comando da razão e o riso continua à nossa revelia. Isso acontece porque tanto os músculos quanto a própria vontade são levados a seguir o movimento do coração a despeito deles mesmos, já que, se eles se opusessem e resistissem, haveria risco de sufocação e as membranas do peito poderiam se romper e rasgar.

O movimento *do coração* no riso é natural e involuntário; já o movimento *dos outros músculos* — que deveriam, por definição, obedecer à faculdade motora regida pela vontade — é coagido (*contraint*) e encantado (*ravi*), "como o é um dos movimentos dos sete planetas". Ora, para explicar a especificidade desse movimento, Joubert recorre ao ensinamento de Galeno sobre a *respiração*, movimento *necessário* e *coagido*, que, nem por isso, deixa de ser voluntário: "A respiração não é menos necessária e coagida do que é a obediência dos músculos ao movimento do coração pelo riso; e mesmo assim, dizemos com Galeno que a respiração é puramente voluntária, e não natural." Os músculos não obedecem ao comando do cérebro porque são "coagidos e forçados pela necessidade", no que se assemelham à respiração, uma "coação voluntária" (*volontaire contrainte*) que serve "à necessidade do corpo".

Conclui então Joubert: "Podemos dizer que os movimentos que vemos no riso são voluntários, ainda que sejam feitos por coação da necessidade, salvo e excetuado o do coração, que exprime as afecções. Ora, se isso é verdadeiro, no riso haveria uma mistura de movimentos naturais e voluntários." Ou seja, o problema de definição do movimento dos músculos parece resolvido — ele continua a ser do gênero *voluntário*, mesmo que se trate de uma "coação voluntária" como a da respiração.

Toda a discussão sobre a vontade chama a atenção, mais uma vez, pela precisão com que Joubert a conduz. Aprendemos concretamente o que significa a asserção, já encontrada em Cícero e em Quintiliano, de que o riso não obedece à vontade: os músculos não obedecem à faculdade da vontade, quando a razão lhes ordena que parem seu movimento. Isso poderia significar que o *pensamento* — o ato cognitivo que engendra o riso — põe-se em movimento contra a *vontade* — a ordem do cérebro que quer parar o riso — e, nesse caso, teríamos uma explicação para a difícil formulação de Aristóteles tratada no capítulo anterior. Joubert não se refere a ela ao longo de sua discussão sobre a vontade, mas é notável que encontre a solução para o problema no movimento da *respiração*, ou seja, no *diafragma* — o tema central da passagem de Aristóteles. Retomando o texto hipocrático mencionado no capítulo 2 que descreve a passagem do ar (na verdade, do "ar-pensamento", porque há pensamento em todo o corpo) pelo *cérebro*, onde deixa sua força e nitidez, e pelo *corpo*, onde é responsável pela ação dos olhos, ouvidos, língua, mãos e pés, talvez pudéssemos aproximar os dois *lugares* do pensamento (cérebro e corpo) das duas atividades da razão investigadas por Joubert, a *cognição* e a *vontade*. Em outras palavras: tomar essa ação dos olhos, ouvidos, língua, mãos e pés como resultado da vontade, que se tornaria, assim, a parte de "ar-pensamento" que circula por todo o corpo.

Cabe notar ainda que, se os músculos não obedecem à faculdade da vontade, obedecem à vontade de uma outra instância racional, à qual Joubert se refere como "razão natural", ou "alma racional" (sendo "racional" aqui um adjetivo para "alma", e não uma parte desta), como se "alma" e "razão" fossem a mesma coisa.

A razão, nesse caso, não é mais estritamente a do cérebro, e sim a da alma inteira, que compreende todas as faculdades, da vegetativa à intelectiva. Ora, é essa razão que dita a necessidade de os músculos seguirem o movimento do coração para que não se rasguem as membranas do peito. A razão *da alma*, ou a razão *da Natureza* (ou ainda a *do Criador*) sabe que seria muito perigoso se os músculos se opusessem ao movimento do coração. Ela é a mesma razão que "*quis* que o coração não tivesse nenhuma contenção no peito", sendo livre em seus movimentos, e também a mesma que fabricou o corpo humano com a ligação entre o pericárdio e o diafragma, dotando-o dos instrumentos convenientes à produção do riso. Englobando o "pensamento" e a "vontade", é a alma, portanto, que governa o corpo e explica o advento do riso.

O elogio ao riso

O prefácio do livro II do *Tratado do riso* é consagrado ao poder da alma sobre o corpo e nele Joubert explica por que o riso é uma das várias maravilhas da alma. Na verdade, todo o prefácio nos dá a oportunidade de penetrar em um mundo onde nada parece impossível e onde todos os fenômenos podem ser explicados por uma instância ao mesmo tempo maravilhosa e "racional", que engloba Deus, a alma e a Natureza. Nesse mundo, os homens sem boca de Montaigne, os elefantes que parecem usar de inteligência e vários outros fenômenos são manifestações da força maravilhosa que o rege.

Seria interessante que nos detivéssemos um pouco em algumas das maravilhas descritas por Joubert para compreender em que sentido o riso delas faz parte. Além da notável "comodidade e conveniência" dos ossos, nervos e movimentos de que somos capazes, é maravilhoso que "entre tantos milhares de homens não haja duas faces que não sejam diferentes", ou, se as há, "isso é muito raro" e também constitui uma maravilha.[34] O mesmo se pode dizer da "grande diversidade do falar", "quanto à voz" e "quanto a linguagens tão diversas". Mas as maravilhas de que mais se ocupa Joubert são as que revelam o poder da alma sobre o corpo. Eis, por exemplo, como o poder concupiscível da alma age sobre o corpo: sentimos bem "de que cócegas a concupiscência carnal comove o fígado, além do calor e vermelhidão que ela excita nas orelhas; não digo nada daquilo que ela remove nas partes pudendas".

Vários exemplos atestam o poder da alma decorrente da *vontade*. Temos então aquele que se torna paralítico quando quer; o padre que jaz como morto quando bem lhe apraz; aquele, de que fala Santo Agostinho, que sua quando bem entende e os que soltam gases "sem fedor, tanto quanto queiram, e de diversos sons".

Um exemplo longamente discutido por Joubert é o da "imaginação do homem ou da mulher durante sua copulação", responsável, como diz Plínio, pela "maior diversidade na espécie dos homens do que nas de todos os outros animais".[35] Pode-se ainda destacar, entre as provas do poder da alma sobre o corpo, a saliva que nos vem à boca só "da imaginação e concepção de alguma guloseima"; o tremor do corpo quando sentimos medo; as doenças que cessam por medo ou por esperança; os corpos daqueles que foram mortos e que sangram quando o assassino se aproxima, o que é confirmado pelos mais sábios jurisconsultos,[36] e a contemplação de um corpo recém-morto, pela qual compreendemos facilmente que ele está privado "de toda ação e obra". "Todas essas coisas", diz Joubert em certo momento, "pertencem à alma, e não ao corpo, como muito verdadeiramente consideram os filósofos, visto que é a alma que exerce todas as funções da vida."

Eis, por fim, o que diz do riso nesse contexto:

> Não há nada mais maravilhoso que o riso, o qual Deus deu apenas ao homem, entre todos os animais, por ser o mais admirável. Porque o riso, sendo menos freqüente, pareceria um milagre, quando vemos todo o corpo comovido tão subitamente, e com tanta impetuosidade, por ouvir ou ver qualquer coisa de nada e absolutamente risível. Ora, é bem preciso que isso ocorra do poder que a alma tem sobre o corpo, de qual argumento é reforçada a sentença dos mais doutos e pios personagens, que a alma racional, a mais excelente das formas, pode ser separada do corpo e subsistir em si, não tendo nenhuma necessidade de adminículo estrangeiro e de qualquer sujeito. Donde a alma é declarada de natureza imortal.

Mais adiante lemos que essa maravilha é ainda maior pelo fato de que "uma coisa de nada, absolutamente vã e leve, comove o espírito de tão grande agitação. Ainda mais que o riso escapa tão pronta e repentinamente, e obedece menos que qualquer outra afecção à razão e à vontade". Em suma, "essa afecção" torna-se admirável "de todas as maneiras", razão pela qual "o riso teve de ser peculiar ao homem, a fim de que, sendo dotado da alma a mais digna, ele sentisse a mais excelente, admirável e prazerosa afecção que existe".

Esse elogio ao riso é único no conjunto de textos aqui analisados. O riso testemunha, mais que as outras afecções, uma espécie de possessão cumprida pela alma — mostra a força imperiosa da alma, que existe independentemente de seu receptáculo, o corpo, provando assim que ela é imortal.[37]

Algumas passagens do livro III do tratado também têm por tema o elogio ao riso. Primeiro, aparece ligado à *distensão*, já encontrada em textos da Antigüidade. Deus ordenou o riso ao homem, diz Joubert, pela mesma razão que nos deu o vinho, como dizia Platão: para adoçar "a severidade e a austeridade da velhice". O tema da distensão está vinculado às faculdades sociável e política do homem: "E porque convinha ao homem ser animal sociável, político e gracioso, a fim de que um vivesse e conversasse com o outro agradavelmente, Deus lhe ordenou o riso para recreação entre suas libertinagens, a fim de relaxar algumas vezes comodamente as rédeas de seu espírito".[38] A relação entre o riso e a "sociabilidade" é outro tema recorrente e, como se vê, bastante antigo na história do pensamento sobre o riso.

O valor positivo do riso vem também de seu caráter *médio* — como o vinho, que é "licor médio" e "o mais temperado de todos", o riso "nos é muito agradável", diz Joubert, porque "retém certa mediocridade entre todas as afecções". Além disso, como já vimos, o caráter médio da afecção do riso faz dela "a mais segura de todas", por ser impossível morrer de rir.

Não só é impossível morrer de rir, como podemos evitar, pelo riso, "o perigo iminente da morte", o que é atestado por três exemplos de doentes que estiveram à beira da morte, mas se salvaram quando riram das graças de um macaco. Nos três casos, a ligação que impedia as forças da natureza "foi rompida pela impetuosidade causada pelo risível" e os moribundos recuperaram a vida. E Joubert conclui: "Portanto, a dignidade e excelência do riso são muito grandes, uma vez que ele reforça tanto o espírito que pode subitamente mudar o estado de um doente, e de mortal torná-lo curável."

A questão da morte é retomada no último capítulo do tratado, principalmente porque "consta por escrito" que alguns morreram do verdadeiro riso. Joubert examina três casos em que se teria morrido de rir, para, em seguida, concluir que o riso não foi a principal e a única causa das mortes: as três pessoas já teriam tido grande dissipação de espíritos antes do advento do riso e "o riso desmedido" dissipou o resto, diminuiu as forças, rompendo então a ligação da alma, já bastante extenuada.

São exemplos muito raros, diz ele, e em todos eles a morte requer várias condições. Os dois primeiros aparecem em outros textos e chegam a ser clássicos na história do pensamento sobre o riso. São os casos de Philémon, que viu seu asno beber vinho e riu tanto que se sufocou, e de Zeuxis, que "morreu rindo sem fim da careta de uma velha que ele mesmo havia pintado". Nos dois casos (como no terceiro, de uma senhora de idade que morreu de tanto rir depois de ter ouvido uma coisa muito engraçada), os mortos eram velhos, diz Joubert, tendo, portanto, pouco calor e pouca força. Além disso, tanto Philémon quanto Zeuxis estavam bastante cansados, respectivamente do estudo e da arte aos quais se haviam dedicado antes do advento do riso. Nessas circunstâncias, ou quando se está de jejum ou sem dormir, sentimos a alma "como que pendente de um fio" por causa da grande perda de espíritos, e o riso não faz senão romper a última ligação da alma.

Finalmente, os que riem "mais facilmente e mais freqüentemente" são bem-nascidos, de complexão feliz, "em bom ponto", gordos e restabelecidos, porque o riso ocorre facilmente com abundância de calor e de "sangue louvável, puro, nítido, claro e mais sutil do que grosso".

Além de revelar a boa saúde, o riso é capaz de promovê-la: "estar feliz e pronto a rir significa um bom natural e a pureza de sangue; contrariamente isso também ajuda a saúde do corpo e do espírito". Por essa razão, os que "vivem alegremente, riem com freqüência e não se sobrecarregam de um fardo de pensamentos e compromissos", são sábios e provêem sua saúde. Também diz-se que rir e ser feliz "impede de ficar velho", como prova o exemplo de Demócrito, "o filósofo que ri" (*le philosophe riant*) — que era gordo e viveu 109 anos, enquanto Heráclito morreu magro.

Joubert observa ainda que o riso é mais freqüente entre as crianças e os jovens, que têm pouca preocupação e estão em "bom ponto", e entre as mulheres e os gordos, porque estes engendram muito sangue de boa qualidade, do qual advém bastante gordura quando se tratam bem, com repouso e tranqüilidade de espírito. O fato de as mulheres e crianças rirem mais facilmente que os homens adultos é igualmente recorrente na história do pensamento sobre o riso. Mas enquanto esse pressuposto é em geral explicado pela inocência ou pela falta de gravidade, para Joubert ele se fundamenta principalmente na abundância de sangue e na boa saúde, explicação que revela mais uma vez o caráter positivo do riso (ele é signo de boa saúde, e não de fraqueza ou leviandade do espírito).

Em todas essas combinações de riso e saúde, reconhece-se a concepção médico-filosófica da *eutimia* — a estratégia de cura e de manutenção da saúde através do riso e da alegria, como já teria prescrito Demócrito, segundo a *Carta de Hipócrates a Damagetus*, transcrita na íntegra como apêndice ao tratado. Tanto Joubert quanto Robert Burton a consideram autêntica, e nisso não diferem de outros autores, mesmo posteriores. Burton chega a intitular-se "Democritus Júnior", ou seja, um sucessor de Demócrito, que teria a missão de dar continuidade e concluir seu trabalho de investigação sobre a melancolia. A idéia da eutimia também está presente em seu tratado: a alegria, a companhia jovial e os objetos agradáveis têm, segundo ele, o poder de prolongar a vida, rejuvenescer o corpo e, principalmente, curar a melancolia.

Por sua importância, o problema da relação entre o riso e a melancolia não podia passar despercebido a Joubert. Assim, quando discorre sobre as vantagens do riso do ponto de vista da saúde, dedica algumas páginas aos tristes e melancólicos, que têm vida curta e saúde precária. Há exemplos, inclusive, de pessoas que jamais riram, ou que riram muito pouco, como parecem ter sido os casos de Platão, que nunca foi visto rindo, a não ser medianamente, e de Sócrates, que tinha sempre a mesma face, nem alegre, nem perturbada. Ou ainda de pessoas que iam consultar o oráculo de

Júpiter, situado em uma fenda sob a terra, no país da Boécia, e nunca mais riam; o que também acontecia com as que tinham estado no poço São Patrício, na Hibérnia, como informa Erasmo, porque de lá, segundo alguns, seria possível ver ou ouvir o que se faz no inferno.

Mas Joubert tem uma explicação para o fato de os melancólicos não rirem. Segundo ele, é porque são frios e secos, e o humor melancólico é espesso e tardio ao movimento, tornando o sangue grosso e turvo. Essa complexão, segundo Plínio, extingue as afecções, daí os gregos chamarem tais pessoas de *apáticas* (*apathes*) — "isentas de paixão". A antítese entre o humor melancólico e o riso torna-se ainda mais clara no capítulo em que Joubert discute a idéia comumente aceita de que o baço faz rir. Isso acontece, explica, porque o baço absorve a bílis negra como uma esponja (por isso também é negro), limpando o sangue grosso e tornando o espírito alegre. Curiosamente, até hoje, *dilater la rate* (dilatar o baço) significa "fazer rir".

Além dos melancólicos e dos apáticos, também riem pouco os que pensam sempre alhures, os que pensam profundamente, os espantados (*etõnés*), os medrosos (*craintifs*) e os que se aplicam sempre ao estudo e à contemplação, porque, tendo os espíritos muito consumidos, a "virtude vital" se enfraquece e lhes resta pouco sangue.

Como Aristóteles, e citando seu *Problema XXX*, Joubert atribui aos melancólicos um estatuto especial. São homens de grande espírito, que se destacaram na filosofia, na administração da coisa pública, nas artes e na poesia, ou ainda, como diz Plínio, os mais engenhosos e sábios. Entre eles estão Platão, Sócrates e Empédocles, além da melhor parte dos poetas. Também são melancólicos os que ficaram loucos, como Hércules e Ajax.

Para explicar a multiplicidade de caracteres engendrados pela melancolia, Joubert recorre, como Aristóteles, aos efeitos do *vinho*, que, como o humor melancólico, é capaz de produzir um grande número de caracteres.[39] "O vinho muda a conduta de acordo com o sujeito que ele encontra", diz Joubert. Sob seu efeito, uns ficam chorosos, outros riem, outros ainda tornam-se brutalmente apaixonados. "A razão [disso] é quase semelhante à daqueles que estão doentes do humor melancólico, dos quais vemos uns chorar, outros rir." Vale observar, contudo, que os diferentes efeitos do vinho não dependem apenas da complexão de quem bebe, mas também da natureza do vinho. O vinho bom, diz Joubert, aumenta o calor e o sangue, levando a rir; o vinho ruim, ao contrário, não suscita o riso. Ou seja, mais uma vez, o riso está atrelado a valores positivos.

A questão merece ainda um capítulo especialmente dedicado aos efeitos da melancolia, no qual Joubert distingue a "melancolia natural" — em que a pessoa não ri, ou ri pouco, mas ainda se encontra nos limites da boa saúde — da *doença* da melancolia, também chamada *mania* (*manie*) ou *raiva* (*rage*). Ela depende da abundância de humor melancólico, que, se queimado, transforma-se em *bílis negra*, excitando a mania. Isso produz no espírito diversos efeitos, entre os quais o riso e o choro, sendo que Hipócrates julga menos perigosos e mais curáveis os que têm a loucura de rir (*folie de rire*). Exemplos raros desses dois efeitos são, segundo Joubert, os "dois excelentes filósofos" Demócrito e Heráclito, "dos quais um ria sempre de tudo o que advinha, e o outro chorava". "Mas", acrescenta em seguida, "o muito sábio Hipócrates testemunha em suas cartas, tendo sido chamado pelos abderianos para curar Demócrito de sua pretendida loucura, que ele não estava de modo algum louco, nem era devaneador, mas o mais sábio homem de seu tempo." O riso de loucura, do qual o de Demócrito *não* é exemplo, faz parte da espécie dos risos bastardos e malsãos, como o provocado por dor.

O que nos diz toda essa discussão sobre a relação entre o riso e o pensamento, ou melhor, entre o riso e a filosofia? À exceção de Demócrito, justamente o *filósofo* que ri, parece não haver qualquer proximidade entre o riso e a filosofia, isto é, entre o riso e a parte da melancolia que significa pensamento, estudo, contemplação e poesia. O humor melancólico — a antítese do riso — torna o homem propenso à contemplação, triste e pensativo, e leva à sabedoria e ao entendimento. Se há alguma coincidência entre o riso e a melancolia é quando ambos são excrescências — quando o riso é malsão, bastardo, e a melancolia, doença, loucura. Ou seja, apesar de objeto legítimo do pensamento, o riso não é perspectiva a partir da qual o filósofo deva contemplar o mundo.

* * *

O *Tratado do riso* mostra que era possível pensar integralmente o riso. Como diz Joubert ao final: "Eu terminei nestes três livros a principal história do riso e tudo o que me veio ao espírito no tocante a essa matéria."[40]

Tomo o tratado como exemplo especial do pensamento sobre o riso na segunda metade do século XVI. Especial, por sua própria densidade, mas representativo de todo um conjunto de preocupações e modos de conceber o mundo e o homem. Ele contém formas de pensar admiravelmente distantes das nossas, mas por vezes menos distantes do que podemos imaginar.[41]

Entre elas, a definição do riso como expressão de uma *paixão*. Veremos que essa forma de explicar o riso se estende pelo menos até meados do século XVIII, e que a principal preocupação dos autores será, mais uma vez, descobrir que paixão é essa. A resposta dada por Joubert à incógnita do riso é sobretudo *física*, correspondendo a paixão ao *movimen-*

to do coração. Essa orientação pode parecer estranha aos olhos de hoje, mas está afinada com o modo de pensar as afecções à época. Conhecer a causa de uma paixão era o mesmo que saber como ela se produzia no corpo. Vejamos, por exemplo, como Descartes explica o riso e suas principais causas em *As paixões da alma*, de 1649:

> O riso consiste em que o sangue que procede da cavidade direita do coração pela veia arteriosa, inflando de súbito e repetidas vezes os pulmões, faz com que o ar neles contido seja obrigado a sair daí com impetuosidade pelo gasnete, onde forma uma voz inarticulada e estrepitosa; e tanto os pulmões, ao se inflarem, quanto esse ar, ao sair, impelem todos os músculos do diafragma, do peito e da garganta, mediante o que movem os do rosto que têm com eles alguma conexão. (...) E só posso notar duas causas que façam assim subitamente inflar o pulmão. A primeira é a surpresa da admiração, a qual, estando unida à alegria, pode abrir tão prontamente os orifícios do coração que grande abundância de sangue, entrando de repente em seu lado direito pela veia cava, aí se rarefaz e, passando daí à veia arteriosa, infla os pulmões. A outra é a mistura de algum líquido que aumenta a rarefação do sangue; e não encontro nada mais próprio para isso do que a parte mais fluida daquele que procede do baço, parte que, sendo impelida para o coração por alguma ligeira emoção de ódio, ajudada pela surpresa da admiração e misturando-se com o sangue que vem dos outros lugares do corpo, o qual a alegria faz entrar nele com abundância, pode levar este sangue a dilatar-se aí muito mais que de ordinário (...).[42]

Essa passagem nos mostra que, para Joubert e Descartes, conhecer a *causa* de uma afecção equivalia a conhecer sua *composição* e seus efeitos no corpo. O que diferencia o tratado de Joubert é que ele faz parte de uma tradição teórica *do riso*, e não das paixões em geral, como o de Descartes.

Sobressai no tratado de Joubert o caráter *positivo* do riso. Ele é a maior maravilha da alma, pois nos faz compreender sua natureza imortal; é signo e fonte de saúde; sua essência (o movimento do coração que determina a *diferença* dessa paixão) é sua segurança. Mas também merece ser objeto da ciência. Não só é legítimo investigá-lo, como a própria investigação constitui um desafio para o pensamento, que deve ser capaz de decifrar uma causa difícil e escondida.

Para salientar este último ponto, cabe uma segunda referência às *Regras para a direção do espírito* de Descartes:

> Para perfazer a ciência, é preciso passar em revista, em sua totalidade e uma por uma, de um movimento contínuo e absolutamente ininterrupto do pensamento, todas as coisas que concernem a nosso propósito, e as abranger em uma enumeração suficiente e ordenada.[43]

Pode-se dizer que Joubert concluiu uma "ciência do riso", na medida em que abarcou todos os elementos que faziam parte de seu propósito e passou-os em revista um por um, seguindo um movimento contínuo do pensamento, até a exaustão.

A positividade que ressalta do tratado de Joubert é salientada ainda pela ausência de condenação ética do riso, mesmo que seu objeto seja coisa torpe, frívola e indecente. A paixão do riso não se mistura com a inveja, como em Platão: podemos rir da queda de um inimigo forte odiado por todos, como se o prazer suscitado pelo risível fosse um prazer *puro*. Como a alma é imaculada, é perfeitamente legítimo que seja violentamente comovida pela matéria risível.

Vale lembrar ainda que, entre os feitos risíveis, há aqueles que fazem os de propósito, como rasgar a roupa de alguém ou jogar-lhe água, atitudes que não são condenadas, pois o riso de Joubert caracteriza-se pela ausência de remorso: *podemos* rir e *podemos* produzir feitos risíveis propositadamente. Contudo, é preciso que não haja dano ou mal que importe muito e que a *piedade* não se misture à coisa risível. O riso de Joubert não é eticamente condenado porque não ultrapassa esse limite. Salientando a incompatibilidade entre o riso e a compaixão, Joubert garante ao riso a condição de ser uma afecção não misturada com uma "dor da alma". Aquilo que, para Aristóteles, era uma condição do objeto representado pela comédia (o não-trágico — o que não causa dor nem destruição) torna-se aqui o estritamente não-danoso, o que não suscita remorso. De uma abordagem *poética*, o torpe que não causa dor transforma-se em sentença *ética*, perspectiva que marca, aliás, todas as interpretações posteriores à fórmula de Aristóteles.

Nesse sentido, não creio que o riso de Joubert tenha um significado *criador*, "um profundo valor de concepção do mundo", capaz de um olhar novo e ambivalente sobre o universo, como quer Bakhtine. Talvez tenha até um significado *regenerativo* no sentido próprio da palavra, porque regenera o corpo e o sangue e pode impedir a morte, mas certamente não foi dessa regeneração que falou Bakhtine. O riso de Joubert é um riso *finito*. Não é um recurso epistemológico para compreender o "outro", porque o mundo é ambivalente e o "outro" dele faz parte, sem que sejam percebidos como "ambivalentes" ou como "outro". Os homens sem boca das Índias; os elefantes que usam de razão; as feridas dos mortos que sangram em presença do assassino; a imaginação à hora da cópula, responsável pela grande diversidade na espécie humana; o movimento encantado dos sete planetas... tudo isso *é*, sem necessidade do riso como "ponto de vista particular e universal sobre o mundo, que percebe este último diferentemente, mas de maneira não menos importante (se não mais) que o sério", como sentencia Bakhtine.[44]

Ainda que permita compreender que a alma é imortal, ainda que seja a maior maravilha da alma, ainda que tenha um "profundo valor", creio que o riso de Joubert não tem o poder de *pensar* o mundo. Ao contrário: é a faculdade do entendimento que concebe o riso — esse mistério tão escondido e difícil da alma. Portanto, não é o riso, mas a ciência, que nos leva à apreensão do mundo.

Do ponto de vista da matéria risível, o riso, em Joubert, não implica uma crítica do mundo, como também sugeriu Bakhtine. Basta lembrar os exemplos de Joubert: podemos rir de alguém punido por uma vilania, ou ainda de alguém que cai na lama, porque é indecente não saber se comportar e cair como um bêbado. Ou seja, o objeto do riso não tem valor positivo; ele é sempre torpe, indecente e desonesto, além de vão, leve e sem nenhuma importância. Nesse sentido, ele *não* está distante daquilo que, para Bakhtine, é próprio ao risível do *século XVII*, quando, segundo ele, "o que é essencial e importante não pode ser cômico", sendo o domínio do cômico restrito aos vícios dos indivíduos e da sociedade. O objeto do riso de Joubert também é restrito (às coisas indecentes e desonestas) e não pode ser essencial e importante porque, por definição, é uma coisa "de nada" (*de neant*).

Estamos, portanto, bastante longe daquilo que Bakhtine reivindica para o riso "da Renascença". A positividade do riso do tratado de Joubert não vem de seu potencial criador, nem do caráter essencial de seu objeto — questões que fundamentam uma concepção moderna do riso, que declara indispensável, para o pensamento, a apreensão do não-sério. A positividade de que tratamos aqui é a ausência de remorso, que, porém, coincide com o limite ético além do qual o riso não é possível. O riso de Joubert permite que se ria *do torpe, da indecência, da deformidade*; que se ria da conduta do outro, de sua burrice, do fato de se deixar enganar etc. Veremos que, daqui por diante, será mais difícil rir da deformidade. Ou o riso passa a ser condenado em geral, e, como em Platão, torna-se incompatível com os anseios do sábio e daquele que quer atingir uma espécie de *gaudium spirituale*, ou então os autores se esforçam para achar outro objeto para o riso a fim de torná-lo legítimo.

Notas

1. Ver Screech & Calder (1970).

2. Em Jahn (1904), Bakhtine (1965), Dilieu (1969), Screech & Calder (1970), Olbrechts-Tyteca (1974) e Rocher (1979). Nenhum desses autores analisa o tratado em toda a

sua extensão; mesmo Rocher, que o compara à obra de Rabelais, não passa das principais teses do primeiro livro.

3. Bakhtine, 1965:79-80, grifo do autor.

4. Ibid., p. 44, grifos meus.

5. Ibid., p. 127.

6. Os *Ensaios* de Montaigne foram publicados pela primeira vez em 1580, um ano após o *Tratado do riso*. É possível, porém, que Joubert conhecesse o caso dos homens sem boca diretamente de Plutarco, citado duas vezes em seu tratado.

7. Sobre a ausência do *impossível* no mundo do século XVI, ver Febvre, 1942:404-7.

8. Para o que segue, ver Amoureux (1971) e Dilieu (1969).

9. Trata-se de Marguérite (1554[6]-1615), filha de Henrique II e mulher de Henrique IV da França, rei de Navarra, e não da irmã de Francisco I da França, falecida em 1549, protetora, entre outros, de Rabelais. Ver Amoureux, 1971:27 e 119-20.

10. A preocupação com a ortografia e as diferenças entre o escrito e o falado deve ser compreendida no quadro da vida intelectual da Renascença: a imprensa tornava mais necessária a uniformização ortográfica, questão que ocupava também outros médicos da época. Ver Amourex, 1971:35-6; Dilieu, 1969:146, e Febvre, 1942:327-41.

11. Para esta citação e as que se seguem, consultar Joubert, 1973:6, 10, 3, 4, 59, 13, 7, 15, 19, 29, 32, 35 e 37-8.

12. Como em 1579 não havia regras ortográficas universais, o *Traité du ris* contém várias diferenças com relação ao francês moderno – "cu", em vez de "cul", é uma delas.

13. Encontram-se tais impedimentos ao riso inclusive no livro de Olbrechts-Tyteca (1974), que destaca o fato de o riso ser inibido por forte emoção ou quando a atenção está voltada para outra coisa.

14. Ver Joubert, 1973:39, 64-5, 70, 72, 94, 98, 103, 161, 167, 171, 173 e 234.

15. Ibid., p. 46.

16. Ibid., p. 41.

17. Aristóteles, *Da alma*, II, 414a; *Ética a Nicômaco*, VI, 2, e Platão, *Timeu*, 69d.

18. Joubert, 1973:48-9.

19. Aristóteles, *Da alma*, III, 432b, e Burton, 1977, v. 1, p. 160-1.

20. Joubert, 1973:53.

21. Ibid., p. 54-5. Na terceira parte de sua *Ética* (1677), intitulada "Da origem e da natureza das afecções", Espinosa também chama o *objeto* que afeta a alma de alegria ou de tristeza de causa *eficiente* dessas afecções (ver Proposição XVI).

22. Ibid., p. 66-8.

23. Para esta citação e as seguintes, ver ibid., p. 71-3 e 87-9; grifos meus.

24. Ver também ibid., p. 322: "O riso é feito de uma falsa alegria e de falsa tristeza, como mostramos no primeiro livro".

25. Ibid., p. 91-4.

26. Sobre Vesalius e as concepções da anatomia na Renascença, ver Debus, 1978, cap. 4.

27. Para esta citação e as que se seguem, ver Joubert, 1973:236-7, 99, 125, 94-5 e 99.

28. À exceção de Melet, esses autores são citados em Screech & Calder (1970).

29. Joubert, 1973:166.

30. Sobre a relação entre *admiratio* e surpresa, ver Herrick (1964:41-52), que, no entanto, não menciona o tratado de Joubert nem a definição do riso de Fracastorio.

31. Para esta citação e as seguintes, ver Joubert, 1973:166-7, 169, 172-87, 277-82, 197 e 210-9. "Denotar" significa aqui algo como "mostrar por notas", como sugere o seguinte trecho: "Das outras paixões, não há quase notas que se apresentem na face" (*il n'y a guieres de notes qui se presantet au visage*), mas do riso há muitas, não apenas na face, como em todo o corpo (Ibid., p. 160).

32. Para esta citação e as seguintes, ibid., p. 289-98, 294-5, 239, 238, 57-8, 66-8, 311, 314-7, 154-7.

33. Joubert fala aqui de "inteligência racional" e de "virtude racional da alma" (Ibid., p. 239) referindo-se à divisão da alma em duas partes principais — "a racional (*raisonnable*) e a que não usa de razão" (Ibid., p. 143) — estabelecida por Aristóteles na *Ética a Nicômaco* (I, 13).

34. Para esta citação e as seguintes, ibid., p. 141-2, 145, 155-6, 146, 148-51, 142-3 e 161.

35. Sobre a força mágica da imaginação durante a cópula, ver o artigo de Alexandre Koyré sobre Paracelso (Koyré, 1971:97-8).

36. Segundo Lucien Febvre, "as feridas dos cadáveres, na Bretanha, se reabrirão para sangrar em face do assassino até o século XVII nas justiças principais, e até a Revolução nas outras" (Febvre, 1942:408).

37. É curioso observar que a teoria do riso de Plessner (1941) segue um esquema semelhante: para ele, o riso atesta o poder do corpo sobre a pessoa, porque esta não é capaz de dar uma resposta carregada de sentido, o que o corpo assume por ela. Assim, se para Joubert o riso permite compreender que a alma é *separada* do corpo, para Plessner o riso permite compreender que o corpo é *emancipado* da pessoa.

38. Para esta citação e as que se seguem, ver Joubert, 1973:232-3, 334-5, 347, 330, 262, 324-31, 252-3, 263, 268-9, 272 e 274.

39. Ver, a esse respeito, Pigeaud, 1988.

40. Joubert, 1973:352.

41. Li no *Jornal do Brasil*, em 1995, uma notícia de primeira página intitulada "Risada ajuda a combater doenças", que relatava os benefícios da "risoterapia" ou "geloterapia", método usado com sucesso por médicos e psicólogos na Espanha, nos Estados Unidos, no Canadá, na Suíça e no Japão para o tratamento da depressão e da insônia e para o alívio de doenças como a Aids e o câncer. Diz a notícia: "O riso aumenta a liberação de endorfinas — substâncias naturais com ação calmante —, facilita a digestão e melhora a eliminação da bílis", "estimulando o baço". "Estimula ainda os sistemas imunológico e cardiovascular." Os pacientes são submetidos a sessões diárias da terapia, durante as quais ouvem histórias engraçadas e piadas (*Jornal do Brasil*, 22-8-1995, p. 1 e 11). É curiosa a notável repetição de noções comuns à tradição médico-filosófica antiga, como a eutimia e as conexões entre o riso, a bílis e o baço.

42. Descartes, 1979, art. 124 e 126.

43. Descartes, 1963:108, regra VII; ver também a regra XII.

44. Para esta citação e a seguinte, ver Bakhtine, 1970:76.

capítulo 4

Riso e "natureza" nos séculos XVII e XVIII

Não se encontra um tratado do porte do de Joubert entre as formulações teóricas sobre o riso e o risível dos séculos XVII e XVIII. O riso não constituía objeto de "inquisição bem ordenada"; o que havia era um pensamento disperso, que se expressava através de polêmicas e debates. A intenção de responder, comentar ou criticar outras asserções era o que geralmente levava um autor a formular sua própria opinião sobre o riso.

Em estudos recentes, é possível identificar duas interpretações recorrentes a respeito do pensamento sobre o riso nos séculos XVII e XVIII. Uma considera que o objeto do riso se situava do lado oposto ao da norma e da verdade. É o que Bakhtine e outros autores chamam de "riso clássico" — criticar os vícios e o comportamento desviante.

Fritz Schalk, em um artigo sobre o "ridículo" na literatura francesa do Antigo Regime, mostra como o "receio do ridículo" (*crainte du ridicule*) era uma das principais preocupações da época. No mundo das idéias do Antigo Regime, diz Schalk, a fixação e a discussão das normas tornara-se tema central, ao qual se dedicavam La Rochefoucauld (1613-80), La Bruyère (1645-96), Boileau (1636-1711) e ainda outros moralistas que tratavam das regras de boas maneiras, da honestidade e do espírito de conversação em suas "máximas e pensamentos". Tudo o que não estivesse de acordo com a "sociedade", a boa companhia ou a decência era então ridículo: "O *ridicule* é formalmente a palavra-chave de uma cruzada espiritual, porque nada se receia mais do que o escárnio".[1] Essa situação era tão difundida, diz Schalk, que a palavra aparece em várias obras e atravessa as fronteiras francesas para tornar-se patrimônio comum da época.

A outra interpretação considera que os séculos XVII e XVIII produziram duas teorias do riso, sobretudo na tradição teórica inglesa: a da superioridade, cujo representante seria Hobbes, e a do contraste ou da incongruência. Um dos estudos que sustentam essa divisão é *O amável humorista*, de Stuart Tave (aliás, bastante respeitado[2]), que chama a atenção, nos textos da época, para as relações entre a teoria da superioridade e a idéia do riso malevolente e, inversamente, a teoria do contraste e a idéia do riso benevolente. Ao longo do século XVIII, a concepção do riso benevolente teria angariado cada vez mais adeptos, diz Tave, concorrendo para a instituição do "humor inglês".[3]

O "receio do ridículo" e o riso benevolente são geralmente relacionados a duas configurações históricas. Na França do Antigo Regime, onde predominavam as instituições da norma social e política, o ridículo devia ser sobretudo evitado, enquanto na Inglaterra o liberalismo teria dado lugar a uma liberdade de conduta na qual os desvios em relação à norma passaram a ser atributos positivos do *man of humour*. Plasticamente, isso é representado pelo contraste entre os "ridículos" jardins franceses, com pirâmides e globos onde se viam as marcas das tesouras, e os jardins que *sir* William Temple implantara na Inglaterra, com *humouring Nature*, seguindo o modelo dos jardins chineses.[4]

Esse tipo de comparação entre nações e suas organizações políticas tem, certamente, algum potencial para explicar as concepções do riso e do risível da época. Não devemos, porém, tomar essas diferenças muito a rigor. Ainda que se possa observar em textos ingleses a defesa do riso benevolente, essa tendência não exclui a crítica aos comportamentos "ridículos". E do lado francês, mesmo que o objeto do riso se oponha antes de tudo aos costumes estabelecidos, isso não quer dizer que os autores estivessem sempre de acordo quanto a esse ponto.[5]

Ambas as interpretações sobre o estado do riso nos séculos XVII e XVIII apresentam duas formulações diferentes para a história do pensamento sobre o riso até então. Para Schalk (e Bakhtine), o "ridículo" do Antigo Regime opõe-se claramente à sátira grotesca do século XVI, em que, segundo ele, os mundos do racional e do irracional, do verdadeiro e do falso, não eram separados. Já no Antigo Regime, estabelecidos os critérios de verdade, de medida e de ordem, teria ocorrido a separação entre o natural, porque racional, e o falso, porque ridículo. Vale observar que, como Bakhtine, Schalk não analisa textos teóricos sobre o riso produzidos no século XVI, apoiando-se essencialmente em Rabelais para caracterizar essa indistinção entre o verdadeiro e o falso.

Já para Tave, o riso de superioridade de que falam autores ingleses do século XVII teria como fundamento várias formulações da Antigüidade e da Renascença, observando-se, portanto, uma continuidade na história do pensamento sobre o riso desde a Antigüidade até Hobbes. A ruptura não se daria entre a Renascença e a idade clássica, como afirmam Schalk e Bakhtine, e sim a partir do século XVIII, quando as concepções do riso benevolente começam, segundo Tave, a fazer face à teoria de Hobbes. Até então, preponderaria o riso que censura o objeto cômico enquanto deformidade e desvio. Para corroborar sua interpretação, contudo, o autor apenas remete, em uma nota, a Platão, Aristóteles, Cícero e Quintiliano, afirmando que as eventuais "variações" entre as teorias da Antigüidade não seriam suficientes para modificar seu modelo.

Ou seja, se, por um lado, a idade clássica teria alijado o riso para o terreno do falso, rompendo com o maravilhoso mundo do grotesco, por outro, o riso corretivo da deformidade só teria deixado de existir com o advento do riso benevolente. A meu ver, a ruptura entre a Renascença e a idade clássica não deve ser tão radicalmente qualificada como o faz Bakhtine, pois desde a Antigüidade há movimentos que alijam o riso para o terreno do falso. Quanto à ruptura entre o riso corretivo e o riso benevolente também não concordo que seja linear.

Apesar das diferenças, em determinado momento, a interpretação de Schalk converge para a de Tave. Schalk identifica, a partir da segunda metade do século XVIII — ao fim do Antigo Regime —, outra ruptura, na qual o receio do ridículo começaria a ceder lugar à liberdade de sentimento do homem. Assim, Diderot teria apontado para a "inconseqüência do julgamento público" e Rousseau, alertado para a necessidade de acabar com a "sociedade" na qual o ridículo destruía a virtude. Na verdade, ao identificar esse segundo marco, Schalk faz coincidir o conceito do ridículo com o próprio Antigo Regime; ele era o critério de separação entre o verdadeiro e o falso, mas, já ao final do período, o receio do ridículo levara à decomposição de todas as formas e pensamentos.

Grosso modo, pode-se dizer então que ambas as interpretações destacam duas concepções do riso seguidas nos séculos XVII e XVIII: de um lado, o riso malevolente de Hobbes e a preponderância do "ridículo" no Antigo Regime e, de outro, o riso benevolente da teoria do contraste e o fim da eficácia normativa do "ridículo". É nesse pano de fundo que analisaremos aqui quatro textos produzidos no período. Do ponto de vista da tradição inglesa, examinaremos a teoria de Hobbes e as de dois autores que se lhe opuseram — Shaftesbury e Hutcheson. O quarto texto é um tratado anônimo publicado em 1768 e certamente de origem francesa.

Cabem ainda alguns esclarecimentos sobre o emprego da palavra "ridículo" nos textos da época. O termo pode ter três funções. Em certas ocasiões, os autores designam por "ridículo" aquilo de que se ri (o que tenho chamado de risível).

"Ridículo" também aparece como sinônimo de "erro", "vício" ou "desvio". Para Montesquieu, por exemplo, "coisa ridícula é uma coisa que não concorda com as maneiras e as ações ordinárias da vida". Ou também um erro, como fica claro nesse outro fragmento: "Uma peruca mal colocada não costuma deixar ninguém mal com o público: faz-se graça dos pequenos ridículos; só se é punido pelos grandes".[6] Como em Joubert, a palavra pode aparecer no plural. Mas o que, para Joubert, era uma matéria semelhante aos "espíritos", apreendida pelos sentidos e transportada ao coração, passa a ser uma coisa que não está de acordo com a norma. Essa segunda acepção do "ridículo" — a mesma destacada por Schalk — tem como especificidade o fato de não ser necessariamente vinculada ao riso. Isso fica evidente, por exemplo, nesse emprego que Guez de Balzac faz do adjetivo "ridículo": "eles são portanto ridículos, esses falsos sérios, e são ridículos sem poder fazer rir, porque são ridículos sem serem engraçados".[7]

A terceira função da palavra é uma espécie de deslocamento sintático da segunda. "Ridículo" não é mais o *objeto* desviante, mas o *ato de ridicularizá-lo*. Esse emprego da palavra aparece freqüentemente quando se assinala a *utilidade do ridículo*. Lê-se, por exemplo, que o ridículo é útil para corrigir os pequenos erros, o que equivale a dizer que ridicularizar o erro é útil para mostrar que ele é ridículo.

Um dado significativo no tocante aos diferentes empregos da palavra "ridículo" é o fato de a *Enciclopédia* de Diderot e D'Alembert (1751-80) conter *dois* verbetes intitulados "ridicule". O primeiro, classificado no domínio da *moral*, toma o ridículo como *ato* de ridicularizar e como *objeto* ridicularizado; o segundo, classificado no domínio da *poética*, remete àquilo de que se ri na comédia.

No primeiro verbete, ratificando o declínio da função normativa do ridículo diagnosticado por Schalk, há uma crítica a seu emprego indiscriminado: mais do que corrigir vícios e defeitos, o *ridicule* estaria sufocando os talentos e as virtudes.

O segundo, ao tratar do "cômico" ou do "ridículo verdadeiro", informa que aquilo de que se ri na comédia não é outra coisa senão o que contrasta com as idéias de norma, decência, ordem e natureza: "A deformidade que constitui o ridículo [é] portanto uma contradição dos pensamentos de algum homem, de seus sentimentos, de seus costumes, de seu ar, de sua maneira de agir, com a *natureza*, com as *leis recebidas*, com os *usos*, com o que nos parece exigir a situação presente daquele no qual está a deformidade". Por exemplo: um homem "na mais baixa fortuna" que só fala "de reis e de tetrarcas", ou um homem cheio de dívidas, arruinado, que "quer ensinar aos outros como se conduzirem e enriquecerem". "Eis as deformidades ridículas", conclui o verbete, "que são, como vemos, contradições com uma certa idéia de ordem, ou de decência estabelecida."[8]

É claro que ambas as acepções acabam identificando o "ridículo" com tudo aquilo que contrasta com um padrão preestabelecido — seja a moda, seja a idéia de ordem ou de decência. Também o objeto da comédia pode ser tanto aquilo de que se ri quanto um vício a ser ridicularizado. Molière, por exemplo, na defesa de *Tartufo* (1669), proibido por quase cinco anos, argumenta que a função da comédia sempre foi a de corrigir os vícios e os defeitos dos homens. De fato, se, da história do pensamento sobre o riso desde a Antigüidade, selecionarmos apenas a definição do cômico como torpeza ou deformidade e a utilidade do risível em mostrar as condutas a serem evitadas, veremos que a coincidência entre o objeto da comédia e o desvio da norma não constitui novidade no século XVII. O que talvez tenha havido, e nesse sentido a palavra "ridículo" realmente passou a significar algo mais do que "risível", foi um recrudescimento da função corretiva do riso. Como diz Molière: "É um grande golpe para os vícios expô-los à zombaria (*risée*) de todo mundo. Agüentam-se facilmente as repreensões; mas não se agüenta de modo algum o escárnio (*raillerie*). Admite-se ser mau (*méchant*); mas não se admite de modo algum ser ridículo".[9] Em razão desse novo peso conferido à palavra "ridículo", conservo-a aqui, na maioria das vezes, como tal, em vez de "risível".

* * *

Para ilustrar as especificidades do pensamento sobre o riso que sobressaem dos textos examinados neste capítulo escolhi uma passagem da obra *Da origem e do progresso da linguagem*, escrita por James Burnett Monboddo (1714-99) em seis volumes, de 1773 a 1792. O trecho encontra-se no último volume, no qual Monboddo retorna ao tema do "ridículo" (*ridiculous*) como caráter de estilo — tema já tratado no terceiro tomo da obra.

> Quero somente acrescentar algo ao que disse sobre o caráter de estilo que chamei de ridículo. É uma espécie de estilo que, de acordo com minha observação, está se tornando cada dia mais comum, tanto na conversação privada quanto na fala pública. E as pessoas riem agora de tantas coisas diferentes que não é fácil dizer do que riem. Quintiliano dedicou um longo capítulo ao ridículo, mas acho que ele não o explicou tão bem em muitas palavras como Aristóteles o fez em duas, quando ele diz que o ridículo é a deformidade sem dor nem dano (*the deformed without hurt or mischief*). E com essa definição de Aristóteles, Cícero concorda (...). Ele é, por conseguinte, o oposto do belo (*beautiful*). E como há o mesmo conhecimento de contrários, de modo que não podemos conhecer uma coisa sem conhecer ao mesmo tempo o que é contrário a ela, essa causa do riso [é] peculiar à nossa espécie, [porque] nenhum animal sobre esta terra, exceto o homem, tem algum senso do belo, nem conseqüentemente do deformado. E quanto mais elevado for nosso senso do belo, mais viva e mais correta, ao mesmo tempo, será nossa percepção do ridículo; ao passo que aqueles que não têm um gosto correto do belo serão inclinados a rir daquilo que não sabem o que é, tanto é

assim que o riso é comum entre homens vulgares. Mas homens de espírito elevado, e que têm um alto senso do belo e do nobre em caracteres e em costumes, são muito pouco inclinados a rir, porque, ainda que percebam o ridículo, não se deleitam com ele. Isso observamos entre os índios da América do Norte, que chamamos de selvagens, porque, não só em suas assembléias públicas, onde deliberam sobre negócios de Estado, é observada a maior gravidade e dignidade de comportamento, mas em suas conversações privadas não há nenhuma daquelas explosões violentas de riso que vemos entre nós. Tampouco se observa, em um grupo deles, tantas pessoas rindo e falando ao mesmo tempo, que só dificilmente se consegue compreender o que é dito, ou qual é o objeto do riso. A esse respeito fui informado por várias pessoas, que viveram entre eles durante anos, que compreenderam e falaram suas línguas e que conversaram familiarmente com eles. [Lord Monboddo acrescenta, em nota, que conheceu três cavalheiros, os quais, a serviço da Hudson's Bay Company, estiveram entre os índios norte-americanos durante 29, 24 e 17 anos. Além disso, segundo um certo dr. Franklin, em suas *Observações sobre os selvagens da América do Norte*, os índios norte-americanos se conduzem, em suas assembléias, com a maior ordem e decência, sem qualquer necessidade de um orador como o da Casa dos Comuns, que está freqüentemente rouco de tanto gritar por ordem.] Esses povos, receio termos de admitir, têm um senso mais elevado do que o nosso do que é belo, educado e conveniente em sentimentos e em comportamento. A maioria dos homens entre nós é tão inclinada a rir que não distingue apropriadamente entre os objetos do riso e os da admiração. Assim, comumente rimos de um dito espirituoso ou inteligente, quando deveríamos admirá-lo e aprová-lo com um riso que expressasse satisfação. Tais homens não parecem saber que a paixão que excita o riso é o desprezo (*contempt*), e o objeto próprio do desprezo é o orgulho (*vanity*), sem o qual o mais inferior dos animais que Deus fez não é desprezível. E por essa razão não rimos das coisas absurdas e loucas que um idiota diz ou faz; mas se ele é orgulhoso e pensa que está falando ou agindo muito apropriadamente, nós o desprezamos e rimos dele. Os objetos do ridículo, portanto, estão confinados à nossa espécie, tanto quanto o senso dele. E nesse sentido compreendi o que dele falaram Aristóteles e Cícero.[10]

Há, nessa passagem, diversos elementos comuns aos textos da época, como o emprego difundido do "ridículo" nas conversas privadas e no domínio público e a caracterização do objeto do riso como "orgulho". É importante notar também a identificação da *deformidade* cômica com o que se opõe ao *belo*, tornando-se este o novo fundamento do "próprio do homem". Como o homem é o único animal a ter o senso do belo, é também o único que pode perceber o ridículo. As nuanças que derivam dessa oposição são igualmente comuns a outros textos: os que não têm um senso elevado do belo não podem perceber corretamente o ridículo e, por isso, riem do que não é para rir.

Interessa destacar especialmente desse extrato de Monboddo o papel dos índios da América, esses "selvagens" que não o são. Se os homens sem boca de Montaigne nos obrigavam a repensar as especificidades humanas porque o homem não podia mais ser "risível", nem capaz de "razão" e "sociedade", os índios da América têm o poder de pôr em xeque os costumes dos europeus, sua sociedade e sua conduta política. Seu exemplo nos ensina que o riso pode não ser próprio a todos os homens, não por existirem homens sem boca, mas porque certos homens têm um sentido mais elevado do que é belo e não se deleitam com o "ridículo". Esses "selvagens" não riem e provam, com isso, que sua conduta política e social é muito mais digna e grave que a da Câmara dos Comuns ou a das conversações barulhentas. O fato de esses homens exemplares habitarem a América longínqua parece indicar que o riso e o "ridículo" são específicos à selvageria européia e a suas instituições políticas. Veremos que essa questão não é levantada apenas por Monboddo e que o pensamento sobre o riso tem, aqui, estreita relação com o pensamento sobre a organização social e política.

A paixão do riso em Hobbes

Thomas Hobbes (1588-1679), contemporâneo de Descartes (1596-1650), nasceu seis anos após a morte de Laurent Joubert (1529-82). A teoria do riso de Hobbes é bastante conhecida na literatura contemporânea sobre o assunto e certos textos que lhe fazem referência dão a entender que ocupa um espaço muito maior em sua obra. Na verdade, ela se resume a dois parágrafos que se encontram em *Natureza humana* (1658) e no *Leviatã* (1651), aos quais se pode acrescentar um comentário sobre a comédia da carta-prefácio "A resposta de Mr. Hobbes ao prefácio de *sir* William Davenant antecedendo 'Gondibert'" (1650).

Os dois parágrafos dedicados ao riso em *Natureza humana* e no *Leviatã* estão nos capítulos que tratam das paixões. O riso só figura nesses textos por ser signo de uma paixão, que é preciso definir como as demais, não adquirindo nenhum estatuto especial na obra de Hobbes.

A paixão que, para Hobbes, suscita o riso é o orgulho ou a glória que experimentamos ao percebermos subitamente nossa capacidade ou superioridade. Para compreendermos as implicações dessa definição, precisamos saber o lugar ocupado pelas paixões em sua filosofia.

Como o parágrafo sobre o riso de *Natureza humana* é mais extenso do que o do *Leviatã* e parece ter sido escrito antes,[11] comecemos por ele. Na introdução ao livro, Hobbes afirma que, para explicar as leis naturais e políticas, é preciso antes de tudo conhecer a natureza humana, soma de faculdades naturais como a nutrição, o movimento, a geração, o sentido, a razão etc., contidas na dupla definição do homem enquanto animal racional, definição que estabelece as faculdades do corpo e do espírito. A distinção das faculdades ou poderes (*powers*) do corpo (nutritiva, motora e generativa) não é necessária para os propósitos da obra, diz Hobbes. Já as faculdades do espírito são de dois tipos: "cognitivo, imaginativo ou conceptivo" e "motor" (*motive*), sendo preeminente a faculdade cognitiva.

Traçando um paralelo com as faculdades da alma discutidas no capítulo 3, pode-se dizer que as faculdades identificadas por Hobbes como *do corpo* correspondem às vegetativas e que as faculdades *do espírito* — a cognitiva e a motora — correspondem às faculdades que, para Joubert, tinham sua sede no cérebro (a sensitiva, a intelectiva e a motora), equivalendo, no final das contas, à cognição e à vontade (responsável pelo movimento dos músculos). Faltaria no esquema de Hobbes o correspondente à faculdade apetitiva, que, para Joubert, reside no coração. Mas veremos que, também para Hobbes, as paixões são produzidas no coração.

Faculdade cognitiva é a capacidade que temos de reter em nossos espíritos imagens e representações da qualidade das coisas, mesmo em sua ausência, diz Hobbes. É ela que nos permite conhecer e conceber, havendo duas formas de conhecimento (*knowledge*): a que vem dos sentidos, chamada de conhecimento original, e a que resulta do entendimento (*understanding*), chamada de ciência ou conhecimento da verdade das proposições. É em relação à dos sentidos que as paixões são definidas em *Natureza humana*.

Originariamente, todas as concepções resultam das ações das coisas: quando a ação está presente, a concepção que ela produz é chamada de sentido e a coisa propriamente dita é o objeto do sentido. A ação do objeto, porém, não está no próprio objeto. A cor e a imagem que vemos, diz Hobbes, não são qualidades *do objeto* visto, mas moções (*motions*), agitações ou alterações que o objeto produz no cérebro, ou nos espíritos, ou ainda em alguma substância interna da cabeça.

A imagem, a cor e os outros acidentes ou qualidades que nossos sentidos entendem como pertencentes ao mundo são apenas aparências. As únicas coisas que verdadeiramente existem no mundo são as *moções* que causam as aparências. Por isso podemos continuar vendo uma coisa mesmo em sua ausência, como quando olhamos o sol e sua imagem continua presente diante de nossos olhos depois que o vimos.

A idéia de que o sentido não é afetado diretamente pelo objeto, ou por suas propriedades, e sim por um movimento produzido pelo objeto também está presente no tratado de Descartes sobre as paixões da alma. Nota-se uma diferença com relação à explicação de Joubert para o que chamei de "circuito do riso". Enquanto para Joubert os risíveis têm propriedades específicas que entram em nós provocando o riso, para Hobbes e Descartes não são as propriedades dos objetos que causam as paixões, e sim as formas pelas quais nos (co)movem. Como observa Descartes: "os objetos que movem nossos sentidos não provocam em nós paixões devido a todas as diversidades que existem neles, mas somente devido às diversas formas pelas quais nos podem prejudicar ou beneficiar".[12]

A explicação de Hobbes para o advento das paixões segue, contudo, um "circuito" semelhante ao descrito por Joubert. A primeira etapa é a apreensão do objeto pelos sentidos — as concepções ou aparências dos objetos são moções em alguma substância interna da cabeça. A moção que não pára no cérebro e continua até o coração aí ajuda ou estorva a moção vital. Quando ajuda, é chamada de prazer (*pleasure*); quando estorva, de dor (*pain*). As moções que consistem em prazer ou dor dão também ensejo a que nos aproximemos da coisa que agrada, ou a que nos afastemos da que desagrada. Em outras palavras, temos por pano de fundo a tradição teórica que divide as paixões em dois grandes grupos: o das afecções concupiscíveis e o das afecções irascíveis.

Há ainda no esquema de Hobbes algo muito parecido com a condição várias vezes repetida por Joubert de que a faculdade apetitiva é necessariamente precedida da concepção do objeto da afecção. "Tendo (...) pressuposto", diz Hobbes, "que a moção e agitação do cérebro, a qual chamamos de concepção, continua até o coração, onde é chamada de paixão, obriguei-me, até onde estou apto, a descobrir e declarar de que concepção procede cada uma das paixões das quais comumente temos notícia."[13]

As concepções são de três tipos: as presentes, dos sentidos; as passadas, da memória; e as futuras, que chamamos de "expectativas" e que, para Hobbes, são as paixões.[14] Cada uma dessas concepções é prazer ou dor *presente*. No caso das concepções presentes, experimentamos prazer ou dor através dos sentidos: o olfato, o paladar, a visão, a audição e o tato que agradam ou desagradam. A concepção futura é uma suposição que vem de uma lembrança do passado: concebemos que alguma coisa advirá no futuro quando sabemos que há uma coisa no presente que tem o poder de produzi-la, e o concebemos porque nos lembramos que a coisa foi produzida do mesmo modo no passado. As paixões, inclusive a do riso, constituem então, para Hobbes, uma concepção futura, isto é, "concepção de poder passado, e do ato que virá".[15] Nesse ponto seu esquema começa a se distanciar do de Joubert, sendo essa *concepção de poder* o fundamento de sua definição das paixões:

> Por esse poder entendo o mesmo [que] as faculdades do corpo, nutritiva, generativa e motora, e do espírito, conhecimento; e, juntamente com essas, aquele outro poder que é por elas adquirido, isto é, riqueza, posição de autoridade, amizade ou favor, e boa fortuna, a qual, no fim, não é realmente nada mais do que a graça do Todo-Poderoso Deus. Os contrários dessas são impotências, fraquezas, ou defeitos dos ditos poderes respectivamente. E porque o poder de um homem resiste aos efeitos do poder de um outro, e os impede, poder simplesmente não é nada demais, e sim o excesso de poder de um sobre o outro, pois poderes iguais opostos destroem-se mutuamente, e assim sua oposição é chamada de contenção.

O reconhecimento do poder é chamado de honra (*glory*) e honrar alguém é reconhecer que essa pessoa tem um excesso de poder em relação ao outro. As coisas que honramos são os signos (*signs*) pelos quais reconhecemos o poder em excesso: beleza, signo do poder generativo; força, signo do poder motor; ensino ou persuasão, signos do poder de conhecimento; nobreza, signo do poder dos ancestrais; autoridade, signo de severidade e de sabedoria; sorte ou prosperidade casual, signo da graça de Deus. Todos os contrários ou os defeitos desses signos são, portanto, desonrosos.

A natureza das paixões consiste em experimentar prazer ou dor com relação aos signos de honra e de desonra. Hobbes define cerca de 20 paixões, inclusive a do riso, a partir da honra. Todas as paixões têm signos próprios pelos quais se manifestam. Os da honra, por exemplo, são a ostentação em palavras e a insolência em ações.

O riso aparece em décimo terceiro lugar:

> Há uma paixão que não tem nome, mas seu signo é aquela distorção da face que chamamos riso; que é sempre alegria (*joy*), mas que alegria, em que pensamos e em que triunfamos quando rimos até agora não foi declarado por ninguém.

Note-se que o riso não é uma paixão, mas o *signo* de uma paixão que (ainda) não tem nome.

O texto volta-se em seguida para a dificuldade de definir o *objeto* do riso: a experiência refuta que ele consiste apenas no dito espirituoso (*wit*) ou na graça (*jest*), porque os homens também riem dos infortúnios e das indecências. Uma conclusão, porém, parece incontestável: o objeto do riso deve ser novo e inesperado, porque uma coisa deixa de ser risível quando se torna velha ou usual.

Até aqui não há nenhuma novidade em relação às teorias que já analisamos. Em seguida, contudo, a argumentação começa a se ajustar à perspectiva fundamentada na honra e no poder: os homens riem freqüentemente (sobretudo os ávidos de serem aplaudidos por tudo o que fazem bem) ou de suas próprias ações cuja *performance* ultrapassa suas expectativas, ou de suas próprias graças. Nesses casos, "é evidente que a paixão do riso procede de uma concepção súbita de alguma habilidade naquele que ri". Os homens riem também, continua Hobbes, das fraquezas dos outros, o que por comparação ressalta e ilustra suas próprias capacidades. Finalmente, rimos de ditos ou atos engraçados (*jests*) porque seu espírito (*wit*) consiste sempre na descoberta elegante de algum absurdo de outrem, de modo que, nesse caso também, o riso resulta de uma imaginação súbita de nossa própria superioridade.

É interessante observar que as três ocasiões de riso destacadas por Hobbes — rir das próprias ações, das fraquezas do outro e dos ditos ou atos engraçados — equivalem à divisão de Quintiliano segundo a qual o riso se localiza em nós mesmos, nos outros e nos elementos neutros. Hobbes não nos dá qualquer pista acerca das fontes de sua teoria, mas é curioso que se refira também à novidade e à surpresa como condições do objeto risível, ênfase igualmente encontrada na teoria de Cícero. A descoberta *elegante* de algum absurdo em outrem, por sua vez, nos remete à observação de Quintiliano sobre o riso localizado em nós, quando dizemos palavras que beiram o absurdo e que podem passar por elegâncias, se são fingidas. Seja como for, se Hobbes conhecia o ensinamento da retórica, ele o ajustou a seu argumento principal, porque a divisão do objeto do riso acaba relacionada ao fundamento da superioridade subitamente concebida.

> A paixão do riso — conclui após a digressão sobre o risível — não é outra coisa senão a honra súbita (*sudden glory*) suscitada por uma concepção súbita de alguma superioridade em nós, em comparação com a fraqueza dos outros, ou com uma fraqueza nossa anterior, porque os homens riem das tolices passadas deles mesmos quando elas lhes vêm subitamente à lembrança, e não trazem consigo alguma desonra presente.

A paixão que não tinha nome chama-se agora honra súbita, que experimentamos quando temos uma concepção repentina de nossa superioridade. Não surpreende, portanto, diz Hobbes, que os homens não gostem de ser o objeto do riso dos outros, isto é, de serem por eles vencidos.

Tal é a especificidade da alegria experimentada no riso. A afecção do riso passa a fazer parte das paixões relacionadas à honra, e não à desonra, e o riso torna-se signo de poder. Mas esse poder não é legítimo, conforme veremos a seguir.

O parágrafo dedicado à paixão do riso em *Natureza humana* termina com uma observação:

> O riso sem ofensa tem de ser de absurdos e fraquezas abstraídos das pessoas, e quando todo o grupo pode rir junto, porque rir sozinho deixa todo o resto com ciúmes e examinando-se a si próprio. Além disso, é honra vã e argumento de pouco valor considerar a fraqueza do outro matéria suficiente para seu triunfo.

Esta passagem é citada freqüentemente nos textos que tratam da teoria do riso de Hobbes, mas permanece em geral sem explicação.[16] Ela nos informa que o riso sem ofensa só é possível quando as fraquezas são *abstraídas* das pessoas. Ora, creio que Hobbes tem em mente aqui as *comédias*, porque, nelas, os personagens são abstratos, portando qualquer nome, conforme ensinou Aristóteles em sua *Poética*, em contraste com os personagens concretos que se poderia ofender. O fato de todo mundo ter que rir junto evoca também os espectadores da comédia, que riem dos personagens em cena. Por fim, qualificar de "honra vã" (*vain glory*) a superioridade de quem ri também remete à comédia. A "honra vã", ou melhor, a "vanglória" é, segundo Hobbes, a honra que resulta da imaginação de sermos coisa diferente do que somos, como, por exemplo, a que experimentamos na leitura de certos romances. Ela é vã porque não pode ser aproveitada, e os signos dessa paixão são todos os gestos e comportamentos que dizem respeito à imitação de outrem.

A crítica ao sentimento de superioridade que experimentamos ante a comédia é o tema do trecho sobre o riso da carta-prefácio "A resposta de Mr. Hobbes ao prefácio de *sir* William Davenant", em que Hobbes expõe suas concepções sobre "a natureza e as diferenças da poesia". A alegria (*mirth*) e o riso são próprios à comédia e à sátira, diz ele, mas esses gêneros não agradam às pessoas de bem (*great persons*), que não têm necessidade das fraquezas e dos vícios dos outros para se assegurarem de seu próprio poder. Ou seja: como em Platão, o estado de alma em que nos colocam as comédias constitui uma alegria inferior. Em contraste com a receita de Joubert, para quem o riso é benéfico a todos os homens como signo e promotor de saúde, em Hobbes, como em Monboddo, o riso passa a pertencer a apenas uma espécie de homens, aqueles que não são nobres nem elevados. As *great persons* podem viver sem o riso (como acontecia com os melancólicos, apáticos e tristes, que, segundo Joubert, tinham a complexão seca e fria). Daí conclui-se que o riso de Hobbes não pode ser, em última instância, signo da afecção da honra, porque aquele que se sente superior apenas por causa das fraquezas dos outros não tem, de fato, nenhum poder honroso.

Hobbes volta ao fundamento da superioridade no parágrafo dedicado ao riso do *Leviatã*. A paixão do riso já aparece como *sudden glory* e provém, igualmente, de um ato súbito que agrada a quem ri. O parágrafo é particularmente curto, e transcrevo-o na íntegra:

> Honra súbita é a paixão que provoca aquelas caretas chamadas riso, e é causada seja por algum ato súbito daqueles que riem, que os agrada, seja pela apreensão de alguma deformidade em outrem, por cuja comparação eles aplaudem a si mesmos. E ela incide mais naqueles que estão conscientes do menor número de habilidades em seu próprio benefício, observando as imperfeições de outro homem. E por essa razão rir muito dos defeitos dos outros é signo de pusilanimidade. Porque um dos trabalhos próprios aos espíritos elevados (*great minds*) é ajudar e libertar os outros do escárnio, e comparar a si mesmos apenas com o mais hábil.[17]

A diferença entre essa passagem e a de *Natureza humana* é o destaque conferido ao julgamento ético: rir muito dos defeitos de outrem é signo de pusilanimidade e as pessoas de espírito elevado não têm necessidade de rir.

Tanto o parágrafo sobre o riso de *Natureza humana* quanto o do *Leviatã* são seguidos pela definição da paixão denominada "tristeza súbita" (*sudden dejection*), classificada como oposta à honra súbita e cujo signo é o choro. Hobbes assinala que "tanto o riso quanto o choro são moções súbitas (*sudden motions*), o hábito fazendo ambas desaparecer. Porque nenhum homem ri de graças antigas (*old jests*), ou chora por uma calamidade antiga".

Eis em que consiste a "teoria da superioridade" de Hobbes. É curioso que os parágrafos de *Natureza humana* e do *Leviatã* tenham mais repercussão do que os textos muito mais extensos de Cícero, Quintiliano e Joubert — repercussão que se estende, inclusive, aos estudos contemporâneos sobre a história do pensamento sobre o riso.

As interpretações da teoria de Hobbes têm a tendência de vinculá-la à essência do "homem lobo": se todo homem é lobo de outro homem, o riso da filosofia de Hobbes não é outra coisa senão um signo de superioridade e de triunfo. De fato, o riso de Hobbes deve ser explicado no quadro de seu sistema filosófico e político: à semelhança de todas as paixões, o fundamento da paixão do riso é o das relações de poder entre os homens.

Há, porém, algumas nuanças em sua argumentação. Nem sempre a honra súbita resulta da comparação com as fraquezas de outrem. O riso *de nossas próprias ações* que revelam uma capacidade além de nossa expectativa aparece em primeiro lugar, tanto em *Natureza humana* quanto no *Leviatã*. Essa circunstância é em geral esquecida nas interpretações da teoria de Hobbes.

Do ponto de vista das *great persons* — entre as quais se inclui evidentemente o próprio Hobbes —, aquele que ri não triunfa, isto é, o riso, na verdade, é signo de sua *inferioridade* (de sua pusilanimidade, do fato de ser ávido por aplausos etc.).

Os autores que tratam da teoria de Hobbes geralmente esquecem também que, para ele, o riso resulta da alegria. No início de *Natureza humana*, quando a paixão do riso ainda não tem nome, somos informados de que ela é "sempre alegria". A especificidade dessa alegria, que ninguém teria ainda sabido explicar, desdobra-se em duas características: é uma *honra* — a alegria que o homem experimenta pela concepção de seu próprio poder e capacidade — e é *súbita*. A subitaneidade é o atributo do fator surpresa, indispensável ao riso. Como o objeto do riso deve ser novo e inesperado, a *concepção* e a *paixão* que dele resultam distinguem-se das outras pelo caráter súbito. Além disso, as *moções* que produzem tanto a concepção quanto a paixão também são súbitas.

A especificidade do objeto do riso acaba, portanto, fundamentando a especificidade da paixão. No caso do choro, a calamidade súbita também produz uma paixão súbita, mas, à diferença do riso, essa paixão resulta da concepção de uma ausência de poder futuro. O que difere o riso do choro é a *honra*, e o que os distingue das demais paixões é a *subitaneidade*.[18]

Assim considerada, a teoria de Hobbes não nos leva apenas à superioridade do "homem lobo", mas a uma tentativa de apreender as incógnitas da paixão e do objeto do riso. Como em Joubert, há um "circuito do riso" que passa pela concepção de um objeto percebido pelos sentidos, a qual continua até o coração, onde produz a paixão cujo signo é o riso. Como em Joubert, o riso de Hobbes também é um riso das coisas torpes, indecentes e frívolas necessariamente novas e inesperadas. Mas, à diferença de Joubert, esse riso não é legitimado pela ausência de remorso, porque seu objeto não é limitado pela ausência de piedade; o riso sempre será acompanhado de ofensa ou de vanglória. Além disso, o estado de alma em que nos colocam as coisas risíveis é um falso prazer: uma falsa superioridade, uma falsa honra, uma falsa concepção de poder futuro.

Há ainda outra diferença em relação à teoria de Joubert. No tratado de Joubert, o pensamento sobre o riso é vinculado ao universo maravilhoso e divino da alma, que engloba o mundo das possibilidades ilimitadas do século XVI. Para Hobbes, o pensamento sobre o riso vincula-se a uma *natureza política* do homem, já que as paixões são classificadas em conformidade com as concepções de poder: "prazer" e "dor" tornam-se "honra" e "desonra". Pode-se dizer que o universo maravilhoso da alma se "seculariza", sendo substituído por uma racionalidade política, que, no caso de Hobbes, se exprime pela disputa de uma dada parcela de poder.

Veremos que, nesse sentido, a teoria de Hobbes não se afasta muito daquelas que, segundo Tave, defendem o riso benevolente.

Crítica a Hobbes: Shaftesbury

No início do século XVIII, Anthony Ashley Cooper (1671-1713), o terceiro conde de Shaftesbury, publica dois ensaios importantes para a discussão do "ridículo": "Uma carta concernente ao entusiasmo" (1708) e "*Sensus communis*: um ensaio sobre a liberdade do *wit* e do humor" (1709), republicados em 1711 em sua obra principal, *Características dos homens, costumes, opiniões, tempos*. Os dois ensaios não constituem uma teoria do riso; são uma espécie de manifesto em favor da liberdade de emprego do "ridículo" como modo de desmascarar as imposturas e as superstições, utilidade que tem implicações importantes para o pensamento sobre o riso.

Os ensaios tiveram grande repercussão à época e *Características* atingiu 11 edições até 1790. O próprio Shaftesbury, antes de cair na obscuridade, parece ter influenciado diversos autores do século XVIII, entre os quais Hutcheson, Adam Smith e Hume.[19]

Talvez por sua ambigüidade, os ensaios desencadearam uma extensa controvérsia,[20] sobretudo em torno da asserção "ridículo como um teste de verdade", que, apesar de não ser literalmente da autoria de Shaftesbury, lhe foi diversas vezes atribuída. Na Inglaterra, entre 1729 e 1785, autores como Collins, Akenside, Brown, Kames e Reid ocuparam-se da questão e, no continente, as obras de Leibniz (1711, 1712) e Flögel (1784) contêm comentários a respeito.

Vejamos as principais teses de Shaftesbury. Desde o início de "Uma carta...", somos informados de que a verdade é o princípio fundamental que governa o mundo. A relação desse princípio com o "ridículo" (*ridicule*) aparece adiante: se a verdade é a coisa mais poderosa no mundo, é curioso que os homens sensatos (*men of sense*) receiem ser ridicularizados, como se desconfiassem de seus próprios julgamentos. O ridículo, contudo, nada pode contra a razão, diz Shaftesbury, de modo que não se deveria ter medo de fazer o "teste do ridículo". Para se evitar o ridículo, continua, costuma-se dizer que os assuntos são muito graves para serem ridicularizados, o que por vezes é verdade. Mas há duas espécies de gravidade: a verdadeira e a falsa, isto é, a impostura. Quando lhes aplicamos o ridículo é que as distinguimos.

Ao longo do ensaio, percebe-se que Shaftesbury defende, na verdade, a *liberdade* de emprego do ridículo, diretamente condicionada pela liberdade de uma nação. Somente em nações livres, como a Inglaterra, é que se encontram as condições propícias à aplicação do ridículo. Nas nações em que a falta de liberdade impede os homens de falar sobre certos assuntos, há apenas espaço para a bufonaria, o que explica, aliás, segundo Shaftesbury, o fato de os maiores bufões serem italianos.

Uma das principais teses do primeiro ensaio diz respeito à aplicação do ridículo ao "falso entusiasmo" religioso.[21] O objetivo é concreto: o fanatismo de protestantes franceses refugiados na Inglaterra em conseqüência da guerra dos Camisards (1702-04). Ao invés de lhes dar a honra de persegui-los, o que seria ainda mais benéfico do ponto de vista de seu martírio, Shaftesbury defende a idéia de que lhes seja aplicado o ridículo, "o desprezo (*contempt*) mais cruel do mundo".[22]

Cabe lembrar que o *desprezo*, para Monboddo, é a paixão que excita o riso, e que o objeto próprio do desprezo é o orgulho (*vanity*). Esse é um *leitmotiv* nos textos dos séculos XVII e XVIII. Robert Burton chega a apontar o orgulho como objeto do riso de Demócrito, conforme estaria relatado na *Carta de Hipócrates a Damagetus*: "Eu rio dos orgulhos (*vanities*) e das vaidades (*fopperies*) do tempo, ao ver os homens tão vazios de todas as ações virtuosas, a ir tão longe em busca do ouro", teria explicado Demócrito a Hipócrates, declarando, com tais palavras, que o orgulho do mundo (*world's vanity*) é repleto de ridículo. Em seu afã de dar continuidade à obra de Demócrito, Burton detém-se longamente na descrição dos objetos dos quais Demócrito riria se ainda estivesse vivo. Entre eles, temos o próprio "falso entusiasmo" religioso: "Se Demócrito estivesse vivo agora, e visse a superstição de nossa época, nossa loucura religiosa (...), tantos cristãos confessos, mas tão poucos imitadores de Cristo (...); tanta variedade de seitas (...); tradições e cerimônias absurdas e ridículas (...), o que diria?"[23]

Shaftesbury ocupa-se bastante da questão religiosa. Ele defende um tratamento "bem-humorado" da religião, mas respeitadas as "boas maneiras". Se a religião for pura e sincera, diz ele, passará pela prova do bom humor, mas se for misturada a alguma impostura, isso será detectado. Uma prova significativa desse controle natural do emprego do ridículo é o fato de Jesus Cristo ter sido abominavelmente ridicularizado e isso jamais ter destruído sua reputação e sua filosofia. A bondade de Deus torna-se, assim, o princípio de verdade que não sucumbe à aplicação do ridículo, porque Ele é "verdadeiro e perfeitamente bom".[24]

Além das falsas gravidades e do fanatismo religioso, há também outros objetos passíveis de serem corrigidos pelo ridículo, como a melancolia excessiva e o pânico, que acompanham o entusiasmo, e a loucura. Corrigir a melancolia por meio de remédios sérios ou proibir o homem de ter medo são métodos não naturais, que não levam à cura, ao contrário do tratamento simpático e dos "meios agradáveis", como o ridículo. Burton também aponta a "alegria honesta" (*honest mirth*) como meio de curar "várias paixões em nossos espíritos e em nossos amigos".[25] Já Leibniz, em seu primeiro comentário aos ensaios de Shaftesbury, duvida de que o ridículo cure vícios depois de certo ponto.

No início do ensaio *Sensus communis*, encontra-se o extrato mais citado de Shaftesbury — o que declara a função de prova natural do ridículo em relação à verdade:

> O que só pode ser mostrado sob certa luz é questionável. A verdade, supõe-se, resiste a todas as luzes, e uma das principais luzes ou meios naturais pelos quais as coisas devem ser vistas, a fim de haver um reconhecimento completo, é o próprio ridículo, ou aquela forma de prova pela qual discernimos tudo o que é sujeito apenas à zombaria (*raillery*) em qualquer assunto.[26]

O modelo de liberdade em que se baseia Shaftesbury é sem dúvida o da Antigüidade, onde vai procurar argumentos para corroborar a defesa da liberdade de um ridículo à inglesa, um ridículo fino e livre, em oposição à bufonaria determinada pela tirania. No primeiro ensaio, por exemplo, afirma que, na filosofia antiga, empregava-se o ridículo contra a superstição e o falso entusiasmo de certas seitas filosóficas, o que propiciava uma harmonia maravilhosa e contribuía para o florescimento da ciência. Além disso, os antigos tratavam os assuntos mais graves de modo muito diferente do que em "nossos dias":

> Seus tratados têm geralmente um estilo livre e familiar. Eles optam por nos dar a representação de um discurso e de uma conversa reais, ao tratarem seus assuntos como diálogo e debate livres. A cena é comumente a mesa, ou passeios públicos ou locais de reunião (*meeting-places*), e o espírito (*wit*) e o humor usuais de seus discursos reais apareciam nesses lugares compostos por eles mesmos. E isso era agradável (*fair*). Porque sem espírito e humor a razão dificilmente pode ser provada ou distinguida (*distinguished*).

Não só na religião, mas também na atividade do pensamento é vantajoso aplicar o "bom humor": "A liberdade para a zombaria (*raillery*); a liberdade, em linguagem decente, para questionar tudo, e a permissão de esclarecer ou refutar qualquer argumento, sem ofensa ao argumentador, são os únicos termos que podem tornar [as] conversações especulativas agradáveis". Nota-se que, do mesmo modo que as "boas maneiras" regulam os limites do tratamento "bem-humorado" da religião, a "linguagem decente" e os cuidados para não ofender o interlocutor determinam os limites do uso do ridículo no pensamento especulativo.

A referência à Antigüidade é coroada por uma passagem da *Retórica* de Aristóteles (entre aspas, dando a entender que se trata de uma transcrição literal) em que aparecem as palavras de Górgias. O trecho, porém, foi visivelmente modificado, porque atribui a Górgias os benefícios do ridículo que o próprio Shaftesbury defende:

> Foi o dito de um antigo sábio [e Shaftesbury remete para a nota "Gorgias Leontius apud Arist. *Rhetor*. iii. 18"] que o humor era o único teste de gravidade, e gravidade de humor. Porque um assunto que não tolerasse zombaria (*raillery*) era suspeito, e um ato ou dito espirituoso (*jest*) que não resistisse a um exame sério era certamente falso *wit*.

Vale lembrar que, segundo Aristóteles, Górgias dizia apenas que era preciso "destruir o sério dos adversários pelo riso e o riso pelo sério" (ver capítulo 2). A distorção da passagem da *Retórica* é tão notável que John Brown já a assinalava em 1751, em seus *Ensaios sobre as Características*.[27] Aquilo que, em Aristóteles, dizia respeito à utilidade do risível na disputa entre oradores torna-se, em Shaftesbury, um sábio testemunho sobre o valor de prova do ridículo para detectar as falsas gravidades.

Após "citar" Aristóteles, Shaftesbury muda de argumentação e diz que a liberdade de emprego do ridículo no tratamento de assuntos graves deve limitar-se às conversações privadas submetidas à prudência, precisamente àquelas que só encontramos na Inglaterra, no *club*:

> Porque você há de lembrar, meu amigo, que estou escrevendo a você apenas em defesa da liberdade do *club*, e daquela espécie de liberdade que ocorre entre cavalheiros e amigos que se conhecem um ao outro perfeitamente bem.[28]

A liberdade de ridicularizar não deve ir de encontro à liberdade pública:

> É certamente uma violação da liberdade das assembléias públicas o fato de qualquer um ali tomar assento, sem que tenha sido chamado nem convidado. Começar questões ou conduzir debates que ofendam o ouvido público é faltar com o respeito que é devido à sociedade comum (*common society*). (...) Mas tanto nas sociedades privadas (*private societies*), como no que se passa em companhias seletas, onde amigos se encontram intencionalmente e com aquele verdadeiro desejo de exercitarem seu espírito (*wit*), e olhando livremente para todos os assuntos, não vejo nenhum pretexto para que alguém se ofenda com esse modo de zombaria e humor que é a verdadeira vida de tais conversações (...).

Aos olhos de Shaftesbury, os filósofos antigos eram certamente todos membros do *club*: à mesa e em seus *meeting places*, seriam uma "companhia seleta" a desfrutar das vantagens do livre exercício do ridículo.

O segundo ensaio, que tem como título as palavras latinas *sensus communis*, torna-se um manifesto em defesa da autonomia prévia do senso comum moral. É nesse contexto que Shaftesbury se volta contra Hobbes e contra a idéia de que não haveria nenhum princípio de ordem e nenhuma justiça natural por trás das coisas. Máximas como "os homens agem unicamente segundo seus próprios interesses e em função do poder e da força" só são aceitas, diz ele, por aqueles que se deixam levar pelas paixões, caindo no horror e na consternação. Basta, contudo, eliminar a paixão para que o falso raciocínio dessas máximas apareça; e, para isso, não há nada como torná-las ridículas. Eis, por exemplo, como aplicar o ridículo contra aqueles que nos asseguram que não existem coisas como a fé natural, a virtude ou a justiça, e que não há nenhuma "força da natureza" que nos faça agir em favor do bem público:

> *Sir*, a filosofia que o senhor condescendeu em nos revelar é a mais extraordinária. Nós lhe somos devedores por sua instrução. Mas, por favor, de onde vem o zelo a nosso favor? O que somos nós para o senhor? É nosso pai? Ou, se fosse, por que esse interesse em nós? Existe, então, algo como uma afecção natural? Se não, por que todos esses tormentos, por que todo esse perigo por nossa causa? Por que não guardar isso em segredo para si mesmo? (...) É diretamente contra seu interesse abrir nossos olhos e fazer-nos saber que apenas o interesse privado governa o senhor, e que nada mais nobre ou mais generoso governa a nós, com quem o senhor conversa. Deixe-nos a sós, [à mercê] daquela arte notável pela qual somos alegremente amansados e tornados meigos e tímidos. Não convém que saibamos que por natureza somos todos lobos.

Leibniz admira a ironia de Shaftesbury nessa passagem e acaba recorrendo aos índios da América para discutir a natureza política do homem. "Os iroqueses e os huronianos, selvagens vizinhos da Nova França e da Nova Inglaterra, inverteram as máximas políticas por demais universais de Aristóteles e de Hobbes; eles mostraram, por uma conduta surpreendente, que povos inteiros podem existir sem magistrados e sem querelas, e que, conseqüentemente, os homens não são nem suficientemente levados por seu bem natural, nem suficientemente forçados por sua maldade a se prover de um governo e a renunciar à sua liberdade."[29] É interessante que um comentário desse gênero se encontre em um texto que discute a utilidade do ridículo. Mais uma vez, a reflexão sobre o riso aparece ligada à reflexão sobre a organização política e a natureza humana, essa última tendo como contraponto privilegiado as práticas observadas entre os índios da América.

Ao expor sua tese contra a idéia do "homem lobo", Shaftesbury atribui novamente aos ingleses o melhor senso do governo, do público e das leis.

Seu conhecimento crescente lhes mostra a cada dia o que é o senso comum em *política*, e isso os conduz necessariamente à compreensão de um senso comum em *moral*, que é o fundamento do primeiro.

> É ridículo dizer que existe uma obrigação de o homem agir social e honestamente em um governo formado e não no que é comumente chamado de o estado de natureza. (...) A fé, a justiça, a honestidade e a virtude têm que ter sido tão remotas quanto o estado de natureza, ou [então] jamais teriam existido. A união civil, ou a confederação, jamais poderia fazer certo ou errado, se elas não existissem antes.[30]

A verdade moral e a bondade de Deus são o fundamento prévio contra o qual a aplicação do ridículo nada pode. Isso é, afinal, o que se verifica no pensamento de Shaftesbury: o risível é sempre uma deformidade, o contrário da beleza, e as virtudes morais, como a honestidade, a sabedoria e as boas maneiras, jamais se prestam ao ridículo. Enquanto a avareza, a covardia e a gula são ridicularizadas com sucesso nas bufonarias italianas, pode-se desafiar o mundo, diz ele, para que torne ridículas "a coragem ou a generosidade", ou ainda a "moderação sincera", três ingredientes que formam o caráter virtuoso. Finalmente, aquele que tenta ridicularizar as virtudes morais é, ele mesmo, ridículo.

Ou seja, para Shaftesbury, o desenvolvimento do senso político inglês propicia aos homens sensatos uma habilidade especial para o exercício da liberdade. Os limites da liberdade não são estabelecidos por proibições ou atitudes tirânicas, mas por uma medida mais fundamental e natural por excelência, a do senso comum sobre as virtudes morais. Os homens *de senso* reunidos no *club* podem desfrutar da liberdade do *wit* no tratamento de toda espécie de assunto, porque não correm o risco de ridicularizar as virtudes nem de desobedecer às medidas (as boas maneiras, a honestidade, a linguagem decente, o respeito ao outro).

O "teste do ridículo" seria uma prova para desmascarar e corrigir imposturas e fanatismos passionais que perturbam a razão. Nesse sentido, ele corrobora a condenação ética do risível, que se opõe à verdade e à virtude. Nota-se, contudo, uma nuança: mesmo oposto à ordem preestabelecida da verdade moral, o ridículo, uma vez aplicado, serve de instrumento *a favor* da verdade, pois detecta as imposturas e as falsas gravidades. Além disso, pode-se aplicar esse método com sucesso à correção das paixões excessivas que a simples punição não cura. Ou seja, se o *objeto* ridículo é eticamente condenável, o *método* do ridículo é útil aos propósitos da verdade e da moral.

Isso pressupõe que, ao lado do senso moral, exista — também previamente e em estado de natureza — um *senso do ridículo*, como já revelou o extrato de Monboddo. Em certos textos da controvérsia sobre o "teste do ridículo" encontram-se justamente essas duas premissas. Mark Akenside, em 1744, por exemplo, faz distinção entre o senso moral e o senso do ridículo, sendo o primeiro o reconhecimento instintivo do que é "belo", "verdadeiro" e "bom", e o segundo, do que é "deformado", "falso" e "mau".[31] Há, portanto, um princípio natural que determina o que pode ser ridicularizado, princípio que, evidentemente, só é acessível àqueles que têm o senso apurado do belo.

Crítica a Hobbes: Hutcheson

Em junho de 1725, aproximadamente 16 anos após a publicação dos ensaios de Shaftesbury, surge, no *Dublin Weekly Journal*, uma série de três artigos sobre o riso de Francis Hutcheson (1694-1746), protestante presbiteriano que viria a ser professor de filosofia moral na Universidade de Glasgow. Os textos, à época assinados por "Philomeides", são reeditados em 1729, em uma coletânea de ensaios reunidos por James Arbuckle (quando é revelado o nome verdadeiro do autor).[32]

Stuart Tave destaca os artigos de Hutcheson do conjunto das produções da época como a primeira formulação com suficientes afinidades com o riso para fazer face à teoria de Hobbes. Segundo Tave, certamente em alusão a Shaftesbury, as críticas a Hobbes se ocupavam, até então, de provar a excelência da natureza humana, sem fazer referências diretas a sua teoria do riso. "Com Hutcheson, a ênfase muda: é o riso benevolente que se torna a norma, e o malevolente que não é próprio para ser chamado de riso; a teoria de Hobbes é atacada e uma outra é instituída em oposição a ela."[33] Veremos, contudo, que, se o riso, nos artigos de Hutcheson, é ligado a uma natureza humana benevolente, não é porque deixa de ser ofensivo ou malevolente, mas porque Hutcheson prescreve as regras de sua aplicação.

No início do primeiro artigo, o leitor é informado sobre os dois objetivos do autor — compreender o que ocorre em nosso espírito quando rimos e conhecer a utilidade do riso na constituição da natureza humana —, que servem de tema, respectivamente, ao segundo e ao terceiro artigos. No primeiro, Hutcheson se ocupa principalmente da crítica à teoria de Hobbes. Seus interlocutores contemporâneos são os autores que, no número 47 do periódico *Spectator*, teriam adotado a definição do riso de Hobbes.[34]

Após a explicação dos objetivos da série de artigos segue-se, na edição de 1729, uma referência a Aristóteles.[35] Em sua *Poética*, Aristóteles teria explicado a natureza de *uma* espécie de riso, cuja causa seria "algum erro ou alguma torpeza sem dor grave (*grievous pain*) e não muito pernicioso ou destrutivo".[36] Mas essa definição, para Aristóteles, não se estendia a todas as espécies de riso, diz Hutcheson. Ou seja, a ausência de piedade ou de destruição não garante mais a existência de um riso sem remorso, como em Joubert, porque o riso da deformidade incorre no risco de ser sempre um riso "de superioridade". Veremos, contudo, que Hutcheson chega a legitimar tal riso sob certas condições.

A estratégia do primeiro artigo é provar não só que o riso pode ser suscitado sem que nos imaginemos superiores como também que nem toda superioridade leva ao riso. Esses dois argumentos bastariam, segundo Hutcheson, para mostrar que a definição de Hobbes é falsa. No tocante ao primeiro ponto, o autor se vale de dois exemplos. Diz que não nos sentimos superiores aos grandes escritores cujos textos nos fazem rir porque sabemos que eles conhecem a maneira correta de falar (não nos sentimos superiores por causa de seus erros de linguagem) e admiramos freqüentemente seus chistes, a ponto de querer imitá-los. O segundo exemplo trata da comparação com os animais: são as ações dos animais que mais se aproximam das nossas que consideramos as mais engraçadas, diz Hutcheson, mas, se a superioridade fosse o motor do riso, deveríamos rir muito mais das menos parecidas (das inferiores).

Esse é o primeiro argumento contra a teoria de Hobbes: não é sempre a superioridade que nos leva a rir. O segundo argumento, de acordo com Hutcheson, é mais fácil de provar. Observar alguém que sofre enquanto estamos satisfeitos não é motivo de riso. "É uma grande pena", ironiza, "que não tenhamos um hospital ou casa de lázaros para nele nos recolher em dias nublados e passar uma tarde rindo desses objetos inferiores."[37] E continua: todos os homens de "verdadeiro senso", de reflexão, de integridade e de grande capacidade de negócios deveriam ser os mais alegres possíveis. Demócrito deveria ter sido o chefe superior de todos os filósofos.

Stuart Tave observa, com razão, que os exemplos e argumentos de Hutcheson "não são muito bons", além de serem "grosseiramente injustos com relação a Hobbes".[38] Acrescenta, contudo, que foram importantes para a história da teoria do cômico por terem sido utilizados para distinguir o riso do ridículo. "É bem estranho", diz Hutcheson ao fim do primeiro artigo, "que os autores mencionados acima nunca tenham feito distinção entre as palavras *riso* e *ridículo*; este último é, porém, uma espécie particular do primeiro, quando rimos das tolices (*follies*) alheias."[39] Tave toma a expressão "autores mencionados acima" como referência não só aos autores do *Spectator*, mas também a Hobbes e a Aristóteles, sem observar que a expressão também aparece na edição de 1725, na qual Aristóteles não é mencionado. Desse modo, ajusta a passagem de Hutcheson à sua própria interpretação histórica, que, como se viu, pressupõe uma continuidade do riso de superioridade desde a Antigüidade até Hobbes.

Certa imaginação de superioridade pode suscitar o riso, continua Hutcheson, mas há "inúmeras instâncias do riso em que nenhuma pessoa é ridicularizada" e em que o riso não provém de nenhuma comparação. Por exemplo: "quantas vezes rimos de uma descrição fora do comum de objetos naturais, em relação aos quais não comparamos de modo algum nossa condição?" Mas a anunciada distinção entre o riso e o ridículo desaparece a seguir.

O segundo artigo de Hutcheson define as causas do riso. O que nos faz rir, diz o autor, é "a junção de imagens que têm idéias adicionais contrárias". "Esse contraste entre as idéias de grandeza, dignidade, santidade e perfeição, e as idéias de baixeza, vileza e profanidade parece ser o verdadeiro espírito do burlesco", sentencia, "e a maior parte de nossos risíveis (*raillery and jests*) funda-se nele." E complementa: é a semelhança *forçada* entre coisas inteiramente diferentes que suscita o riso.

Tanto na junção de idéias contrárias quanto na semelhança forçada rimos por causa da justaposição de idéias incomparáveis de um ponto de vista grave ou sério. Rimos, por exemplo, quando uma conhecida sentença de uma obra sublime é aplicada a assuntos baixos ou vulgares, ou ainda quando uma pessoa grave, capaz ou digna sofre algum acidente ligado à baixeza, como a queda cômica, em que as idéias de dignidade e gravidade contrastam com as "contorções do corpo" e a "sujeira das roupas decentes". Aliás, as idéias de dignidade são tão associadas à forma humana que, no caso da queda, rimos mesmo se aquele que cai é pessoa comum, do mesmo modo que rimos das pessoas do campo quando cometem erros — porque "geralmente imaginamos na espécie humana algum grau de sabedoria sobre outros animais". O contraste se estabelece também quando paixões como o medo, a ira, a tristeza ou a compaixão, geralmente vistas como elevadas e solenes, são suscitadas em ocasiões de menor importância, desencadeando o riso.

A ênfase no contraste entre idéias elevadas e baixas fica clara nas considerações finais do segundo artigo:

> Nas nações mais civilizadas há certas modas de vestimenta, de comportamento e de cerimônia geralmente reconhecidas por toda a classe superior (...). A essas modas são geralmente associadas idéias de decência, grandeza e dignidade, e por essa razão os homens gostam muito de imitar a moda. E se, em uma assembléia civilizada, aparece uma vestimenta, um comportamento ou uma cerimônia contrária, à qual, em nosso país, associamos as idéias contrárias de baixeza, rusticidade e de mau humor, surge normalmente um riso, ou uma disposição de rir, naqueles que não têm as perfeitas boas

> maneiras, ou a reflexão, para conterem-se a si mesmos ou romperem essas associações costumeiras. Conseqüentemente pode-se ver que o considerado ridículo em nossa época ou nação pode não ser assim em outra.

Ou seja, apesar da "novidade" da "teoria do contraste", o riso acaba sendo provocado por idéias ou imagens baixas ou indignas, pois são elas que suscitam o contraste de que rimos.

É curioso ainda que, na "assembléia civilizada" de que trata a passagem, aqueles que riem ou que têm disposição para rir do comportamento ridículo carecem de boas maneiras ou de reflexão. Dito de outra forma: ainda que o contraste exista, não convém rir. Contrariamente ao que se poderia esperar da teoria "benevolente" de Hutcheson, o riso suscitado pelo contraste não é sempre inofensivo.

O último artigo da série trata dos efeitos e das finalidades do riso, que são três: o prazer e o relaxamento, a correção dos falsos entusiasmos ou das falsas grandezas, e a correção de pequenos vícios. Stuart Tave, porém, cita apenas a primeira das funções, ajustando sua leitura à hipótese da ruptura com o riso "malevolente". Hutcheson observa ainda que o riso é contagioso e nos leva a ter uma boa opinião daquele que o suscitou, desde que o risível não recaia sobre nós ou nossos amigos — mais uma vez, o riso não é de todo inofensivo.

A forma com que a pessoa ridicularizada recebe o riso, prossegue, depende da boa natureza e das boas intenções do outro. O ridículo não ofende quando mostramos nossa estima pelas qualidades da pessoa ridicularizada e deixamos claro que, ao ridicularizar sua fraqueza (*weakness*), o fazemos por amor, de modo que podemos esperar por um bom efeito.

Do ponto de vista dos objetos ridicularizados há claras similitudes com o princípio de verdade de Shaftesbury, que, no entanto, não é citado por Hutcheson. Um objeto ou uma ação "verdadeiramente elevados (*truly great*) em todo o sentido", diz Hutcheson, não terão nenhuma semelhança *natural* com qualquer coisa baixa. Se forçamos zombarias sobre esse tipo de objeto, assim como sobre "a integridade, a honestidade, a gratidão, a generosidade, ou o amor a nosso país", "elas nunca poderão agradar a um homem de senso e reflexão, e sim aumentar o desprezo pelo autor do ridículo, como carente do justo senso das coisas que são verdadeiramente elevadas". O contraste entre as idéias baixas e as dignas, portanto, só é permitido se estas últimas não são "verdadeiramente elevadas", ou ainda se a comparação entre ambas se dá *naturalmente* — o que contradiz o fundamento da semelhança *forçada* exposto no segundo artigo.

Uma reedição do ensinamento de Cícero (sem que o próprio Cícero seja citado) informa que o ridículo também fracassa quando os objetos são grandes crimes ou graves calamidades de outrem, que não são "assuntos que possam ser naturalmente ridicularizados". O ensinamento de Cícero aparece atrelado ao fundamento da *natureza*: zombar de criminosos ou de calamidades não é *natural*, não podendo portanto levar a bons efeitos.

Ridicularizar objetos ou idéias impróprios produz efeitos ruins, mas quando estamos possuídos pela violência de paixões como o medo, por exemplo, ou por uma admiração fanática, a aplicação do ridículo "é o meio mais rápido de pôr abaixo nossas imaginações elevadas em conformidade com o momento real ou a importância do caso". Isso porque o ridículo é, para nossos espíritos, como uma curva para o lado contrário, de modo que, após alguma reflexão, eles estarão mais capacitados a um ajuste com a natureza. Reconhece-se aqui a utilidade do ridículo defendida por Shaftesbury, à qual Hutcheson acrescenta ainda a capacidade de corrigir pequenos erros ou vícios.

Os fanatismos, as paixões exacerbadas e os pequenos vícios são objetos que podemos ridicularizar porque o efeito do ridículo é, neles, positivo. Ou seja, quando o ridículo é autorizado, seu efeito não é necessariamente o riso, mas a *correção*. E mais: o prazer que se experimenta no risível é condicionado por sua *utilidade*, porque só se deve ridicularizar as imperfeições passíveis de serem corrigidas, do contrário os homens sensatos não apreciarão o ridículo. Finalmente, se a aplicação do ridículo não levar a efeitos desonrosos, ela pode agradar mesmo àquele que está sendo ridicularizado.

A teoria "benevolente" de Hutcheson consiste, portanto, em retirar do uso do ridículo tudo o que possa implicar uma ofensa. Vimos que, na teoria de Hobbes, havia um pequeno espaço para o "riso sem ofensa". Na teoria de Hutcheson, esse riso, controlado e domesticado, acaba sendo o único natural e legítimo. Além disso, como em Shaftesbury, o "homem de senso", "de discernimento" e "de reflexão" é, para Hutcheson, aquele que determina a propriedade de uma zombaria ou de um objeto ridículo. O homem de "espírito fraco" (*weak mind*) e a "companhia fraca" (*weak company*) não servem de padrão para o riso legítimo.

É precisamente nesse sentido que a formulação de Hutcheson se opõe à "teoria da superioridade" de Hobbes: o riso "malevolente" não entra na discussão. Se as pessoas de bem de Hobbes não tinham prazer em se comparar com inferiores e, em conseqüência, não riam, os "homens de senso" de Hutcheson riem do contraste entre idéias, desde que o efeito do riso seja útil e sua motivação benevolente. A "teoria do contraste", no ensaio de Hutcheson, permanece dependente da relação entre o ridículo e a baixeza e não resiste à regulamentação: quando se trata de definir por que o senso do ridículo foi implantado em nossa natureza, a importância do contraste desaparece e ficamos sabendo que apenas os objetos que têm uma relação *natural* com a baixeza podem ser ridicularizados.

Hutcheson não é o único autor a defender o riso que Tave chama de "benevolente". Para Tave, *Um ensaio sobre o riso e a composição jocosa*, de James Beattie, é "o tratamento mais elaborado do assunto no século XVIII, [e] certamente o mais longo".[40] O principal mérito de Beattie teria sido, de acordo com Tave, o cuidado com que se ocupou do assunto, sintetizando e desenvolvendo as formulações anteriores, de modo que o riso ganhou importância por ter sido tratado de modo importante. É preciso dizer, contudo, que tal extensão e tal importância são reduzidas, quando comparadas à densidade do tratado de Joubert. O texto de Beattie segue uma trajetória dispersa (sobretudo no final, quando há um arrazoado em favor da verdadeira religião) e não se afasta muito dos modos de pensar o riso de Shaftesbury e de Hutcheson.

Beattie defende a liberdade do ridículo na conversação, bem como o uso do ridículo como instrumento de correção do "falso entusiasmo", e ainda vincula a idéia de um senso apurado do ridículo ao desenvolvimento de uma nação. À semelhança de Hutcheson, esboça, no início de seu ensaio, distinção entre o "ridículo" (*ridiculous*) e o "jocoso" (*ludicrous*), sendo o segundo a fonte do "puro riso", enquanto o ridículo excitaria o riso mesclado com desaprovação ou desprezo, distinção que, no entanto, não predomina no restante do texto.

Ainda como em Hutcheson, a busca de Beattie volta-se para um riso que não seja o da deformidade. Ao fim do ensaio, o leitor é informado de que esse riso é suscitado por "uma mistura incomum de relações e de contrariedade, exibidas ou supostamente unidas no mesmo conjunto".[41] Tal mistura só provoca a "emoção risível" se sua percepção não estiver ligada a outras emoções "de maior autoridade", como a desaprovação moral, a piedade, o medo ou a admiração. Ainda que Beattie critique Hutcheson pelo fato de ter limitado a incongruência à oposição entre a dignidade e a baixeza, citando mais três tipos de incongruência — a justaposição, a relação de causa e efeito e a descoberta de similitudes entre coisas incongruentes —, a maior parte dos exemplos refere-se exatamente a essa oposição.

Um colóquio sobre o riso

No início deste capítulo, assinalei que o debate entre autores era uma característica das formas de pensar o riso nos séculos XVII e XVIII. O ensaio de Beattie também não se afasta dessa tendência: foi produzido no contexto de uma conversação na Aberdeen Philosophical Society, à qual Beattie propôs como tema de discussão, em 1764, a seguinte questão: "que qualidade nos objetos faz com que provoquem o riso?". O verbete "riso" da *Enciclopédia* de Diderot e D'Alembert também informa que em 1753 a Academia Francesa propôs como tema de seu prêmio a questão: "o receio do ridículo sufoca mais talentos e virtudes do que corrige vícios e defeitos?".[42]

Entre os textos sobre o riso produzidos no período, há uma reprodução de um desses debates aos quais se dedicavam as pessoas letradas. Trata-se de uma obra anônima que transcreve um colóquio de que participaram Destouches,[43] Fontenelle e Montesquieu. Ela foi publicada em 1768, em Amsterdam, e reimpressa em fac-símile em 1970. Há duas referências a ela na obra de Flögel e uma na de Schopenhauer.[44]

O tratado anônimo de 1768 divide-se em três partes. A primeira é uma "advertência do editor": "O acaso fez cair o manuscrito dessa obra em minhas mãos". Como o título era *Tratado do riso*, ele a negligenciou por achar que se tratava de obra cômica. Mas um amigo, "homem de gosto e menos escrupuloso", examinou o tratado e o advertiu de seu engano quanto ao sentido do livro. Após cuidadosa leitura, o editor então convenceu-se de que a obra era razoável, cheia de pesquisas, noções e mesmo descobertas úteis que interessavam tanto à filosofia quanto à arte do teatro. Ele pede ao leitor que não caia no mesmo equívoco e considere que um tratado sobre o riso não leva a rir. Diz que foi pensando naqueles que ainda teriam dificuldades de entender tais diferenças que resolveu mudar o título do manuscrito, estendendo a simples designação *Tratado do riso* para *Tratado das causas físicas e morais do riso, relativamente à arte de excitá-lo*.

Logo após a advertência do editor, temos a carta-dedicatória do autor, cujo destinatário é igualmente anônimo: "À madame** de...". Depois de discorrer sobre a importância do riso e sobre a dificuldade de encontrar seu princípio (Demócrito, Aristóteles, Cícero, César, Aristófanes, Plauto e Molière são citados como grandes autores que não teriam atinado com o princípio do riso), o autor do tratado declara que "os auxílios extraordinários que o acaso [lhe] forneceu" o autorizavam a tratar da questão. E explica as circunstâncias que lhe permitiram assistir ao colóquio sobre o riso:

> Um amigo me levou um dia à casa de M. Titon du Tillet, tão conhecido na República das Letras pelo monumento de bronze que fez erguer em sua memória e com o qual o rei acaba de ornamentar sua biblioteca.[45] Posso dizer que nesse dia minha estrela não foi triste, porque, sem falar dos artistas célebres que vi então pela primeira vez, imagine a senhora, madame, qual não foi minha alegria de me achar na companhia de várias pessoas letradas cujos escritos faziam ao mesmo tempo minha delícia e meu espanto. Destouches, Fontenelle, Montesquieu desdobraram diante de mim todos os tesouros da eloqüência. (...) tais foram, madame, os interlocutores que tive a felicidade de ouvir. Eles discutiram muito essa questão do riso, que atiça hoje

> sua curiosidade. Eu reuni cuidadosamente seus diversos sentimentos sobre essa matéria (...). Vou me restringir a narrar seus discursos nesse colóquio. Haja por bem lembrar-se de que é sua opinião, não a minha, que exponho para a senhora.[46]

O autor informa a seguir como o assunto do riso foi escolhido. Alguém começou a rir sem qualquer razão aparente e "todo mundo se voltou contra aquele que ria (...), para obrigá-lo a confessar as razões escondidas dessa gargalhada indiscreta". Após certo embaraço, o autor do riso, que era "homem de espírito", concordou em revelar a causa, contanto que lhe dissessem o que é o riso e por que se ri. Destouches, Fontenelle e Montesquieu teriam então entrado em acordo para responder à questão.

> Os três acadêmicos fizeram um passeio pelo jardim, para melhor se disporem a cumprir seu compromisso, e todos tendo descido para a sala do Parnaso, vimo-los voltar com aquela impaciência que inspira a vontade de ouvir falar os homens célebres. Eles não tardaram em satisfazer a expectativa da companhia, e falaram sucessivamente, segundo a ordem que eles mesmos tinham acabado de estabelecer.

A terceira parte do tratado é, então, dedicada aos discursos dos três acadêmicos. O autor desaparece como narrador e os três discursos parecem reproduzir literalmente o que cada um teria dito. Os discursos têm em comum a busca do princípio do riso: para Destouches, seria a *alegria racional*; para Fontenelle, a *loucura*, e para Montesquieu, o *orgulho*. Não há qualquer comentário adicional, o que poderia indicar que o autor não toma partido e deixa a questão em aberto. Observa-se, contudo, que a exposição de Montesquieu sobressai às demais: é a última, contém críticas às duas formulações anteriores e constitui o mais longo dos três discursos. A tese de Destouches — a mais curta — é a mais fraca, sendo criticada tanto por Fontenelle quanto por Montesquieu.

É evidentemente impossível confirmar a autenticidade dos discursos[47] e sua leitura torna difícil crer que resultem de um único passeio pelo jardim: são bastante estruturados do ponto de vista argumentativo e compreendem várias citações. Por outro lado, não é impossível que tenha havido um colóquio sobre o riso na casa de Titon du Tillet. Se esse colóquio efetivamente ocorreu, deve ser datado entre 1728 — quando Montesquieu foi eleito para a Academia Francesa, já que os três oradores são citados como acadêmicos (Fontenelle e Destouches entraram para a Academia em 1691 e 1723, respectivamente) — e 1754, ano da morte de Destouches (tendo Montesquieu morrido em 1755 e Fontenelle em 1757). A publicação do tratado em 1768 teria ocorrido então no mínimo 14 anos após o colóquio.[48]

Ao analisarmos o tratado, nosso principal problema é como considerá-lo em relação ao conjunto de produções teóricas da época. Pelos critérios de hoje, a obra não seria classificada como tratado, e sim como uma coletânea de artigos sobre o riso. Mesmo que pudéssemos concluir que os três discursos são totalmente forjados, o autor do tratado impede que eles lhe sejam atribuídos. Já o editor de Amsterdam não faz qualquer referência aos discursos dos três acadêmicos, não se preocupa com o anonimato do autor e apresenta a obra como se ela tivesse uma clara unidade: "um tratado em que se examina friamente por que princípio se ri". Ou seja, nossos problemas hoje (a classificação da obra, a autenticidade dos discursos e a identidade do autor) não são os mesmos dos leitores da época; do ponto de vista do editor, o mais importante era assegurar que se tratava de uma abordagem *séria* do riso.

Comparando-se este texto ao *Tratado do riso* de Laurent Joubert, não se pode deixar de fazer algumas observações. O que, em 1768, se intitula *tratado do riso* não é uma pesquisa densa que guarda uma unidade como a de Joubert, mas o amálgama de três opiniões divergentes, produzidas acidentalmente, sobre a causa do riso. Ao contrário do que sugere o editor, não se trata de *um* movimento analítico, sério e refletido que nos ensine o princípio do riso. Essa "imagem de tratado" que nos é apresentada é logo refutada pelo autor, que se diz um simples intérprete de três discursos ilustres.

Um tratado que não é propriamente um tratado, um debate entre três acadêmicos que pode jamais ter ocorrido e um autor que se esconde enquanto intérprete, eis o que se tem para analisar aqui. Tomo essa obra como um documento particular do estado do pensamento sobre o riso no século XVIII. Ela nos diz que esse pensamento não tinha o estatuto direto que adquiriu em Joubert. Possivelmente o riso só constituía objeto do pensamento de modo virtual e acidental. É o que se pode deduzir de tantos *acasos* nessa história: o acaso que colocou o manuscrito do tratado nas mãos do editor, que permitiu ao autor o feliz encontro na casa de Titon du Tillet e que fez surgir o tema do riso na reunião de letrados. Além disso, esse tratado de 1768 indica que se podia pensar sobre o riso após um passeio no jardim, ao longo de um espetáculo agradável e ilustre, uns discorrendo, outros encantados em ouvir as opiniões de homens célebres. Como nos textos ingleses, o pensamento sobre o riso torna-se legítimo quando obedece às normas refinadas da conversação no *club*.

No que diz respeito ao conteúdo dos três discursos, é interessante verificar que certas premissas e exemplos remontam à Antigüidade e continuam servindo de objeto de discussões. Além da definição do cômico de Aristóteles, reencontramos no tratado de 1768 o problema das cócegas, o riso do diafragma ferido, o riso das crianças após o quadragésimo dia de vida, o fundamento da surpresa, as diferentes espécies de riso (o riso moderado, o imoderado, o sorriso etc.) e o riso de Demócrito, para citar apenas alguns dos temas.

Igualmente notável é o fato de várias questões do tratado de Joubert serem quase que fielmente retomadas. O próprio Joubert não é mencionado, mas pode-se supor que seu tratado fosse conhecido, ou que se conhecesse um outro texto muito próximo ao dele. Assim, por exemplo, no discurso atribuído a Destouches, há uma distinção entre o riso verdadeiro, que nasce da alegria, e o riso forçado, como o provocado pela ferida do diafragma ou pela picada da aranha tarântula, distinção que lembra a classificação de Joubert de riso verdadeiro e riso bastardo. Destouches afirma ainda que as mulheres riem mais do que os homens, os jovens mais do que os velhos e os sangüíneos mais do que os melancólicos. Nesse primeiro discurso há a história de um cardeal moribundo e desenganado pelos médicos, que se salvou graças ao riso suscitado pelas palhaçadas de um macaco, e cujas circunstâncias são muito semelhantes a uma das três histórias contadas por Joubert em seu tratado.

No discurso atribuído a Fontenelle encontram-se outros pontos em comum com o tratado de Joubert. Temos uma longa citação entre aspas, cujo autor não é mencionado, mas que lembra muito a descrição dos acidentes do riso que examinamos no capítulo anterior. E, ao investigar a causa física do riso, Fontenelle também chega à especificidade da ligação entre o pericárdio e o diafragma, mais larga e mais curta no homem do que nos animais, "distinção que é suficiente para justificar os direitos exclusivos do homem à propriedade do riso".[49]

Nos discursos atribuídos a Fontenelle e a Montesquieu fica claro que identificar o princípio *físico* do riso equivale a descobrir sua sede no corpo, que, de acordo com ambos, é o diafragma. As três teses divergem quanto ao princípio *moral* do riso, havendo nesse caso uma diferença importante com relação ao tratado de Joubert. Para Joubert, o coração era a sede tanto da causa *moral* (a paixão de falsa tristeza e falsa alegria) quanto da causa *física* (o movimento alternado de contração e dilatação) do riso. Agora, o princípio físico está restrito ao diafragma e o princípio moral, como veremos, se aproxima mais da desrazão, sem que sua sede seja atribuída ao coração.

Vejamos as divergências acerca do princípio moral do riso. Para fundamentar sua tese da *alegria racional*, Destouches parte de duas premissas: o riso só pode ter seu princípio na alegria, porque é o contrário do choro, mas, como os animais também são capazes de alegria, a alegria do riso deve ser *racional*, por causa da "marca distintiva" que separa o homem dos animais. Os argumentos usados para sustentar essa tese são, entretanto, bastante confusos. Destouches tenta corroborar o princípio da alegria *racional* provando que *não* rimos quando estamos sós e raciocinando porque a razão tem, então, mais poder. Por trás dessa incoerência, repousa, na verdade, o problema da relação do riso com a razão — dilema central também nos outros dois discursos.

O discurso atribuído a Fontenelle começa com a crítica à tese de Destouches. Se a alegria fosse o princípio do riso, diz Fontenelle, por que "todos os filósofos" teriam rejeitado essa causa unanimemente? A distinção entre alegria simples e alegria racional seria um subterfúgio. "A alegria é um movimento por demais repentino, e a erupção do riso é por demais brusca" para que possamos atribuir suas causas "aos procedimentos tardios e circunspectos do julgamento."[50] É certo, continua Fontenelle, que "em algumas ocasiões particulares" o riso tem lugar "quando a razão o aprova, em virtude do exame mais ou menos exato que ela faz de seus motivos", mas há várias ocasiões em que rimos sem a aprovação da razão. Como não podemos aceitar "que uma coisa possa ao mesmo tempo ser e não ser", é preciso optar entre a participação, ou não, da razão no riso.

Fontenelle opta pela segunda: o princípio do riso é, para ele, a loucura (*folie*). "Reconheço", diz, "que será duro para os partidários de Demócrito serem obrigados a crer, com os abderianos, que esse sábio não era senão um louco." A argumentação se funda, primeiramente, nos efeitos físicos do riso: as caretas, os sons inarticulados, a "convulsão universal da máquina" por causa de um "objeto na maior parte do tempo desprezível" mostram a relação entre o riso e a loucura. Além disso, como explicar a vertigem que nos transporta ora da melancolia à alegria, ora do desespero à felicidade? O exemplo do homem solitário também é invocado:

> O homem raramente ri quando se acha só, estando então mais recolhido e mais aplicado a consultar o oráculo de sua razão. Mas um objeto imprevisto, ou alguma idéia solta vindo a distraí-lo, *o nervo da atenção relaxa, a razão se afasta, o riso escapa*; e essa comoção sensível dos órgãos não é outra coisa senão uma seqüência externa da desordem íntima e da *desorientação secreta do princípio inteligente*.

E eis que encontramos uma referência aos "índios", esse modelo longínquo da dignidade humana fundado numa gravidade quase imaculada:

> É por isso que os índios que pensam e refletem muito fazem uma espécie de voto de jamais rir. Se algumas vezes essa infelicidade lhes ocorre, eles ficam inteiramente contritos e permanecem confusos, como se tivessem cometido um ato de *demência*. Esses filósofos soberbos não pecam senão pela opinião muito elevada que têm da dignidade do homem e por não terem observado

que a influência do julgamento não é menos intermitente em nós que o sopro e a respiração.

À semelhança do eclipse do "anel mutante de Saturno", diz Fontenelle em seguida, "o riso é um *eclipse de julgamento*". Note-se que aparece novamente a equivalência entre pensamento e respiração: os filósofos índios, que vêem no riso um ato de demência, só não observam que o julgamento, como a respiração, está sujeito a intervalos.

Que o riso tenha sua fonte na loucura é ainda demonstrado pelo fato de rirmos sem motivo, a contragosto, e mesmo das coisas cuja reflexão nos aflige. E para os casos em que a razão aparentemente está de acordo com o riso (as circunstâncias nas quais ele parece "decente, apropriado, conveniente e mesmo judicioso"), o autor também tem uma solução: não pode ocorrer que o amor-próprio nos faça pensar que o riso é razoável? Finalmente, entre os argumentos em favor da tese da loucura, encontra-se a história de Zeuxis, que morreu de rir contemplando a mulher que ele mesmo havia pintado, e a de Philémon, que morreu vendo seu asno beber vinho, ambos casos relatados por Joubert. Segundo Fontenelle, esses seriam exemplos do riso como "loucura real", enquanto, geralmente, é apenas um "sintoma passageiro de desrazão".

O discurso atribuído a Montesquieu começa com a crítica aos princípios defendidos por seus dois predecessores, incapazes de explicar todos os tipos de riso. A "verdadeira origem do riso", o princípio que engloba e concilia todas as circunstâncias que o suscitam é, para Montesquieu, a paixão do orgulho (*orgueil*):

> O princípio moral do riso consiste em certas cócegas no amor-próprio. Observem, contudo, que por essa última palavra não entendo esse amor por nós mesmos, esse interesse pessoal que faz cada criatura cuidar de sua conservação, mas o movimento presunçoso que nasce de uma comparação orgulhosa; em uma palavra, aquilo que todo mundo entende pelas expressões de vaidade e de orgulho.[51]

Estamos no terreno do riso de Hobbes, que, no entanto, não é citado.

Montesquieu crê que sua tese pode "se conciliar" com as circunstâncias da loucura e da alegria, porque, de um lado, o orgulho é uma fraqueza que toca de perto o engano da razão e, de outro, o orgulho que excita o riso é quase sempre acompanhado de prazer. Disso resulta que "o riso deve seu nascimento a essa espécie de engano da razão que denominamos orgulho, misturada, geralmente, com uma sensação agradável, e mesmo com certa alegria".

A combinação de orgulho, loucura e alegria na produção do riso é explicada com tal precisão que faz lembrar as descrições de Descartes sobre as transformações fisiológicas na afecção do riso. Em vez do baço, do fígado e dos pulmões, são o amor-próprio, o julgamento e a alegria que se sucedem em uma ordem específica para desencadear o riso:

> O amor-próprio só é retido em nós pela presença do julgamento, que se lhe impõe, e por essa atenção séria que todo homem sensato deve ter de prestar contas a si mesmo dos movimentos de sua alma. Então nosso orgulho está em estado de constrangimento e de embaraço. Ele sofre, ele se observa, ele não ousa ainda se expandir em liberdade; mas a alegria, vindo perturbar o equilíbrio da razão, rompe ao mesmo tempo todos os obstáculos do amor-próprio. O espírito logo alça vôo e se abandona a essa licença desenfreada, a essa petulância vizinha do insulto que determinam o riso.

Tentemos compreender. Nas situações normais e sérias, nosso amor-próprio permanece controlado pela razão, que impede a vaidade. Quando a alegria perturba esse equilíbrio, ela rompe o freio que prendia o amor-próprio (essa espécie de loucura, de engano da razão) e o espírito liberado se abandona à petulância que determina o riso. É assim que os três ingredientes concorrem para desencadear o riso. Uma precisão semelhante sobressai do discurso de Fontenelle: o nervo da atenção se distrai por um objeto imprevisto ou por um pensamento solto. A descrição do "circuito do riso" desloca-se da concretude *física*, como a que encontramos em Joubert e em Descartes, para uma concretude *moral*.

Quanto ao risível, apenas o discurso atribuído a Montesquieu procura defini-lo. Há, nos objetos do riso, uma qualidade semelhante à da definição de Aristóteles, diz Montesquieu; não se trata propriamente da "deformidade sem dor", e sim da "inferioridade aparente desses objetos em relação a nós; de modo que, ao nos depararmos com eles, não conseguimos impedir um sentimento involuntário de comparação orgulhosa".

A inferioridade do objeto do riso é demonstrada por meio de vários exemplos: a comparação orgulhosa explica o sorriso de uma mãe afetuosa à vista de seu filho; explica o riso por "triunfo do amor-próprio", quando nos achamos superiores a nós mesmos, e explica o riso dos atos ou ditos engraçados de outrem, porque "uma vaidade secreta nos faz achar vantajoso para nós aprová-los".

O riso das crianças também é prova de orgulho: quando uma criada contraria uma criança, seu orgulho se revolta e ela chora, mas basta fingir que repreendemos a criada para que a criança se acalme, fique orgulhosa e sorria. A criança ri (após o quadragésimo dia de vida) porque o orgulho está presente nela desde que nasce: "o homem nasce com o orgulho, e (...) essa paixão terá maior império sobre ele quanto menos uso da razão ele fizer". Sendo antes uma "doença da razão" do que uma "propriedade do julgamento", o orgulho não aguarda que a criança tenha desenvolvido perfeitamente a inteligência.

O princípio do orgulho, incluindo sua combinação com a alegria e a ausência de razão, é, portanto, intrínseco à natureza humana. Com efeito, no início do discurso atribuído a Montesquieu, somos informados de que o *amor-próprio refletido* (*amour-propre réfléchi*) é o princípio que nos distingue moralmente dos animais e, conseqüentemente, o que nos capacita a rir:

> Se alguém perguntar por que, de todos os animais, o homem é o único que ri, responderei que é porque somente ele partilha tanto a organização própria ao riso [isto é, o "princípio físico" da ligação entre o pericárdio e o diafragma[52]] quanto o princípio moral do qual o riso é produzido; quero dizer que só o homem é constituído dessa maneira privilegiada, e que ele é o único ser suscetível desse amor-próprio refletido, desse retorno presunçoso sobre ele mesmo, que freqüentemente lhe faz cócegas até a convulsão.

Que se trate aqui do amor-próprio *refletido* resulta do fato de sermos "seres racionais":

> Estarei sempre de acordo que a razão influi sempre, com pouca diferença, sobre todos os movimentos do ser racional, e conseqüentemente sobre o riso, faculdade pessoal e particular à espécie humana.

Mais uma vez estamos diante da relação entre riso e razão. De um lado, o amor-próprio é uma doença da razão que não espera o desenvolvimento da inteligência na criança; de outro, é refletido porque particular à espécie humana. Pode-se dizer que esse é o problema central dos três discursos do tratado: como conciliar o "próprio do homem", um ato de desrazão, com o fato de o homem ser *racional* por excelência? Destouches e Montesquieu tentam resolvê-lo introduzindo um princípio "racional" ou "refletido" para o riso. Já Fontenelle opta pela loucura. Desse ponto de vista, as três teses não são de modo algum antagônicas; todas elas qualificam o riso como ato de desrazão. Para Destouches, rimos porque a faculdade inteligente não age com todo o seu poder. Para Fontenelle, rimos porque há um eclipse momentâneo do julgamento. Para Montesquieu, enfim, a alegria tem o poder de perturbar a razão, de modo a liberar o riso.

O tratado de 1768 se encerra com a última frase do discurso atribuído a Montesquieu: "O amor-próprio adulado é, pois, em todos os casos, a fonte escondida, o motivo constante, em uma palavra, o princípio físico e moral do riso". Essas palavras são sintomáticas para o conjunto da obra: no impulso final, o autor faz equivaler o que antes era distinto — os princípios físico e moral do riso — e a frase de estilo declamatório torna-se vazia de sentido. Essa "rarefação de sentido" é característica de todo o tratado: no final das contas, a busca da causa do riso não passa de um combate oratório e erudito, cujo resultado pouco importa.

* * *

Nos textos dos séculos XVII e XVIII, o pensamento sobre o riso tem um estatuto algo duvidoso (não raro escreve-se sob pseudônimo ou sob a proteção do anonimato) e se dá de modo fragmentado. Cada enunciado sobre o riso parece de antemão passageiro, porque pode ser refutado em seguida, seja no mesmo texto, seja por críticas e comentários posteriores. Pode-se falar, portanto, de um caráter efêmero de toda explicação teórica do período, sendo o exemplo mais explícito o *Tratado do riso*.

Observa-se, por outro lado, que o fundamento da *natureza* sobressai constantemente dos textos analisados. O pensamento sobre o riso é condicionado a certa idéia da natureza humana e da natureza das coisas, bastando conhecer essa natureza para conhecer a essência do riso e do risível. Em Hobbes e nos três discursos do *Tratado do riso*, a paixão ou o princípio moral do riso são identificados em função daquilo que seria específico ao homem, seja a concepção de honra ou de poder que fundamenta sua natureza social e política, seja a faculdade da razão, ou ainda o eclipse do julgamento. Em Shaftesbury e em Hutcheson, quando se trata de defender a utilidade do riso e do "ridículo", somos informados de que o homem sensato e digno tem um senso natural da verdade e, conseqüentemente, do ridículo. O "ridículo" é definido a partir de uma ordem natural das coisas — a ordem que o torna "naturalmente" sem efeito quando é mal aplicado.

O objeto principal de todos os textos não é o riso ou o risível, mas o fundamento prévio da natureza, em relação ao qual o riso e o risível são definidos, e isso parece compensar a ausência de unidade no que concerne aos enunciados sobre o riso.

As últimas palavras do ensaio de Beattie são um exemplo bastante claro desse pensamento disperso, que se constitui apenas na medida em que o que está em jogo é o fundamento da natureza. Eis como ele encerra seu ensaio *sobre o riso*:

> A influência da verdadeira religião na sociedade humanizada e na conversação refinada é de fato muito grande. E se é assim, não posso, conseqüentemente, com meu presente plano, omiti-la. Tampouco é possível, a meu ver, para um filósofo, a menos que esteja cego pela ignorância, imobilizado pela timidez, ou desviado pelo preconceito, entrar em qualquer investigação relativa tanto à moral quanto às maneiras sem pagar algum tributo de louvor a essa Divina Instituição.[53]

Trocando em miúdos: não é possível falar do que quer que seja, inclusive do riso, sem render tributo à verdadeira religião e à verdadeira moral, aos fundamentos da conversação e da sociedade e à natureza humana. Lembremos que Shaftesbury também levou a discussão sobre o ridículo para o senso comum em moral e em política.

A natureza, para esses autores, não é a mesma do tratado de Joubert, que englobava a alma, Deus e as possibilidades ilimitadas de tudo o que existe. Ela agora regulamenta o mundo, não por seu caráter maravilhoso, mas por concordar com uma ordem prévia — política, religiosa e social —, somente acessível aos homens "de senso". Em vez da ausência de piedade ou de dano do tratado de Joubert, é o senso — comum, moral e político — do homem sensato que determina dentro de que limites éticos o riso é permitido. O homem de senso ri sobretudo dos contrastes ou das incongruências *naturalmente* risíveis. Não ri *da deformidade*, porque as fraquezas de outrem não lhe dão prazer. Ou por outra: só ri da deformidade quando esse riso é necessário e útil — para corrigir os falsos entusiasmos, as paixões exacerbadas, os pequenos vícios, em suma, para reajustar o mundo à ordem da "natureza" e da "verdade". Esse riso é o que seculariza o mundo (os entusiasmos, as superstições), em oposição ao riso do mundo maravilhoso de Joubert.

Em Joubert, a ausência de dor ou de destruição era um critério absoluto. Agora, o novo parâmetro de legitimidade do riso tem a ver com os costumes de uma nação e depende, no final das contas, de um gosto elevado da dignidade e da beleza, proporcional ao grau de organização política.

No início deste capítulo, sugeri que o exemplo dos índios da América punha em questão o "próprio do homem". Na obra de K. F. Flögel, *História da literatura cômica* (1784), há uma interpretação interessante a respeito. O homem na "infância da humanidade", assim como o selvagem, diz Flögel, ocupava-se com suas necessidades vitais e não tinha nem a matéria nem a oportunidade para atingir o "cômico desenvolvido". Pode-se supor, diz ele, que nos momentos de ócio, esse homem tivesse gosto pelas formas rústicas e arcaicas do risível, como a bufonaria, as caretas, a farsa e a sátira. Mas o cômico do contraste, aquele que alarga o conhecimento e funda a essência do prazer cômico, só seria possível com o advento da sociedade burguesa. Nessa época refinada, os desejos dos homens não se reduzem mais às necessidades vitais, voltando-se para a comodidade e a superficialidade. Aparecem novos caracteres, as modas, uma pluralidade de artes e de instrumentos, novos desvios em relação à regra original da beleza e da virtude, raras combinações entre elementos opostos — em suma, o material superficial dá origem ao cômico, e os costumes estão maduros para a zombaria e a sátira.

Essa interpretação da história do risível não é propriamente nova: há uma tese muito semelhante no ensaio de Beattie, que Flögel chega a resumir em seu livro. Para Beattie, o estado mais avançado da "escrita cômica" é atingido sob a monarquia (a monarquia inglesa, evidentemente), que permite uma diversidade de caracteres, um refinamento do risível, uma "polidez generalizada" etc. Os selvagens de Beattie também não riem, seja porque são violentos por temperamento, seja porque vivem ainda em um estado de necessidade incompatível com as formas elevadas do humor.

À semelhança da abordagem de Shaftesbury, a definição do cômico legítimo é vinculada à evolução da organização social e política. O interessante, em Flögel e em Beattie, é o fato de o grau avançado do cômico — lá onde sua essência pode desenvolver-se plenamente — pressupor a ruptura com o estado de natureza, como se o cômico fosse, por natureza, um produto da cultura e, portanto, não especificamente "próprio do homem". Vinculando-se essa interpretação ao exemplo dos índios da América, verifica-se que, para certos autores, quando se trata de refletir sobre o riso e o risível, é a exclusividade européia que está em causa. Como esta serve de padrão para se definir uma *natureza* do riso e do risível, ou os índios não riem porque lhes falta o atributo humano que funda o princípio do riso (a vaidade e o desprezo, para Monboddo; o eclipse do julgamento, para Fontenelle), ou seu cômico ainda é rudimentar porque não dispõem do "excedente da cultura". Enquanto os homens sem boca de Montaigne não riam em razão de uma impossibilidade *física*, os índios da América não riem porque lhes faltam as condições *políticas* européias.

NOTAS

1. Schalk, 1977:177.
2. Ver R.B. Martin, 1974:25; e Preisendanz, 1977:53.
3. Os autores são unânimes em afirmar que a transformação da palavra *humor*, originariamente inserida na doutrina dos *humores* de Galeno, remonta a duas comédias de Ben Johnson: *Every man in his humour* (1598) e *Every man out of his humour* (1599). A partir dessas peças, *humor* teria passado a designar o comportamento fora do comum, extravagante e excêntrico do qual se ria. Em um primeiro momento, humorista seria aquele que tinha comportamento extravagante; mais tarde, a partir de meados do século XVIII, notar-se-ia uma valorização do *man of humour* — aquele que agia conscientemente de modo extravagante. Sobre o assunto, ver Escarpit, 1981; R.B. Martin, 1974; Preisendanz, 1976 e 1977, além do próprio Tave, 1960.
4. Ver Tave, 1960:169-70, e Preisendanz, 1977:55.

5. As diferenças nacionais são assunto recorrente nos próprios textos da época: discutem-se as diferenças da propensão a rir e as especificidades cômicas de cada nacionalidade. Ver, por exemplo, Rapin, 1970:115; e Flögel, 1976, v. 1, p. 130-7.

6. Montesquieu, 1949, v. 1, 1.200, 1.202. Nas referências a *Meus pensamentos*, remeto à numeração dos fragmentos da edição aqui consultada. O conjunto de fragmentos foi publicado pela primeira vez em dois volumes, em 1899 e 1901, mais de um século após a morte de Montesquieu, em 1755.

7. Apud Schalk, 1977:177.

8. *Enciclopédia*, p. 287, grifos meus.

9. Molière, 1971:28-9.

10. Monboddo, 1973:194-8.

11. Segundo Emile Bréhier, *Natureza humana* foi escrita antes da publicação do *Leviatã* e data de 1640 aproximadamente (Bréhier, 1983:127). A comparação dos dois parágrafos confirma essa ordem, porque o do *Leviatã* abre com a definição da paixão do riso, que, em *Natureza humana*, só aparece ao final.

12. Descartes, 1973, art. 52; ver também art. 23.

13. Hobbes, 1966, v. 4, p. 34-5.

14. Não só para Hobbes, mas, ao que parece, também para Descartes: "(...) a fim de colocá-las [as paixões] em ordem, distingo os tempos e, considerando que elas nos levam a olhar o futuro muito mais do que o presente, ou o passado, começo pelo desejo" (Descartes, 1973, art. 57).

15. Para esta citação e as seguintes, ver Hobbes, 1966, v. 4, p. 35-8 e 45-7.

16. Ver, por exemplo, Tave, 1960:69; e Martin, 1974:18.

17. Para esta citação e a seguinte, ver Hobbes, 1966, v. 3, p. 46.

18. Plessner fala de um "caráter eruptivo" do riso e do choro que se assemelha em muito à subitaneidade destacada por Hobbes (Plessner, 1970:31). A única diferença seria que o riso e o choro, para Plessner, não *sign*ificam paixões, e sim a emancipação do corpo, que responde em lugar da pessoa.

19. Ver a introdução de Stanley Grean a *Características* (Shaftesbury, 1964).

20. Ibid.; Aldridge, 1945, e R.B. Martin, 1974. Sobre a controvérsia, ver ainda Tave, 1960. Segundo Martin, a controvérsia repercutiu até meados do século XIX na Inglaterra, em autores como Carlyle (1829), L. Stephen (1876) e J. Sully (1877).

21. As palavras "entusiasmo" e "entusiástico" tinham normalmente o significado de "fanatismo" e "fanático" nos séculos XVII e XVIII, mas Shaftesbury também as usa em sentido positivo (ver Shaftesbury, 1964:37). A expressão "falso entusiasmo" é usada aqui como a acepção negativa da palavra. Segundo S. Grean, o "falso entusiasmo" era considerado produto da perturbação da imaginação, enquanto o entusiasmo verdadeiro consistia em um ato da imaginação regulado pela razão, pelo qual se atingia um nível elevado e intuitivo da verdade. Ver a introdução à edição de *Características* (Shaftesbury, 1964).

22. Shaftesbury, 1964:21.

23. Burton, 1977, parte 1, p. 48-9 e 54.

24. Shaftesbury, 1964:24-5.

25. Burton, 1977, parte 2, p. 119.

26. Para esta citação e as seguintes, ver Shaftesbury, 1964:44, 51-2, 49 e 52.

27. Ver a nota de John Robertson, que editou as *Características* de Shaftesbury em 1900 (Shaftesbury, 1964:52); e Aldridge, 1945:132.

28. Para esta citação e as seguintes, ver Shaftesbury, 1964:53, 54 e 63.

29. Leibniz, 1965:424.

30. Para esta citação e a seguinte, ver Shaftesbury, 1964:73-4 e 94.

31. Apud Tave, 1960:30.

32. A coleção de ensaios foi reeditada em 1734. Em 1750, após a morte de Hutcheson, os três artigos sobre o riso são publicados em Glasgow, sob o título *Reflexões sobre o riso*. Eles reaparecem em 1758 como *Pensamentos sobre o riso* e em 1772 são incluídos em uma edição póstuma das *Cartas entre o falecido Mr. Gilbert Burnet e Mr. Huthinson*. A edição aqui consultada é a de 1729.

33. Tave, 1960:55-6.

34. Para as menções a esses autores, ver Hutcheson, 1971:102, 105, 107, 108 e 110.

35. Ver o apêndice à edição aqui consultada.

36. Hutcheson, 1971:101.

37. Ibid., p. 107.

38. Tave, 1960:57.

39. Para esta citação e as seguintes, ver Hutcheson, 1971:108-9, 114-6, 118-9 e 121-4.

40. Tave, 1960:79.

41. Beattie, 1975:682.

42. *Enciclopédia*, 1967:287.

43. Provavelmente Philippe Néricault Destouches (1680-1754), autor de diversas comédias. Há um discurso de recepção a Destouches na Academia Francesa, pronunciado por Fontenelle (1657-1757) em 1723 (ver Fontenelle, 1968, v. 1, p. 537-40). Montesquieu (1689-1755) também fala do dramaturgo em *Meus pensamentos*, afirmando que suas peças são inferiores às de Molière (1949, 822).

44. Ver Flögel, 1976:31 e 53; e Schopenhauer, 1977, v. 2, p. 109. Na reimpressão do tratado pela editora Slatkine Reprints (Genebra), Poinsinet de Sivry figura como autor. Segundo a própria editora, a identificação do autor teve como base duas fontes bibliográficas que atribuem o tratado ou a Poinsinet de Sivry, ou a Dreux du Radier. Ambos parecem ter sido autores bastante insignificantes. Louis Poinsinet de Sivry (1733-1804) escreveu, entre outras, uma tragédia intitulada *Briséis* (1759) e traduziu obras gregas. Jean François Dreux du Radier (1714-80) foi autor, entre outros, de um ensaio sobre as lanternas (1755), de uma história literária do Poitou e das *Memórias históricas, críticas e anedotas das rainhas e regentes da França* (1776).

45. Provavelmente Évrard Titon du Tillet (1677-1762), autor dos *Essais sur les honneurs et sur les monuments accordés aux illustres savants, pendant la suite des siècles* (1731) e das *Descriptions du parnasse françois* (1732).

46. Para esta e as próximas citações, ver [Poinsinet de Sivry], 1970:10-3.

47. Nas obras de Destouches, Fontenelle e Montesquieu não se encontram estudos sobre o riso. Afora os fragmentos de *Meus pensamentos*, não conheço nenhum texto de Montesquieu exclusivamente voltado para o riso ou que tenha semelhanças com o discurso que lhe é atribuído. Fontenelle aborda a questão do riso no diálogo entre Sêneca e Scarron em *Dialogues des morts anciens avec les modernes*, mas não há, nele, correspondências com o discurso que lhe é atribuído no tratado de 1768. A obra de Destouches limita-se a peças de comédia.

48. Poinsinet de Sivry tinha 21 anos em 1754. Se ele é o autor do tratado, o colóquio deve datar do início dos anos 1750, porque antes disso ainda seria muito jovem. O mais provável é que o autor seja Dreux du Radier, que tinha 40 anos quando da morte de Destouches.

49. [Poinsinet de Sivry], 1970:53-6.

50. Para esta citação e as seguintes, ibid., p. 46-8, 70, 64, 66-7 e 75; grifos meus.

51. Para esta citação e as seguintes, ibid., p. 84-5, 93, 96-7, 110-7, 101, 89 e 134.

52. "Organização" e "princípio físico" são expressões equivalentes nesse tratado (ibid., p. 56).

53. Beattie, 1975:705.

capítulo 5

Riso e "entendimento" nos séculos XVIII e XIX

Na *História da literatura cômica*, de Flögel, encontramos a seguinte passagem:

> Estou muito mais convencido de que o motivo principal de nosso prazer no risível reside na inclinação fundamental em alargar a perfeição de nossas idéias. E esse motivo diz respeito não a um só tipo de risível, como o pretendido motivo do orgulho, e sim a todos os tipos. Os principais ingredientes do risível são (...) o novo, o inesperado, o surpreendente, o especial, o raro e o maravilhoso. O poder irresistível com que todas essas coisas atuam sobre o espírito de um homem que (...) admira as criações de Deus, para com elas aprender e para afiar seu entendimento em outras, pode-se aprender em todos os compêndios das belas letras.[1]

Observa-se que o modo de pensar o riso sofre um deslocamento significativo: o risível entra no domínio do entendimento como instrumento de seu alargamento. A obra de Flögel data de 1784/85 e é anterior ao volume da obra de Monboddo (1792) que contém o extrato transcrito no capítulo 4. Para Monboddo o riso é um fenômeno antes negativo; seu objeto é a vaidade e sua paixão, o desprezo. O fato de encontrarmos, no fim do século XVIII, duas explicações tão diferentes para a fonte do riso mostra bem que as possíveis rupturas na história do pensamento sobre o riso não obedecem a precisões cronológicas. Se, para Flögel, o prazer cômico vem do alargamento do conhecimento, para Monboddo, aproximadamente oito anos depois, deveríamos antes recusar-nos a rir, como fazem os índios. Neste capítulo, veremos como a questão do riso penetra no domínio do entendimento, sem esquecer, porém, que ele também existe fora desse universo.

Essa inserção do riso no terreno do entendimento não corresponde evidentemente ao desafio enfrentado por Joubert, que era pensar o riso como *objeto* passível de ser apreendido pelo entendimento. Agora, trata-se de pensá-lo como *vinculado* à atividade do entendimento. Isso fica mais claro em contraste com os ensaios de Shaftesbury, nos quais a relação entre o riso e o pensamento já sobressaía, mas para denunciar a falsidade. Entre o "ridículo" e a "verdade" havia, para Shaftesbury, uma relação de exclusão; agora o risível será capaz de alargar o conhecimento, como se não fosse mais incompatível com a verdade. Alguns exemplos dessa transformação encontram-se no estudo de Robert B. Martin (1974) que trata das teorias do cômico na crítica literária da Inglaterra vitoriana e acompanha as transformações que culminariam, no fim do século XIX, com o triunfo do *wit*, isto é, do intelecto como fundamento do risível.

Mas essa mudança de perspectiva com relação ao risível não é simples. Mesmo o exemplo de Flögel não está isento de nuanças importantes: se, de um lado, o contraste cômico permite o alargamento do conhecimento, de outro, no entanto, Flögel exclui (como Hutcheson) dos objetos passíveis de serem ridicularizados aqueles cuja perfeição absoluta impede o contraste ou o germe do ridículo: Deus, a religião, a verdade e a virtude. "Verdade é harmonia e concordância consigo mesmo; como poderia ela conter um contraste ou a rima do risível (*Lächerlichen*)?"[2] Somente a falsa verdade, como a moda, os costumes, a superstição e a impostura, é suscetível de risível e, nesse sentido, os fundamentos de Flögel remetem novamente à oposição de Shaftesbury: o "ridículo" *é* somente lá onde não há verdade.

Schopenhauer defende uma fórmula semelhante quando define o sério: o risível se opõe ao sério porque este último pressupõe a congruência perfeita entre o pensamento e a realidade. Mas aquilo que, para Flögel, era ainda uma instância prévia e, por natureza, harmoniosa, para Schopenhauer é a representação do mundo por conceito. Assim, se o risível se opõe ao sério, isso não significa que se oponha àquilo que é.

O ingresso da questão do riso no terreno do entendimento não é, pois, linear. Em geral se manifesta através da explicação do riso pelo contraste ou pela incongruência, explicação que parece ganhar o século XIX, apesar de algumas exceções importantes. Porém, ainda aqui é preciso seguir com cuidado.

A maior parte dos textos fala do contraste entre *idéias* ou *objetos* (o contraste que já conhecemos desde Hutcheson), embora não esteja mais necessariamente ligado à oposição entre idéias ou objetos nobres e baixos. Para Flögel, por exemplo: "O risível se constitui seja da simples junção de coisas, idéias, discursos ou atos heterogêneos, seja de sua conexão".[3] No estudo de R. B. Martin também há exemplos desse tipo de incongruência. Sidney Smith teria falado de relações entre *fatos* em seus textos publicados postumamente em 1850, e Isaac Tuxton, de relações entre *idéias*.[4]

Já nas teorias de Jean Paul e de Schopenhauer que analisaremos neste capítulo, o contraste não se estabelece entre coisas, mas a partir da instância do sujeito do entendimento. Jean Paul afirma claramente que o contraste cômico não se situa nos objetos, que o cômico está no sujeito. E Schopenhauer localiza a fonte do riso no contraste entre as duas representações pelas quais o mundo *é* — a abstrata e a concreta.

Essa mudança no modo de pensar o riso está ligada ao advento de duas abordagens filosóficas da virada dos séculos XVIII e XIX: a estética, e a filosofia de Kant. No que concerne à estética, o principal exemplo é a teoria de Jean Paul, para quem o risível é o oposto do sublime. Também é digna de nota a ênfase no *prazer* suscitado pelo objeto risível como forma de apreender a especificidade do riso, já que até aqui procurava-se sobretudo a *paixão* ou o *princípio* do riso. É certo que essa paixão era freqüentemente relacionada à alegria, a uma afecção prazerosa, ou ainda a um prazer misturado com dor. Mas agora trata-se de um prazer (estético) de que se parte *a priori*, para saber qual é sua fonte.

No tocante à filosofia de Kant, pode-se reconhecer nos textos um deslocamento da incongruência risível da esfera das coisas para a esfera determinada pelo sujeito do entendimento. Schopenhauer não pára, aliás, de render tributo a Kant em seu *O mundo como vontade e representação*, cuja leitura exige, segundo ele, o conhecimento da filosofia kantiana. O próprio Kant dedicou algumas páginas ao riso, inclusive uma definição, mas é interessante que sua teoria seja criticada tanto por Jean Paul quanto por Schopenhauer. Curiosamente, o prazer do risível na teoria de Kant não tem sua fonte no entendimento, mas em um sentimento de saúde do corpo, que resulta justamente de um grau zero de entendimento.

As teorias de Kant (1790), Jean Paul (1804 e 1812) e Schopenhauer (1818 e 1844) têm bastante proximidade com algumas formas de pensar o riso recorrentes em textos do século XX, seja porque o objeto do riso marca os limites do pensamento, seja porque a incongruência risível pode nos levar a uma realidade "mais real" que a da congruência séria. O mais importante com relação a essas teorias, contudo, é o fato de, nelas, o pensamento sobre o riso estar diretamente relacionado ao pensamento sobre o pensamento. Nesse particular, não podemos esquecer o riso de Nietzsche, essencial à filosofia, que também faz parte das produções do século XIX (a *Gaia ciência* tendo sido publicada pela primeira vez em 1882), mas que não será objeto deste capítulo.

Outra vertente teórica que sobressai das formulações sobre o riso do século XIX é a das explicações fisiológicas de Spencer (1860) e Darwin (1872). Ela interessa aqui na medida em que se pode aproximá-la da metáfora do "curto-circuito", já observada em Freud e em Lévi-Strauss. Se estes últimos falam, respectivamente, de um excesso de energia psíquica e de atividade simbólica, veremos que Spencer explica o riso por um excedente de energia nervosa, no que é seguido por Darwin. Além disso, as explicações de Kant e de Spencer, apesar de suas diferenças significativas, parecem atribuir um mesmo percurso ao desencadeamento do riso.

Analisaremos ainda neste capítulo a teoria de Bergson (1899), que constitui um caso à parte em relação às teorias que relacionam o riso e o entendimento, estando mais próxima dos textos discutidos no capítulo 4, já que o objeto do riso, para ele, consiste num desvio do que é dado por natureza.

O limite do entendimento e o advento do riso em Kant

Pelo menos desde Cícero — se não antes, desde o *Tractatus Coislinianus* —, o inesperado, a surpresa, a frustração da expectativa e a subitaneidade aparecem freqüentemente ligados ao advento do riso, como se fossem os principais "ingredientes" do risível. Nem é preciso recuar tanto para reconhecer a importância desses fatores. Para Hobbes, por exemplo, o atributo da subitaneidade é o traço distintivo da paixão do riso.

A teoria do riso de Kant não constitui exceção nesse conjunto: o riso, para ele, "é uma afecção proveniente da transformação súbita de uma expectativa tensionada em nada".[5] Essa definição, encontrada no §54 da *Crítica da faculdade de julgar*, é bastante citada em textos contemporâneos. Em geral, no entanto, os autores limitam-se a transcrever a frase de Kant, sem relacioná-la à discussão que a envolve, como se seu conteúdo já fosse suficientemente enigmático e, por isso, prescindisse de explicações. Além disso, na maioria dos textos que remetem à definição de Kant, o início da frase — o fato de o riso ser uma *afecção* — é negligenciado em virtude da atração exercida pela outra metade da definição — a que trata da transformação da expectativa em *nada*. Examinando, porém, o texto de Kant, observamos que a definição do riso como afecção, longe de ser acidental, é conseqüência das reflexões precedentes.

O §54 da *Crítica da faculdade de julgar* situa-se na discussão sobre o julgamento do belo e tem por título o termo "Observação". Trata-se justamente de uma observação sobre dois objetos que não são *belos* (*schön*), mas *agradáveis* (*angenehm*): a matéria do riso e a música. A diferença entre o belo e o agradável, que ocupa um bom tanto da primeira parte da obra, dedicada à crítica do julgamento estético, desdobra-se na diferença entre dois verbos: o que é agradável regozija (*vergnügt*) e o que é belo apraz (*gefällt*).

O regozijo é pessoal e ligado ao interesse, enquanto o prazer é geral e sempre desinteressado. O belo é o que apraz e impõe um *julgamento*, enquanto o agradável diz respeito somente à sensação (*Empfindung*) privada. Se alguma coisa apraz ou não, isso é o mesmo que aprová-la ou desaprová-la: o julgamento do belo prende-se à *razão*. Se, contudo, experimentamos alguma coisa como agradável ou desagradável, não há julgamento, mas simplesmente sentimento (*Gefühl*). Nesse sentido, nem a matéria do riso nem a música têm a ver com a razão; elas só suscitam sensações agradáveis.

Convém notar a inserção do pensamento sobre o riso no domínio da estética: é o *efeito estético* da matéria do riso que define aqui o risível, efeito que não é o do belo, que apraz ao julgamento, e sim o do agradável, que regozija a sensação. O interesse principal de Kant nesse §54 é saber por que, ou como, o risível regozija. Tanto a matéria do riso quanto a música suscitam, segundo ele, o jogo livre das sensações que não têm nenhum objetivo por fundamento. Elas são duas formas de jogo com idéias estéticas, ou ainda com representações do entendimento (*Verstandesvorstellungen*), ao fim das quais nada é pensado e que podem agradar somente por sua mudança. Esse jogo livre e mutante das sensações regozija porque propicia o sentimento de saúde. Para Kant, o regozijo (*Vergnügen*) que experimentamos na música e no risível é exclusivamente corporal. Não é, diz ele, o *julgamento* da harmonia ou das idéias de um chiste que suscita o prazer, mas a *afecção* que, no corpo, coloca em movimento as entranhas e o diafragma, promovendo o sentimento de saúde.

A descrição desse processo limita-se ao caso da matéria do riso (a música tem peso secundário em todo o parágrafo). Na piada (*Scherz*), diz Kant, o jogo começa com pensamentos (*Gedanken*), que também ocupam o corpo, na medida em que querem exprimir certo sentido. Quando o entendimento (*Verstand*) não encontra o que esperava, ele subitamente relaxa — relaxamento cujos efeitos sentimos no corpo através da vibração dos órgãos, a qual promove seu equilíbrio e influi positivamente sobre a saúde. O prazer do risível vem, então, do sentimento de saúde suscitado pelo relaxamento súbito do entendimento, quando ele não encontra o que esperava. Como o corpo já estava ocupado antes da frustração da expectativa, ele também sofre os efeitos do relaxamento.

Cumpre notar que a transformação da expectativa em *nada* é compensada, em Kant, pela produção de um *mais* em *afecção*, que põe em movimento as entranhas e o diafragma. Não há, portanto, no riso nem julgamento nem entendimento: o único canal ainda aberto para o escoamento da expectativa frustrada é a afecção que põe em movimento o corpo.

A solução de Kant é dada por exclusão. Primeiro, o prazer do risível não pode ser um prazer do julgamento, porque o risível faz parte das artes agradáveis e seu regozijo *não concerne à razão*. Segundo, o prazer do risível não pode ser um prazer do entendimento, porque, de um lado, o jogo com as idéias se desenvolve de tal forma que, ao seu final, *nada é pensado* e, de outro, o entendimento não pode encontrar prazer na contradição necessariamente presente em tudo o que nos leva a um riso vivo. Só resta como causa do prazer do risível o efeito do jogo das idéias sobre o corpo:

> Portanto, a causa deve consistir na influência da idéia (*Vorstellung*) sobre o corpo e em seus efeitos mutantes sobre o espírito (*Gemüt*); e não porque a idéia seja objetivamente um objeto do regozijo (como pode uma expectativa frustrada agradar?), e sim apenas porque ela, enquanto simples jogo das idéias (*Spiel der Vorstellungen*), produz um equilíbrio das forças vitais no corpo.

Kant desdobra sua tese principal enfatizando a condição necessária para que a expectativa se transforme em *nada*, e não no oposto positivo do objeto esperado (que ainda seria algo, podendo freqüentemente desolar, ao invés de agradar). O essencial na transformação da expectativa em nada é que, durante certo tempo, ainda "jogamos" nossa idéia de um lado para o outro: "e assim rimos, e isso nos agrada porque (...) ainda jogamos de um lado para o outro nossa idéia perseguida durante um tempo, como uma bola". É notável, diz Kant, que o risível tenha que ter sempre algo que possa iludir (*täuschen*) por um instante, porque quando a aparência (*Schein*) desaparece em nada, o espírito ainda olha para trás para tentar mais uma vez, tendo sido colocado em oscilação pela alternância rápida de tensões e distensões. Essa oscilação provoca então o movimento corporal que fadiga e anima ao mesmo tempo, coincidindo com os efeitos da moção da saúde. A ligação entre nossos pensamentos e o corpo (à semelhança da ligação entre o pericárdio e o diafragma) é o que possibilita a transformação de um pensamento que não tem lugar em uma afecção que movimenta as entranhas.

> Porque, se se admite que algum movimento nos órgãos do corpo está harmonicamente ligado a todos os nossos pensamentos ao mesmo tempo, então pode-se compreender muito bem como essa transferência repentina do espírito de um ponto de vista a outro, para observar seus objetos, pode corresponder a uma tensão e a uma distensão alternadas das partes elásticas de nossas entranhas que se comunicam com o diafragma (justamente aquelas que as pessoas que têm cócegas sentem): os pulmões expelem o ar a intervalos mais rápidos, causando um movimento propício à saúde, o qual exclusivamente — e não aquilo que se passa no espírito — é a verdadeira causa do prazer em um pensamento que, no fundo, nada representa (*vorstellt*).

Eis, mais uma vez, o movimento do pulmão e do diafragma, desencadeado por uma afecção oscilante. Não é nova, sem dúvida, essa relação simbiótica entre a emoção e o corpo. Mas há uma diferença: enquanto para

Joubert e para Hobbes a paixão do riso era desencadeada por um objeto a ela correspondente, para Kant não é a ação do objeto que suscita o movimento da afecção, mas antes a ausência de objeto ao fim do jogo com os pensamentos. A afecção não pressupõe, portanto, um ato cognitivo que se siga à apreensão do objeto pelos sentidos e que preceda a produção da paixão no coração. Ela significa uma impossibilidade cognitiva.

Para Kant, o objeto do riso não é o belo, mas o agradável, e constitui uma das formas do jogo livre das sensações que desemboca na ausência de pensamento. Nesse sentido pode-se falar de um *grau zero de entendimento*, que, porém, pode agradar transformando-se em um *grau positivo de afecção*. A matéria do riso agrada por um *nada* em entendimento e um *mais* em saúde. É claro que nem a contradição cômica nem a frustração da expectativa explicam o prazer do risível: as duas não são agradáveis e não é sua apreensão que nos faz rir. Desse ponto de vista, a concepção de Kant difere bem da de Flögel, para quem o prazer cômico resulta de um alargamento do saber. Em Kant, a contemplação das contradições cômicas não é objeto de regozijo. Talvez seja por isso que tanto Jean Paul quanto Schopenhauer discordem de sua definição, ainda que a filosofia kantiana e a abordagem estética sejam fundamentais para suas teorias. Para eles, o advento do riso vincula-se a um excedente de entendimento, enquanto, para Kant, é justamente a impossibilidade de continuar a pensar que constitui a especificidade do riso.

A preeminência do sujeito: o cômico na estética de Jean Paul

A teoria do riso de Jean Paul Richter (1763-1825) encontra-se em seu livro *Pré-escola da estética*, publicado em 1804 (ano da morte de Immanuel Kant) e reeditado em 1812, acrescido de várias observações e de um novo prefácio. As duas primeiras partes da obra compreendem 15 capítulos, ou "programas", como os chama o autor, que abordam diferentes questões da arte poética, inclusive o cômico, o humor e o chiste. É no sexto programa, "Sobre o risível (*Lächerliche*)", que Jean Paul define o risível e explica a causa do prazer (*Vergnügen*, como em Kant) que ele suscita.

A teoria de Jean Paul é bastante citada na literatura contemporânea sobre o riso, podendo-se mesmo dizer que goza de boa reputação, sobretudo por localizar o cômico não no objeto, mas no sujeito.[6]

O texto parte de uma abordagem estética. No prefácio à primeira edição, aliás, o autor diferencia seu projeto estético das tentativas anteriores, que, segundo ele, não levavam a lugar nenhum. A verdadeira estética, diz ele, deve ser escrita ao mesmo tempo pelo poeta e pelo filósofo. E no início de “Sobre o risível” já envereda por esse caminho, afirmando que os filósofos nunca conseguiram apreender a definição do risível — exceto quando a ela chegavam involuntariamente — porque a sensação do risível possui uma pluralidade inesgotável de formas. Essa dificuldade ele ilustra com Cícero e Quintiliano, que já teriam assinalado a resistência do risível a toda descrição e o perigo que corre aquele que tenta cercar esse proteu. Mesmo Kant não teria escapado desses perigos, assim como Aristóteles e Flögel, entre outros, cujas definições do risível seriam insuficientes. Em suma, é ao próprio Jean Paul que cabe a tarefa de apreender definitivamente o problema, instalando-se no domínio do que denomina a verdadeira estética.

É interessante que as referências a Cícero e a Quintiliano geralmente remetam ao que teriam dito sobre a dificuldade de definir o risível, e não a suas definições e classificações. Mas as desculpas dadas por César no início de sua exposição (as obras gregas fazem rir por sua insipidez) e o fato de ele se livrar da questão “qual a natureza do riso?” declarando-a estranha a seus objetivos não falam de um proteu que foge de toda definição do risível. Ao contrário: Cícero e Quintiliano sabem perfeitamente bem o que é preciso ensinar sobre o *ridiculum* e como se deve classificá-lo. Curiosamente, os autores que os citam como “porta-vozes” do que o risível teria de insolúvel seguem, eles também, o mesmo percurso: terminam definindo o proteu.

As críticas de Jean Paul a definições anteriores constituem um recurso argumentativo-político para sublinhar sua própria originalidade. Flögel, por exemplo, não é criticado por sua definição do cômico ou pelo fato de localizar o prazer cômico no alargamento do conhecimento, mas por aquilo que considera risível. A crítica a Aristóteles é bastante obscura: a definição do cômico como resultante de um “absurdo inofensivo” (*unschädliche Ungereimtheit*) estaria no caminho certo, mas não teria alcançado seu objetivo, diz Jean Paul, sem esclarecer por quê. E a crítica à definição de Kant é bastante curiosa: “Também a nova kantiana de que o risível se constitui de uma dissolução repentina de uma expectativa em nada tem muito contra ela”.[7] Lembremos, contudo, que Kant não define o risível (*das Lächerliche*), e sim o riso, diferença que passa despercebida a Jean Paul, provavelmente por não lhe ser importante. Importa mais a Jean Paul marcar seu distanciamento em relação ao *nada* de Kant do que tentar compreender sua teoria.

Para definir o risível, a primeira via seguida por Jean Paul é uma oposição: define-se melhor uma sensação (*Empfindung*) perguntando-se qual é o seu contrário. O oposto do risível não é nem o trágico, nem o sentimental (o termo “tragicômico” e as comédias chorosas já o teriam demonstrado). Além disso, Shakespeare e Sterne provam que o cômico pode conviver com o patético sem parecer violado. Não é esse, contudo, o caso da epopéia, diz Jean Paul: basta inserir uma linha cômica na epopéia heróica para que ela se decomponha. Conclui, então, que o inimigo do sublime é o risível e um poema heróico-cômico, uma contradição. "Conseqüentemente", arremata, "o risível é o infinitamente pequeno."[8] De forma notadamente rápida, portanto, o leitor é informado de que o risível só pode ser o infinitamente pequeno, porque se opõe ao sublime — o infinitamente grande —, que suscita a admiração. A dúvida, agora, é saber que sensação esse infinitamente pequeno suscita, em contraposição à admiração.

Não se encontra o infinitamente pequeno no reino moral, prossegue Jean Paul: o risível é por demais insignificante para o desprezo e bom demais para o ódio — os dois pólos que constituem a falta daquilo que ele chama de moralidade dirigida para o interior, que produz a atenção, e moralidade dirigida para o exterior, que produz o amor. Resta ao risível apenas o reino do entendimento (*Verstand*), conclui, e, desse, o não-entendimento (*das Unverständige*).

As asserções de Jean Paul resultam freqüentemente de pressupostos herméticos, que devem ser aceitos para que se possa seguir seu raciocínio — é assim com a classificação da moralidade em dois tipos e com a impossibilidade de aí se encontrar o risível. Nesse ritmo, fica-se sabendo que o terreno do risível é o entendimento porque não lhe resta nenhum outro. Mas pouco a pouco verifica-se que a definição do risível de Jean Paul não se afasta muito daquela que ele atribui a Kant no início de sua exposição. Não só porque o infinitamente *pequeno* pode fazer lembrar o *nada* de Kant, como também porque, procurando o risível no terreno da moral, Jean Paul se debruça sobre os pólos negativos que assinalam a *falta* tanto da atenção quanto do amor, o mesmo aplicando-se ao terreno do entendimento, cuja *falta* é o *Unverständige*. Por fim, se, para Kant, o advento do riso está ligado a uma impossibilidade de pensar, àquilo que chamei de grau zero de entendimento, não parece que essa concepção esteja tão distante do propósito de Jean Paul, que atribui ao não-entendimento a sede do cômico.

Continuemos seguindo o texto. Para que o entendimento suscite uma sensação, diz Jean Paul, é preciso que seja "sensivelmente contemplado" (*sinnlich angeschaut*) em uma ação (*Handlung*) ou uma situação (*Zustand*). E aqui sobressai sua abordagem estética: a sensação suscitada pelo risível (sensação que é o contrário da admiração) só pode ser despertada se o risível for percebido enquanto representação. Um equívoco ou uma ignorância não são risíveis em si. Para que provoquem o riso, é preciso que se tornem manifestos através de uma ação; a ação e a situação devem ser "igualmente contempláveis" para que sua contradição chegue à altura do cômico.[9]

A definição de Jean Paul para o cômico é dada através de um exemplo: se Sancho Pança fica uma noite inteira suspenso sobre um fosso que ele crê profundo, mas não é, seu esforço é totalmente compreensível porque ele age de acordo com o que imagina. Desse ponto de vista, ele não é cômico em si: sua ação é um "equívoco finito" (*endlicher Irrtum*). Mas rimos de Sancho Pança porque "emprestamos à *sua* ação *nossa* compreensão e opinião, e produzimos, através de uma tal contradição, o absurdo infinito (*unendliche Ungereimtheit*)".[10] E Jean Paul continua:

> Nossa fantasia (...) é levada a essa transferência apenas por causa da contemplação sensível do equívoco. Nosso auto-engano, pelo qual atribuímos à ação alheia um conhecimento oposto, leva justamente àquele mínimo de entendimento, àquele não-entendimento contemplado, do qual rimos, de modo que o cômico, como o sublime, nunca mora no objeto, e sim no sujeito.

Em outras palavras: somente porque vemos a ação ou a situação "em espetáculo", porque o objeto é apreendido esteticamente pelo sujeito, é que ele se torna cômico. É por isso, diz Jean Paul, que as definições que até agora imputaram ao cômico um simples contraste *real*, em vez de um contraste *aparente*, são falsas. Está clara, portanto, a preeminência do sujeito, o qual, pelo empréstimo de seu saber à ação de outrem, *produz* o cômico.

O empréstimo da opinião do sujeito ao ser cômico é ainda confirmado pelo fato de nós mesmos jamais nos considerarmos cômicos no momento da ação, mas somente depois, quando um "segundo eu" julga o primeiro. A asserção de Jean Paul parece bastante elementar aos olhos de hoje, uma vez que Sancho Pança também não pode se considerar cômico; apenas o observador, seu "segundo eu", pode lhe conferir esse atributo. Ou seja: uma coisa só é cômica na medida em que o observador ri dela; não havendo sujeito, não há cômico.

Essa descoberta de Jean Paul talvez seja o elemento mais conhecido de sua teoria. Curiosamente, porém, a cena de Sancho Pança que muitos autores evocaram depois de Jean Paul nunca existiu no *Quixote*, como observa Jurij Striedler (1976), acrescentando que tal equívoco foi apontado pela primeira vez em 1896, por um certo J. Müller.

Vale notar ainda que a localização do cômico no sujeito, e não no objeto, aparece em outros textos do século XIX, como o já citado ensaio de Baudelaire, por exemplo, que sinaliza indiretamente um vínculo entre o exercício da filosofia e a capacidade de rir de si mesmo: "O cômico, o poder do riso, está naquele que ri e de maneira alguma no objeto do riso.

Não é o homem que cai que ri de sua própria queda, a não ser que seja um filósofo, um homem que adquiriu, por hábito, a força de se desdobrar rapidamente e de assistir como um espectador desinteressado aos fenômenos de seu *eu*".[11]

A atribuição do cômico ao sujeito não constitui ainda a *definição* final do risível de Jean Paul. O risível, que, no início, era o infinitamente pequeno, ganha uma nova definição. Situado no terreno do não-entendimento e necessariamente contemplado pelo sujeito, ele se torna um "não-entendimento infinito sensivelmente contemplado" (*sinnlich angeschauten unendliches Unverstand*), ou, se for possível simplificar, uma "insensatez infinita contemplada pelos sentidos" — porque *Unverstand* significa também insensatez, ou falta de juízo. Mas isso ainda não é tudo, pois o risível divide-se em três elementos:

> Que me seja permitido, por causa da brevidade, apenas denominar os três elementos do risível enquanto não-entendimento infinito sensivelmente contemplado da seguinte forma: a contradição entre, de um lado, a ação ou a situação do ser risível e, de outro, a relação contemplada pelos sentidos, chamo de contraste *objetivo*; essa relação, de contraste *sensível*; e a contradição entre ambos, que imputamos a ele através do empréstimo de nossa alma e opinião, chamo de contraste *subjetivo*.[12]

É notadamente difícil compreender as diferenças entre os três elementos do risível, porque as contradições e suas relações formam como que reflexos em uma sala de espelhos. O problema é que essa divisão serve de base ao exame dos "gêneros do cômico", como o humor e a ironia, que se diferenciam segundo a combinação dos três elementos, resultando em sentenças cada vez mais herméticas. Parece que, para cercar esse proteu que é o risível, faz-se necessário também disfarçar a definição em uma espécie de não-entendimento infinito. Dir-se-ia que o resultado acaba corroborando a advertência de Cícero: quando as obras tentam dar a teoria do risível, elas correm o risco de fazer rir por sua insipidez.

Passemos agora à fonte do prazer do risível, a segunda questão destacada por Jean Paul em seu projeto inicial de pesquisar o assunto. O tema é objeto do § 30 do sexto capítulo e sua importância é assinalada desde o início: pesquisar a fonte do risível é "tão difícil quanto indispensável, porque é ela que traz à luz a natureza do risível". Segue-se um percurso semelhante àquele que levou à definição do risível: primeiro, Jean Paul se distancia das explicações anteriores, para, só então, formular a sua de modo rápido e obscuro. Assim, depois de declarar que as outras definições do cômico se mostram incapazes de apreender a fonte do prazer cômico; depois de afirmar que o prazer do riso do espírito não pode ser explicado pelo riso físico (o das feridas do diafragma, que parecem não ter perdido sua atualidade, o da histeria e o das cócegas); depois de argumentar contra a tese do orgulho de Hobbes, e depois de distinguir o prazer do risível do prazer do "cômico estético", porque aquele que ri é anterior aos comediantes, Jean Paul dá sua definição do prazer cômico, vinculando-o à liberdade do entendimento:

> O prazer cômico, como todo prazer, deixa-se dividir em vários elementos (...), mas, no ponto de combustão da própria sensação, todos derretem (como os elementos do vidro) até uma fusão densa e transparente. O espírito elementar dos elementos do prazer cômico é o usufruto (*Genuß*) de três séries de pensamentos, cercados em uma concepção, ou contemplação (*Anschauung*): 1) a série dos verdadeiros próprios; 2) dos verdadeiros alheios, e 3) dos por nós atribuídos ilusórios alheios. A concretude nos obriga a um jogo mutante de ida e volta com essas três séries opostas entre si. Mas essa obrigação se perde, pela discordância, em uma arbitrariedade feliz. O cômico é, portanto, o usufruto ou a fantasia e poesia do entendimento totalmente livre, o qual se desenvolve ludicamente nas três cadeias (...), nelas dançando (...).

É notável que a liberdade do entendimento seja descrita como um movimento de ida e volta muito semelhante àquele que aparece em Kant. Se, para Kant, rimos porque ainda jogamos a idéia como uma bola e porque a oscilação do espírito engendra um movimento corporal correspondente, agora o entendimento é tomado de tal movimento e, como a "idéia-bola" de Kant, dança de um lado a outro entre as três séries de pensamentos incompatíveis.

A seguir, verifica-se que são novamente três elementos que separam o prazer do cômico das outras modalidades de satisfação do entendimento. Primeiro, nenhuma sensação forte atrapalha o livre curso do entendimento; o cômico desliza sem fricções da razão e do coração, e o entendimento se movimenta em um espaço aéreo sem se chocar contra o que quer que seja. Isto é, o primeiro *elemento* específico do prazer do risível não se diferencia da própria definição desse prazer: tanto num caso quanto no outro, trata-se da liberdade do entendimento. De todo modo, cabe notar que enquanto o *risível* é o *não-entendimento* infinito, o *prazer* do risível parece resultar de um *entendimento* infinito — sem fronteiras e em movimento constante. Aqui, sim, o percurso de Jean Paul se afasta do de Kant, para quem ao *nada* não podia se seguir um "mais" em entendimento, e sim um "mais" em afecção.

O segundo elemento que separa o prazer do entendimento no risível dos outros prazeres é mais hermético. Consiste na proximidade entre o cômico e o chiste (*Witz*), que só será identificada no nono capítulo (sobre o chiste), como a fonte do prazer que ambos proporcionam. Como no cômico, o prazer do chiste também resulta da liberdade do entendimento, o qual sofre uma doce cócega, sustentada pela dissonância entre a relação *nova* iluminada pelo chiste e a relação *antiga* que nosso sentimento de verdade continua a afirmar. A única diferença é que, no cômico, a cócega atinge o nível da sensação.

O terceiro elemento da especificidade do prazer do risível é a atração da indecisão entre o desprazer aparente no entendimento mínimo do outro e o prazer que experimentamos em nossa própria opinião. Essa indecisão, diz Jean Paul, aproxima o cômico das cócegas físicas, uma dualidade de dor e de prazer. Reconhecem-se aqui ressonâncias da tradição teórica que explica o riso pela mistura de prazer e dor. Mas, em vez de falar de *mistura*, Jean Paul fala de *indecisão* (*Unentschiedenheit*), firmando, portanto, a discussão no terreno do entendimento, pois a indecisão é muito mais um atributo da faculdade racional do que das afecções. Convém notar, porém, que, antes de Jean Paul, Flögel já falava de um estado de incerteza da alma (*Ungewißheit der Seele*) no riso, semelhante à alternância de dor e prazer experimentada nas cócegas.

Em suma, os três elementos que fazem a diferença do prazer do entendimento no risível são todos vinculados à liberdade do movimento do entendimento, seja a seu fluxo sem obstáculos, seja a sua proximidade com as doces cócegas do chiste, seja à atração da indecisão entre prazer e desprazer.

Cabe destacar ainda o que, a meu ver, é a principal implicação da liberdade de entendimento na teoria de Jean Paul: sua força criadora e sua capacidade de engendrar o novo. A questão aparece claramente no capítulo sobre o chiste, quando se defende a necessidade de uma "cultura chistosa" (*witzige Kultur*) alemã. O alemão é conhecido, diz Jean Paul, pela ausência de mobilidade de suas idéias, o que o impede de constituir o novo. Apenas o chiste permite a dissolução "química" necessária à produção de novas idéias.

> A novas idéias pertencem [idéias] inteiramente livres; a essas, novamente [idéias] iguais, e só o chiste nos dá liberdade, na medida em que, de antemão, ele dá igualdade; ele é, para o espírito, aquilo que, para a química, são o fogo e a água; Chemica non agunt nisi soluta (só o líquido dá a liberdade para nova formação — ou: só corpos desmembrados produzem novos).[13]

O fato de o entendimento ser objeto de cócegas ou se mover sem obstáculos equivale, portanto, a uma reação química que desmembra o que era e constitui o novo. Tal concepção é, a meu ver, importante, porque estabelece o caráter *indispensável* desse movimento livre do entendimento, sem o qual nada é criado. Ou melhor, sem o qual não há filosofia nem poesia:

> Quando o espírito se faz inteiramente livre (...) — quando há, com efeito, um caos, mas acima dele um espírito santo (*heiliger Geist*), que paira, ou, antes, um [espírito] capaz de infusão, o qual, entretanto, (...) é muito bem formado e continua a se formar e a se gerar — quando, nessa dissolução geral, (...) estrelas caem, homens ressuscitam e tudo se mistura entre si para formar algo novo — quando esse ditirambo do chiste (...) preenche o homem mais com luz do que com formas, então lhe é aberto, através da igualdade geral e da liberdade, o caminho para as liberdades e as invenções poética e filosófica (...).

Vemos, na teoria de Jean Paul, ecos dos textos examinados no capítulo 4, na medida em que a relação chiste-liberdade-igualdade lembra a associação entre o pensamento sobre o riso e o pensamento sobre a organização social e política do homem. Porém, está bastante claro que o potencial criador do risível remete a questões correntes no pensamento sobre o riso do século XX: a liberdade do entendimento é capaz de engendrar um pensamento que ultrapassa o pensamento "sério" e, por isso mesmo, é mais legítimo. E mais: se essa liberdade — e somente ela — é capaz de produzir o caos necessário à constituição do novo, então o potencial criador é o fundamento do prazer do risível.

A razão malograda: a teoria da incongruência de Schopenhauer

A teoria do riso de Schopenhauer encontra-se em sua principal obra — *O mundo como vontade e representação*. Como em Jean Paul, ela se insere em um projeto mais amplo — o de explicar o mundo, que não é nada além do que vontade e representação. A explicação do riso tem um lugar preciso: rimos da incongruência entre as duas formas de representação pelas quais apreendemos o mundo, ou, mais especificamente, pelas quais o mundo *é*, já que ele só existe para o sujeito.

O mundo como vontade e representação foi escrito em duas etapas, dando origem a dois volumes, publicados em 1818 e 1844. A terceira edição, de 1859 — a última que Schopenhauer publicou em vida — foi aumentada, segundo ele, de 136 páginas, incluindo exemplos da classificação do risível. As partes consagradas ao riso são o § 13 do primeiro tomo (sem título) e o capítulo 8, "Sobre a teoria do risível", do segundo.

Para compreender a teoria do riso de Schopenhauer, é preciso compreender primeiro seus fundamentos filosóficos. Vontade e representação, para ele, são tudo o que conhecemos e tudo o que podemos pensar: "Fora a vontade e a representação nada nos é conhecido, nem passível de ser pensado".[14] Todas as manifestações do mundo são da ordem da *representação*, e não existe objeto sem sujeito. A *vontade*, por sua vez, é o que existe além da representação; ela é a "coisa em si" (*Ding an sich*), que Kant não teria conseguido apreender. O mundo objetivo, portanto, é a representação, enquanto a "essência das coisas" é a vontade.

Há, segundo Schopenhauer, duas formas de representação pelas quais o sujeito apreende o mundo: a representação intuitiva, também chamada de concreta, e a representação abstrata. Às duas classes de representação correspondem duas faculdades de conhecimento: o entendimento (*Verstand*), que concebe diretamente as manifestações do mundo e conhece as causas através dos efeitos, e a razão (*Vernunft*), que só pode saber. O que o entendimento conhece de modo correto chama-se de *realidade*, isto é, a passagem correta do efeito, no objeto, a suas causas. O que a razão conhece de modo correto chama-se de *verdade*, isto é, um julgamento abstrato que tem fundamentos suficientes. Quando o entendimento se engana, tem-se a aparência (*Schein*), e quando a razão se engana, o erro (*Irrtum*).

Enquanto o entendimento tem por função o conhecimento direto de efeito e causa, a razão tem por função a formação de conceitos. Estes últimos devem contudo ter por fundamento o conhecimento intuitivo, diz Schopenhauer: todo pensamento abstrato que não tem uma semente concreta é pobre, e é por isso que todo conceito deve poder ser demonstrado através das formas de representação direta do mundo. A representação intuitiva tem, portanto, primazia em relação ao pensamento abstrato: só existe um conhecimento novo se, primeiro, concebemos diretamente as coisas e as novas relações, para em seguida transpor esse conhecimento concreto em conceitos, "a fim de melhor possuí-lo".[15] A razão não aumenta o conhecimento, diz Schopenhauer; ela lhe confere uma nova forma, porque transforma em conceito abstrato o que já era conhecido intuitivamente.

Necessita-se, porém, da representação abstrata para fixar resultados e difundi-los. É possível, por exemplo, construir uma máquina com um conhecimento unicamente intuitivo se o inventor a faz sozinho, mas se várias pessoas a constroem em momentos diferentes, é necessário desenvolver um plano de construção *in abstracto*, para o qual deve-se recorrer à razão. É por isso que o conhecimento abstrato se aplica bem ao passado e ao futuro, enquanto o intuitivo concerne somente às coisas presentes. Se a reflexão abstrata tem vantagens, ela também pode constituir um obstáculo. Há ocasiões, diz Schopenhauer, em que o conhecimento intuitivo deve guiar as ações: nos jogos de bilhar e de esgrima, para afinar instrumentos ou ainda para cantar. Se a razão se mistura a essas ações, elas se tornam confusas e incertas. O mesmo se aplica à arte, que faz parte do conhecimento concreto, e não se constitui jamais através de conceitos.

A essa inadequação da representação abstrata em relação a certas atividades humanas acrescenta-se o fato de ela ser incapaz de apreender todos os detalhes que a representação intuitiva percebe. Os conceitos que constituem a reflexão abstrata são como pequenas peças de um mosaico: podemos cortá-los de maneira cada vez mais precisa, mas eles jamais chegarão a se ajustar, em virtude de sua rigidez e de seus limites muito precisos, às finas modificações da realidade.

Todas essas questões são tratadas nas primeiras partes dos dois tomos publicados em 1818 e em 1844 e precedem, em ambos os casos, as passagens dedicadas ao riso. A questão do riso é introduzida, nos dois tomos, por comentários sobre sua localização no texto: ela afeta a estrutura do livro, retardando seu desenvolvimento, diz Schopenhauer, mas a própria causa do riso exige que ele seja tratado naquele momento. Em seguida, ambas as passagens apresentam o mesmo fundamento: o riso resulta da incongruência entre os conhecimentos abstrato e intuitivo e é ele mesmo expressão dessa incongruência.

> Essa incongruência entre os conhecimentos concreto e abstrato em virtude da qual este apenas se aproxima daquele, como o trabalho do mosaico, da pintura, é precisamente, então, também o motivo de um fenômeno muito notável, o qual, como a razão, é próprio exclusivamente da natureza humana, e do qual todas as explicações dadas até agora, sempre tentadas do começo, são insuficientes: estou falando do riso. (...) O riso advém sempre (...) da incongruência repentinamente percebida entre um conceito e os objetos reais que, através dele, em alguma relação, foram pensados, sendo ele mesmo, precisamente, apenas a expressão dessa incongruência.[16]

Daí decorre que o risível é a subsunção paradoxal e inesperada de um objeto a um conceito que lhe é heterogêneo. O objeto se deixa pensar pelo conceito, mas não tem nada a ver com ele e se diferencia claramente de tudo o que pode ser pensado pelo conceito.

Tal é, para Schopenhauer, a explicação definitiva do risível que ninguém teria dado ainda. Mais uma vez encontramos uma referência a Cícero, que teria abandonado o projeto de encontrar a causa única do riso. Kant e Jean Paul também são citados, mas suas teorias não merecem comentários suplementares: mostrar sua impropriedade é, para Schopenhauer, superficial, já que qualquer um pode se convencer de sua insuficiência. Sua própria teoria resolve definitivamente o problema, como afirma nesta passagem, acrescentada ao tomo II na terceira edição da obra:

> Até quero, nesta terceira edição, aumentar e juntar os exemplos, para que seja incontroverso que aqui, depois de tantas tentativas infrutíferas anteriores, seja dada a verdadeira teoria do risível, e seja definitivamente resolvido o problema já colocado, mas abandonado, por Cícero.[17]

O percurso é, portanto, bastante semelhante ao de Jean Paul: deslegitimar as teorias anteriores e enfatizar a própria originalidade.

A originalidade de Schopenhauer não se estende, contudo, a sua *classificação* do risível. Segundo ele, há dois tipos de risível: o chiste e o absurdo, que é a essência da comédia. Pode-se dizer que este último constitui o cômico de ação (*Handlung*), do qual o modelo é a ação (absurda) do personagem cômico. Além dos dois tipos, Schopenhauer se detém no jogo de palavras, para ele uma espécie menor de chiste: se este junta dois objetos reais diferentes num mesmo conceito, o jogo de palavras junta por acaso dois conceitos diferentes numa mesma palavra. Verifica-se novamente uma proximidade com a tríade "homens, discursos, atos" da retórica, ou, mais especificamente: homens (absurdo cômico), risível de coisas (chiste) e risível de palavras (jogo de palavras). É curioso, aliás, que o risível de palavras seja tão freqüentemente caracterizado como espécie menor, exatamente como ensinavam Cícero e Quintiliano.

O elemento mais importante da teoria de Schopenhauer, a meu ver, é sua explicação da fonte do prazer do risível, de que fala apenas no volume de 1844. O riso, diz ele, é em geral um estado prazeroso, porque sentimos satisfação de perceber a incongruência entre o pensado e a realidade objetiva:

> A percepção da incongruência do pensado (*Gedachten*) com o contemplado (*Angeschauten*), isto é, com a realidade (*Wirklichkeit*), nos dá portanto alegria, e nós nos entregamos de bom grado à comoção convulsiva suscitada por essa percepção.

A causa desse prazer é a vitória da representação intuitiva sobre a abstrata, do entendimento sobre a razão: percebemos que a razão, com seus conceitos abstratos, não é capaz de descer à infinita diversidade e às nuanças do concreto, isto é, da forma de conhecimento primeira. O concreto é o meio do presente, do regozijo e da alegria, e não implica esforço algum. Além disso, o conhecimento intuitivo não é subordinado ao erro e não tem necessidade de comprovantes do exterior; ele se sustenta a si mesmo. O pensamento abstrato, ao contrário, é o segundo poder do conhecimento; ele necessita de esforços significativos, e seus conceitos se opõem freqüentemente à satisfação de nossos desejos diretos, porque eles são os meios do passado, do futuro e do sério, constituindo os veículos de nossos receios, arrependimentos e preocupações. Ver a razão sucumbir por instantes é agradável:

> Ver essa severa, infatigável e sobrecarregada preceptora razão uma vez, agora, transportada para a insuficiência, deve ser, por isso mesmo, prazeroso para nós.

E porque o animal não tem a faculdade da razão, o riso é próprio do homem:

> Por causa da falta de razão, portanto de conceitos gerais, o animal é incapacitado para o riso, assim como para a linguagem. O riso é, por conseguinte, uma prerrogativa e uma marca característica do homem.

Rimos porque vemos que o pensamento abstrato, ou o pensado (*Gedachten*), não pode ir além dele mesmo, para atingir a realidade objetiva; rimos porque a incongruência entre o pensado e a realidade nos mostra as limitações do pensamento.

Cabe destacar uma última questão na teoria de Schopenhauer: sua definição do contrário do riso. "O contrário do riso e do risível é o sério. Em decorrência disso, ele consiste na consciência da total concordância e congruência do conceito, ou pensamento, com o concreto, ou a realidade. O sério está convencido de que pensa as coisas como elas são e de que elas são como ele as pensa." Quanto mais a congruência parece perfeita, acrescenta, mais facilmente pode ser revogada por uma incongruência inesperada, e é por isso que a passagem do sério ao riso é tão fácil. Ou seja, no limite, o sério é, para Schopenhauer, a aparência de uma congruência que não existe. A passagem fácil do sério para o riso pelo advento de uma incongruência inesperada revela o caráter virtualmente enganador de todo acordo entre a realidade e o pensado.

Como em Kant e em Jean Paul, é claro aqui que pensar o riso é também pensar a atividade do pensamento. Para Kant, o riso se relaciona com o limite do entendimento, com o espaço onde o entendimento não é mais nada e onde nada pode ser pensado. Para Jean Paul, ele está associado à liberdade aérea do entendimento, com seu potencial "químico" de constituição do novo. Para Schopenhauer, enfim, o riso atesta os limites do pensamento, quando ele é razão, e sua capacidade de atingir as variações da realidade, quando ele é entendimento.

Nos três casos identificam-se afinidades com formulações teóricas do século XX. A definição de Kant nos leva à crise do comportamento do homem em relação a seu corpo, de Plessner,[18] bem como à impossibilidade de pensar *aquilo* de que fala Foucault. As teorias de Jean Paul e Schopenhauer nos remetem seja a um potencial filosófico ou poético de criação do novo, seja à preeminência de uma forma de conhecimento mais completa e mais de acordo com as nuanças da realidade — duas posturas "românticas" que aproximam o riso e o risível de um espaço situado além do pensamento sério, e mais legítimo que este.

Creio que essas três teorias (mesmo que não sejam sempre citadas) estão na origem de algumas das formas centrais de pensar o riso no século XX. É curioso, aliás, que, ao contrário da teoria de Jean Paul, a de Schopenhauer não seja geralmente evocada pelos autores que proclamam uma realidade "mais real" alcançada pelo riso e o risível, apesar de Schopenhauer declarar com todas as letras que o riso resulta do fracasso da razão em apreender a realidade.[19]

Numa obra secundária de Schopenhauer, encontra-se uma curta explicação do processo físico que desencadeia o riso: como o choro, o riso deve ser classificado entre os movimentos reflexos, diz Schopenhauer.[20] A explicação toma menos de 20 linhas e merece uma referência em *O mundo como vontade e representação*: "Analisei o riso aqui apenas do lado psíquico; com relação ao físico, remeto ao que apresentei no *Parerga*". Fica claro que o "lado físico" do riso tem, para ele, um interesse menor.

As explicações fisiológicas de Spencer e Darwin

As explicações fisiológicas de Spencer e Darwin não enfatizam o potencial de apreensão do mundo aberto pelo risível, distanciando-se significativamente das teorias de Jean Paul e de Schopenhauer. Possivelmente por isso seus textos são pouco mencionados na literatura contemporânea sobre o riso e, quando o são, geralmente para declarar que serão desconsiderados pelo autor.

Há, porém, alguma relação com a teoria de Kant, porque a explicação do riso de Spencer, também adotada por Darwin, aproxima-se de uma impossibilidade de seguir a atividade do pensamento, impossibilidade que se descarrega, então, em contrações musculares. Mas o riso, nesse caso, é um objeto a ser apreendido pela ciência, e não um instrumento filosófico para pensar o pensamento.

O modelo de explicação do riso de Spencer e Darwin parece marcar o fim de uma tradição teórica que atribuía a causa do riso a uma paixão. É a instância neutra da energia nervosa que explica as contrações musculares que se seguem à percepção do risível, idéia que repercute em certas formulações do século XX, como as de Freud e de Lévi-Strauss. No texto de Darwin há ainda algumas considerações importantes em relação ao pressuposto do "próprio do homem".

Comecemos com o ensaio de Herbert Spencer intitulado *Da fisiologia do riso* (1860), mais completo que o de Darwin, publicado 12 anos mais tarde (1872). Para Spencer, a origem fisiológica do riso é um excesso de energia nervosa, que não é empregada na ação mental e se descarrega em contrações musculares quase convulsivas. À semelhança de Kant, o grau mínimo de entendimento tem como contraponto um grau positivo de movimentos corporais, relação que é ainda acentuada pela noção de *incongruência descendente*: "o riso só resulta naturalmente quando a consciência é inesperadamente transferida de coisas grandes para pequenas — só quando há aquilo que chamamos de incongruência *descendente*".[21]

A incongruência *ascendente*, segundo Spencer, produz a *admiração*, justamente a sensação que, para Jean Paul, era contrária à suscitada pelo risível. A oposição entre riso e admiração é explicada, no texto de Spencer, pela diferença de efeitos de cada uma das incongruências sobre o sistema muscular: "Quando, depois de algo muito insignificante, aparece, sem previsão, algo verdadeiramente elevado, resulta a emoção que chamamos de admiração, e essa emoção é acompanhada não por um excitamento de músculos, mas por um relaxamento deles." Os músculos relaxam, continua Spencer, por causa da necessidade suplementar de energia na atividade mental, o que implica uma diminuição temporária de seu fluxo em outras direções. É por isso, aliás, que a boca se abre e que alguns deixam cair objetos das mãos quando são tomados de admiração.

É curioso que, no *Homem nu*, de Lévi-Strauss, encontre-se explicação semelhante para a *angústia*, que, segundo ele, é o oposto do riso. No riso, diz Lévi-Strauss, a reserva de atividade simbólica subitamente liberada pela conexão rápida de dois campos semânticos desvia-se em direção ao corpo, aí se despendendo em contrações musculares. Na angústia, ao contrário, a função simbólica não chega a operar a síntese entre campos semânticos, o que engendra uma espécie de paralisia dolorosa, um esforço simbólico que tem em comum com o esforço muscular a produção de ácido lático. Tanto a energia nervosa de Spencer quanto a função simbólica de Lévi-Strauss são, portanto, marcadas por um excesso, quando se trata de explicar o riso, e uma falta, quando se trata de explicar seu contrário.[22]

A explicação de Spencer baseia-se no que ele chama de princípio do transporte de energia nervosa de um nervo ou grupo de nervos a outro. Segundo ele, os nervos em estado de tensão se descarregam mediante três tipos de canais. No primeiro, os nervos podem excitar outros nervos que não estão diretamente conectados ao corpo. É o que ocorre quando pensamos ou sentimos: a tensão de certos nervos engendra certas idéias ou emoções, que excitam outras e assim por diante. Quando o fluxo de energia passa, a idéia ou o sentimento morre, produzindo a idéia seguinte. O segundo canal é o das contrações musculares: os nervos excitam um ou vários nervos motores para se descarregarem. Por fim, a descarga pode atingir também os nervos que abastecem as vísceras, estimulando-as. Os três canais não são excludentes entre si e a descarga de energia nervosa pode dividir-se entre eles segundo as circunstâncias. Se um deles está fechado, a energia será mais intensamente descarregada pelos outros e, se o fluxo for muito denso em um dos canais, ele será necessariamente mais reduzido nos outros.

A diferença entre o riso e outras reações semelhantes é o fato de, nele, a contração dos músculos não ter utilidade: o riso resulta de uma descarga não controlada de energia, e os movimentos corporais não têm objetivo. Quando corremos de medo, por exemplo, a ação muscular tem uma finalidade que concorda com o sentimento, mas, no caso do riso, a superabundância da força nervosa não tem objetivo e acaba seguindo os caminhos habituais da descarga: os órgãos da linguagem, primeiro (maxilares, língua e lábios), passando pelos músculos ao redor da boca e pelos músculos da respiração, até os membros e todo o corpo, caso os primeiros não sejam suficientes para consumir o excesso de energia. Mais adiante, Spencer afirma que também órgãos internos, como o coração e o estômago, são estimulados no caso do riso. Isso explicaria fisiologicamente, segundo ele, a noção popular segundo a qual a alegria facilita a digestão. Note-se que essa observação não estaria deslocada no *Tratado do riso* de Joubert.

No caso da incongruência, diz Spencer, há uma grande massa de emoção (*emotion*), o que, em termos fisiológicos, significa que uma grande parte do sistema nervoso está em estado de tensão. A explicação se apóia no exemplo de uma cena de teatro: suponhamos que o ponto culminante de um drama, como a reconciliação do herói com a heroína, seja interrompido pela chegada de um cabrito que fareja os atores. Se não tivesse havido a interrupção, diz Spencer, as novas idéias e os novos sentimentos seriam suficientes para absorver a energia.

> Mas, agora, essa grande quantidade de energia nervosa, em vez de ser autorizada a gastar-se produzindo uma quantidade equivalente de novos pensamentos e emoções que estavam nascentes, é repentinamente freada em seu fluxo. Os canais ao longo dos quais a descarga estava prestes a ocorrer estão fechados. (...) O excesso deve, portanto, descarregar-se em alguma outra direção, e, conforme já explicado, [disso] resulta um efluxo através dos nervos motores para várias espécies de músculos, produzindo as ações semiconvulsivas que denominamos riso.[23]

Essa parece ser a principal contribuição de Spencer para a explicação fisiológica do riso. Em todo caso, esse é o único trecho que Darwin transcreve em seu livro *A expressão das emoções no homem e nos animais* (1872), no capítulo em que discute o riso. Cabe observar que o riso da incongruência não é, para Spencer, a única modalidade de riso. Há ainda aquele provocado por um excesso de sentimentos (*feelings*) — mentais ou físicos —, também descarregado na ação do corpo, como por exemplo quando experimentamos o sentimento de superioridade em relação à fraqueza de outrem. O destaque dado por Darwin à passagem acima permite concluir, porém, que a explicação de Spencer do riso da incongruência torna-se a explicação por excelência do mecanismo de desencadeamento do riso. Ou seja, o riso decorre de um excesso de energia nervosa não empregado em nossos pensamentos e emoções e, por conseguinte, descarregado em contrações musculares. É nesse sentido que se pode aproximar essa explicação fisiológica da transformação do *nada* em movimentos corporais de que fala Kant: estando a via mental subitamente fechada, só restam as contrações musculares para despender a energia. O riso ocorre quando a atividade do pensamento se tornou impossível, e o grau mínimo de atividade mental é compensado por um grau "mais" de movimentos corporais.

Note-se que, para Spencer, o princípio da energia nervosa permite a passagem direta do canal mental àquele das contrações musculares. Esse fundamento tem, a meu ver, implicações importantes com relação à tradição teórica que situa a fonte do riso no terreno das afecções. Do ponto de vista dessa tradição, ocorre uma espécie de metamorfose da matéria do riso, que passa das faculdades do cérebro às do coração. Para Joubert, a matéria risível diretamente transportada ao coração se transforma de objeto *dos sentidos* em motor *da paixão*; para Hobbes, a *concepção* súbita se transforma em *paixão* súbita, e para Kant, mesmo que não se possa falar de um objeto risível percebido pelos sentidos, ao nada de *entendimento* segue-se um movimento de ida e volta da *afecção*.

Já na explicação de Spencer, a qualidade das coisas que passam pelo cérebro e pelo restante do corpo permanece sempre a mesma; não há "metamorfose" porque a energia nervosa muda somente de intensidade. Ainda que Spencer fale de um excesso de emoções ou de sentimentos, não é pelo viés da afecção que ele explica o riso. A origem da contração muscular no riso não é em nada fundamentalmente diferente da origem de nossa atividade mental, sendo qualitativamente a mesma energia nervosa não empregada no pensamento que se descarrega nos outros canais do corpo. Essa circunstância é sem dúvida curiosa, porque o que possibilita tanto o riso quanto o pensamento é uma força desprovida de substância, que pode ora se produzir ora se descarregar para desaparecer em seguida. A energia nervosa talvez seja uma grande descoberta para substituir as faculdades da alma e unificá-las sob um mesmo princípio. O riso, então, não é mais produto de uma *paixão*, mas de uma certa combinação de um fluxo comum da energia que conserva nosso corpo e nossos pensamentos em atividade. Sua única especificidade — e nesse ponto ele se aproxima de um *nada* em significação — é o fato de a descarga de energia ser desprovida de finalidade: os movimentos que ela suscita não servem para nada, a não ser para despender a energia excedente, que desaparece sem produzir novos resultados.[24]

Passemos ao texto de Darwin. A questão do riso ocupa quase todo o capítulo 8 de *A expressão das emoções no homem e nos animais* (1872) e, de modo geral, não há nele novidades do ponto de vista teórico. Darwin concentra-se na descrição dos aspectos fisiológicos do riso e só nos oferece os resultados de sua observação empírica. Além disso, na maioria de suas considerações, reencontram-se temas já consagrados na história do pensamento sobre o riso. Assim, por exemplo, as causas prováveis do riso são, segundo ele, tanto a incongruência quanto a superioridade, ou ainda a alegria e a surpresa: "Algo incongruente ou inexplicável, excitando surpresa e algum sentido de superioridade naquele que ri, o qual deve estar em uma disposição feliz do espírito, parecem ser a causa mais comum."[25] Sobre a alegria, diz ainda que "sua expressão natural e universal é o riso".

Entre as passagens que fazem lembrar concepções já estabelecidas na tradição teórica sobre o riso, uma remete ao riso do recém-nascido. Darwin afirma ter observado, em seus próprios filhos, que eles começaram a rir por volta do quadragésimo quinto dia de vida. Finalmente, a preponderância do diafragma também aparece em sua descrição fisiológica do riso: "O som do riso é produzido por uma inspiração profunda, seguida de contrações curtas, interrompidas e espasmódicas do tórax e especialmente do diafragma".

A questão a destacar aqui encontra-se nas conclusões do livro, onde Darwin resume a importância do estudo das emoções para sua teoria da evolução da espécie humana. Dois resultados nos interessam especialmente. Seu estudo teria demonstrado que as principais expressões do homem são as mesmas em todo o mundo, o que constitui, para ele, um argumento a mais em favor da ascendência comum de todas as raças. E seria possível traçar, nem que fosse apenas à guisa de especulação, como os movimentos expressivos presentes no homem foram sendo sucessivamente adquiridos desde nossos ancestrais mais antigos — os macacos.

Com respeito à primeira conclusão, Darwin não parece efetivamente duvidar de que o riso seja comum a todas as raças. Curiosamente, sua principal preocupação é saber se o choro que acompanha o riso excessivo seria igualmente comum a todas as raças. O problema é anunciado com antecedência no capítulo 6 e atinge seu ponto culminante no capítulo 8: "Eu estava ansioso para saber se as lágrimas são livremente derramadas durante o riso excessivo na maioria das raças humanas, e ouvi de meus correspondentes que esse é o caso." Esses correspondentes são missionários e pessoas que viviam entre os aborígines, aos quais Darwin enviou um questionário padrão para saber se os movimentos exprimiam sempre as mesmas emoções nas diferentes raças da espécie humana. A questão número 12 do questionário tratava do riso excessivo e do ato de, nele, verter lágrimas: "É o riso constantemente levado a tal extremo de trazer lágrimas aos olhos?" Segundo Darwin, o choro que acompanha o riso excessivo se explica porque os músculos em torno dos olhos são contraídos durante o riso. Mas ele não esclarece, nesse momento, a razão de seu grande interesse; se o advento das lágrimas no riso já aparece fisiologicamente explicado, é curioso que lhe restem dúvidas sobre seu caráter comum a todos os homens.

Ainda com relação à primeira conclusão é preciso dizer que não só o riso, mas também certas formas do risível são, para Darwin, comuns a todas as raças. No capítulo 8, encontra-se a seguinte asserção: "Entre os europeus, dificilmente algo excita o riso tão facilmente quanto a imitação, e é curioso encontrar o mesmo fato entre os selvagens da Austrália, que constituem uma das mais singulares raças no mundo." Essas constatações são um interessante contraponto ao extrato de Monboddo, que examinamos no capítulo 4: o riso, aquilo de que rimos e as lágrimas que acompanham o riso são extensivos a toda a espécie humana, não havendo o caso, aqui, de índios que não riem.

Mas isso ainda não é tudo: a expressão do riso ultrapassa, para Darwin, o gênero humano e se estende a nossos ancestrais primitivos, os macacos. É o que afirma no contexto da segunda conclusão que destaquei aqui:

> Podemos secretamente crer que o riso, como um signo de prazer (*pleasure*) ou alegria (*enjoyment*), era praticado por nossos progenitores muito antes que merecessem ser chamados humanos, porque vários tipos de macacos, quando contentes, articulam um som reiterado, claramente análogo a nosso riso, freqüentemente acompanhado de movimentos vibratórios de suas mandíbulas ou lábios, com os cantos da boca puxados para baixo e para cima, com o enrugamento das bochechas e até com o brilho dos olhos.

É preciso dizer que essa afirmação tão taxativa sobre a existência de um riso entre os macacos só aparece nas conclusões do livro. No restante da obra, Darwin faz referências a uma espécie de riso encontrado entre os macacos, sem afirmar, contudo, que equivaleria ao riso humano. Aliás, ele jamais afirma que o macaco *ri*, e sim que os sons que emite *correspondem* ou são *análogos* ao riso do homem. Além disso, alguns movimentos do riso do macaco e do riso do homem não correspondem entre si, como o movimento do tórax: "(...) no homem, os músculos do tórax são mais particularmente atuantes, enquanto, com esse babuíno e com alguns outros macacos, são os músculos das mandíbulas e dos lábios que são afetados espasmodicamente". Dir-se-ia que falta aos macacos a comoção do *diafragma*, para que venham a ter o "verdadeiro riso".

Essa dúvida quanto à correspondência entre o riso do macaco e o riso do homem pode ainda ser ilustrada por duas passagens, bastante distantes uma da outra, em que o emprego da palavra riso (*laughter*) parece ser exclusivo ao homem, enquanto aos macacos é atribuído um "risinho" (*tittering*).[26]

A hesitação em atribuir aos macacos um riso idêntico ao nosso não deve, contudo, diminuir a importância da afirmação que Darwin faz ao final de seu livro. Que o riso seja comum a todos os homens não é certamente novo na história do pensamento sobre o riso, mas que ele não seja mais próprio do homem é uma circunstância notável. A asserção de Darwin é bastante clara: o riso enquanto signo de prazer ou alegria era praticado por nossos ancestrais bem antes de serem humanos. O atributo humano deixa de ser, portanto, condição necessária para a definição do riso.

Voltemos à questão do choro que acompanha o riso excessivo. É interessante notar que o riso é a primeira das expressões evocadas por Darwin quando especula sobre a sucessão das expressões adquiridas ao longo da evolução humana, sugerindo que ele seja, se não a primeira, pelo menos uma das primeiras expressões adquiridas em nossa ascendência, ao lado de outras igualmente muito antigas, como o medo e a raiva. Já o advento do choro, segundo ele, é mais recente, porque depende de uma certa conformação dos músculos em volta dos olhos. Por isso nossos parentes mais próximos — os macacos antropomorfos — não choram. É essa defasagem entre o advento do riso e o do choro que explica, a meu ver, o interesse de Darwin pelo choro do riso excessivo: se os selvagens também choram de rir é porque seu riso não é mais aquele dos macacos. E temos aí, ainda que indiretamente, mais uma diferença entre o riso dos homens e aquilo que lhe seria correspondente nos macacos.

Em todo caso fica claro que, para Darwin, o homem ri muito menos por causa de sua razão ou de sua desrazão, do que porque descende dos macacos — é por isso que todos os seres que têm essa ascendência comum também riem, desde o selvagem até o homem civilizado. E se agora vertemos lágrimas durante o riso excessivo, isso se deve apenas à evolução da espécie, que tornou o homem fisicamente apto a chorar.

Essa dissolução do significado do riso na linha neutra da evolução é ainda reforçada pelo estilo imparcial da descrição empírica que predomina no texto de Darwin. A própria definição do riso parece ter perdido em importância, porque ele pode resultar de situações tão diversas quanto a superioridade, a incongruência, a alegria e a surpresa.

Pode-se falar portanto de um enfraquecimento da função significativa do riso na teoria de Darwin. Seu percurso assemelha-se ao de Spencer, que reúne todas as ações do corpo e do entendimento sob o denominador comum e neutro da energia nervosa: a energia descarregada no riso tem a mesma natureza da que engendra o pensamento ou os sentimentos. O riso perde, pois, em especificidade, tornando-se um fenômeno "neutralizado" pela ciência; se ainda "significa" algo, é muito mais por atestar pressupostos científicos: o princípio do transporte da energia nervosa, ou a origem comum da espécie humana.

O caso Bergson

A série de três artigos sobre o riso de Henri Bergson publicados na *Revista de Paris* em 1899 e reunidos em livro em 1900 sob o título *O riso: ensaio sobre a significação do cômico* é um dos textos mais conhecidos e citados nas pesquisas contemporâneas sobre o riso, constituindo freqüentemente o limite até onde se vai para dar conta de formulações anteriores sobre o assunto. Por isso, suas asserções adquirem quase sempre um caráter de autoridade original.[27]

O texto encerra, porém, uma formulação teórica bastante ambivalente, circunstância que passa despercebida em leituras não muito atentas do livro. Apesar de escrito na virada do século, parece, em parte, mais "antigo" do que as teorias de Jean Paul e Schopenhauer (que Bergson não cita), na medida em que define o cômico principalmente como uma manifestação negativa, que o riso tem por tarefa corrigir. Pode-se dizer que Bergson redescobre o que era voz corrente há mais de um século na discussão sobre o "ridículo" e a utilidade de sua aplicação. Cômico e riso, para ele, são, respectivamente, um desvio negativo e sua sanção funcional que restabelece a ordem da vida e da sociedade. Observa-se, contudo, ao longo de todo o texto e mais claramente no seu final, que o modelo de Bergson corre o risco de tropeçar em seus próprios argumentos. É sobretudo essa ambivalência de sua teoria que pretendo destacar aqui.

Bergson sempre utiliza a palavra cômico (*comique*) para designar aquilo de que se ri — por isso vamos preferi-la aqui a "risível". Sua definição do cômico enquanto "mecânico aplicado sobre o vivo" (*du mécanique plaqué sur du vivant*) é bastante conhecida nos estudos sobre o riso. Ela é, para Bergson, o *leitmotiv* que ressalta de todos os "procedimentos de fabricação do cômico".

O vivo (*vivant*) tem valor de fundamento em relação ao mundo, à sociedade e à conduta humana. Ele é a mudança constante, no tempo e no espaço, das coisas, dos acontecimentos e do homem. O vivo é naturalmente dado, porque é natural que as coisas não se repitam e que estejam sempre em transformação progressiva, como é o caso dos seres estudados pela biologia. Henri Gouhier salienta, aliás, entre as especificidades do pensamento de Bergson, o fato de ele tomar a biologia como ciência modelo da filosofia.[28] Para Bergson, a sociedade e a vida exigem que o homem esteja em constante adaptação, submetido às forças complementares de tensão e elasticidade que a vida coloca em jogo. Quando essas duas forças de adaptação faltam ao corpo, surgem as doenças; quando elas faltam ao espírito, seguem-se a pobreza psicológica e a loucura, e quando elas faltam ao caráter, dá-se a inadaptação à vida social, que às vezes leva ao crime. A ausência de adaptação e de mudança constantes constitui, então, o mecânico — uma espécie de doença, um desvio em relação ao que é dado por natureza.

A definição do cômico como "mecânico aplicado sobre o vivo" ganha sentido na medida em que o riso adquire uma *função social*: aquilo de que se ri é aquilo de que é preciso rir para restabelecer o vivo na sociedade.

> Toda rigidez do caráter, do espírito e mesmo do corpo é, pois, suspeita para a sociedade, por ser signo de uma atividade que adormece e também de uma atividade que se isola, que tende a se afastar do centro comum em torno do qual a sociedade gravita (...). Essa rigidez é o cômico, e o riso é seu castigo.[29]

O significado necessariamente social do riso e do risível é o argumento que Bergson utiliza contra as tentativas de definição do cômico pela via do contraste, que "não explicam absolutamente por que o cômico nos faz rir":

> Para compreender o riso é preciso recolocá-lo em seu meio natural, que é a sociedade; é preciso principalmente determinar sua função útil, que é uma função social. Tal será (...) a idéia diretriz de todas as nossas pesquisas. O riso deve responder a certas exigências da vida em comum. O riso deve ter uma significação social.

A ênfase na função social do riso também aparece no apêndice à 23ª edição do ensaio, originariamente escrito em 1919, no qual Bergson explica que, além da investigação sobre os "procedimentos de fabricação do cômico", quis pesquisar "a intenção da sociedade quando ri", "a causa especial de desarmonia que produz o efeito cômico". Bergson conclui que, nessa causa, há algo de atentatório à vida social, o que faz com que a sociedade responda com "um gesto (...) que dá um leve medo".

Já se pode observar que o projeto de Bergson se afasta da abordagem estética ou filosófica que verificamos desde a teoria de Flögel até a de Schopenhauer — teorias cujo objetivo, aliás, era justamente explicar por que a incongruência, o contraste ou o absurdo fazem rir. Para Bergson, não é no terreno do entendimento que se deve procurar a essência do riso e do cômico, mas no da sociedade. O riso torna-se um fato social passível de ser "isolado" pela sociologia, que nasce como ciência.

Para apreender a teoria de Bergson, é preciso examinar alguns trechos de sua análise das diferentes formas do cômico, todas explicadas pela fórmula do "mecânico aplicado sobre o vivo": o cômico acidental e o não-acidental, o cômico de formas, de gestos, de ação, de palavras e, finalmente, de caracteres. Não fica claro se esses diferentes "procedimentos de fabricação do cômico" são termos de uma classificação, nem por que foram escolhidos em detrimento de outros. É interessante observar que algumas formas se aproximam da classificação da retórica antiga, como o "cômico de ação" e o "cômico de palavras", enquanto outras, como o "cômico acidental" e o "não-acidental", fazem lembrar a classificação de Joubert entre o fato risível que ocorre por acaso e aquele que fazemos de propósito.

As formas que aparecem primeiro são o cômico acidental, provocado por uma circunstância exterior, e o cômico que vem do interior, como o de um personagem. O cômico acidental é, por exemplo, a queda provocada por uma pedra no caminho: o homem que continua seu passo mecânico em vez de desviar-se da pedra e, em conseqüência, tropeça e cai, é objeto do riso dos passantes porque, "por distração ou obstinação do corpo, por um efeito de rigidez ou de velocidade adquirida, os músculos continuaram imprimindo o mesmo movimento quando as circunstâncias pediam outra coisa". O mesmo se aplica ao cômico que se instala na pessoa, como no caso do distraído, que apresenta uma rigidez dos sentidos e da inteligência porque se adapta sempre a uma situação imaginária em vez de se moldar à realidade presente. A distração, diz Bergson, não é a fonte do cômico, mas é "uma das grandes vertentes naturais do riso". Veremos que também é a principal sede da ambivalência que ressalta de sua teoria.

O fator da distração também aparece no "cômico das formas". De acordo com Bergson, rimos de deformações fisionômicas ou corporais porque elas são rígidas, parecem mecânicas e não têm nada a ver com a alma e a personalidade. Estas últimas pertencem ao reino do vivo: elas são mudança e se exprimem na fisionomia normal e harmônica. A alma, infinitamente flexível e eternamente móvel, passa à matéria por meio do que chamamos de graça. Quando a matéria resiste e fixa no corpo contrações, e não movimentos graciosos, obtém-se um efeito cômico. É por isso que o cômico se opõe "à graça, mais do que à beleza", e é muito mais rigidez do que torpeza.

Percebe-se aqui uma pequena diferença em relação às teorias analisadas no capítulo 4. Para Monboddo, assim como para Shaftesbury, a ordem natural das coisas era a beleza, à qual se opunha a deformidade ou a torpeza cômica. Já em Bergson o cômico se opõe, não à beleza, mas à graça que resulta do eternamente flexível e móvel. A diferença é sobretudo terminológica, porque o modelo da ordem natural (o vivo), em relação à qual o cômico seria um desvio (a rigidez), continua a explicar a essência do risível.

As deformações risíveis são ainda mais cômicas, diz Bergson, "quando podemos vincular esses caracteres a uma causa profunda, a uma certa *distração fundamental* da pessoa, como se a alma se tivesse deixado fascinar, hipnotizar, pela materialidade de uma ação simples". Esse é, por exemplo, o fundamento de toda a arte do caricaturista, que apreende a distração fundamental à qual um rosto se renderia se fosse dominado pela matéria. É interessante observar que a oposição inicial entre o vivo e o mecânico começa a ser invertida. Bergson afirma que todo rosto, por mais regular ou harmonioso que seja, nunca tem um equilíbrio absolutamente perfeito. Podemos ver nele "a indicação de uma ruga que se anuncia, o esboço de uma careta possível, enfim uma deformação". É esse movimento que o caricaturista teria a capacidade de apreender e de exagerar, revelando as "deformações que deveriam ter existido na natureza (...), mas que não puderam se constituir, reprimidas por uma força melhor", ou por uma "força mais racional (*raisonnable*)", como ele a chama em seguida. Em outras palavras: quando a alma, a graça e a força mais racional se distraem, a matéria, a natureza e a rigidez aparecem, desencadeando o efeito cômico. O mecânico não é, portanto, simplesmente automático ou superficial; ele se torna subjacente e tão fundamental quanto a natureza, chegando à superfície após um momento de distração da alma.

Do cômico das formas, Bergson passa ao dos gestos. Os gestos cômicos são os que se repetem mecanicamente, sem refletir os estados da alma. Estes últimos nunca se repetem, e quando chegamos a fazer gestos automáticos, isso significa que deixamos de ser nós mesmos. É por isso que "dois rostos semelhantes, que não fazem rir em particular, fazem rir juntos por sua semelhança", como dizia Pascal: eles são cômicos porque parecem dois exemplares de um mesmo molde, à semelhança da fabricação industrial. Vale notar que o tema dos rostos semelhantes não é incomum nos textos que tratam do riso. Ele aparece, por exemplo, no tratado de Joubert, como uma das provas das maravilhas da natureza, e também no livro de Jean Paul, que o menciona mais para denunciar seu caráter trágico: "A mim me surpreende, pois, que tal horrível duplicação da forma só tenha sido empregada de maneira cômica, e não também trágica".[30]

A distração que permite a emergência do cômico reaparece no início da seção sobre o cômico de gestos. Dessa vez, ela não pertence ao objeto cômico, mas ao sujeito que ri. O exemplo que abre a seção é o de um orador que acompanha sua idéia (que, como o vivo, é "coisa que cresce, germina, floresce, morre") com certo movimento repetido do braço ou da cabeça. Para o espectador, esse gesto repetido pode tornar-se fonte de riso: "Se o noto, se ele basta para *me distrair*, se eu o espero na passagem e se ele ocorre quando o espero, involuntariamente rirei."[31] O observador se distrai, e isso significa que o mecânico pode se instalar no sujeito que ri. Cabe perguntar, então, onde fica a função social do riso que consiste em corrigir toda rigidez, se a rigidez também faz parte daquele que ri.

Antes de chegar ao cômico de situação (tema do segundo artigo de seu ensaio), Bergson percorre ainda três caminhos vinculados à fórmula do "mecânico aplicado sobre o vivo". Trata-se, nesse longo parêntese, de analisar a mecanização das coisas vivas. O primeiro caminho é o que nos interessa especialmente aqui; aquele que conduz aos disfarces do homem, da natureza e da sociedade. O disfarce do homem não é cômico apenas quando ele se disfarça, mas principalmente quando o imaginamos disfarçado, quando, por exemplo, um nariz vermelho parece um nariz pintado.[32] O disfarce da natureza se dá quando a imaginamos como uma mascarada, ou quando a vemos trucada mecanicamente, como no caso da senhora que chega atrasada para contemplar um eclipse lunar e pede ao astrônomo que o repita para ela. O disfarce da sociedade, por sua vez, ocorre quando percebemos rigidez na superfície da sociedade viva. Por exemplo, nas cerimônias: "se esquecemos o objeto grave de uma solenidade ou de uma cerimônia, aqueles que dela participam nos parecem mover-se como marionetes".[33] Nos três casos, verifica-se que o que torna cômicas as coisas "disfarçadas" não é propriamente o "mecânico" que elas contêm, mas aquele que elas adquirem seja em nossa imaginação, seja pelo *esquecimento* daquilo que, na verdade, significam. A "aplicação do mecânico sobre o vivo" depende do *sujeito* que imagina mascaradas onde elas não existem. A despeito do próprio Bergson (que, aparentemente, não se dá conta dessa inversão), sua explicação do advento do riso se aproxima da descoberta de Jean Paul, segundo a qual o cômico não estaria no objeto, e sim no sujeito.

Chegando ao cômico de ação ou de situação, Bergson restringe seu campo de observação ao teatro. A comédia, diz, é para o adulto o que o jogo é para a criança. E destaca três jogos infantis como formas de aproximação dos recursos da comédia. O primeiro é a caixa de onde salta um palhaço de molas; sua projeção, no teatro, seriam as situações cômicas que se repetem, são comprimidas e se repetem novamente. O segundo, o polichinelo, aparece na comédia quando um personagem se vê entre duas opções diferentes, de que outros personagens o persuadem, mas guarda a ilusão de que detém a liberdade de escolha. Por fim, haveria no teatro a bola de neve, quando uma ação ou situação toma proporções tais que provoca toda espécie de ação — por exemplo, uma carta que percorre os caminhos mais inacreditáveis, enquanto aquele que a procura engaja todo mundo em sua busca.

Por que rimos quando um desses três jogos mecânicos ocorre no teatro? pergunta Bergson. Mais uma vez, a resposta é dada pela função corretiva do riso. Mas nesse caso somos informados de que não apenas o homem, mas também os *acontecimentos* se distraem de sua continuidade viva! A curiosidade do raciocínio exige uma citação mais longa:

> Mas por que rimos desse arranjo mecânico? (...) A essa questão, que já se apresentou a nós sob várias formas, daremos sempre a mesma resposta. O mecanismo rígido que surpreendemos de tempos em tempos, como um intruso, na continuidade viva das coisas humanas, tem para nós um interesse todo particular, porque ele é como uma distração da vida. Se os *acontecimentos* pudessem estar incessantemente atentos a seu próprio curso, não haveria coincidências, encontros, séries circulares; tudo se desenrolaria e progrediria sempre. E se os homens estivessem sempre atentos à vida, se retomássemos constantemente contato com outrem e também conosco, jamais algo pareceria se produzir em nós por molas ou barbantes. O cômico (...) exprime, pois, uma imperfeição individual ou coletiva que pede a correção imediata. O riso é essa própria correção. O riso é um certo gesto social que sublinha e reprime uma certa distração especial dos homens *e dos acontecimentos.*

Bergson não parece, contudo, embaraçado por essa personificação dos acontecimentos. Ele a retoma um pouco adiante, quando examina os procedimentos do *vaudeville* que também aparecem na vida real: a repetição, a inversão e a interferência de séries. Quando um dos três procedimentos ocorre fora do teatro, isto é, na vida real, quando a vida se torna um *vaudeville*, diz Bergson, é porque ela se esquece dela mesma!

> A vida real é um *vaudeville* na exata medida em que produz naturalmente efeitos do mesmo gênero, e, por conseguinte, na exata medida em que se esquece dela mesma, porque se estivesse sempre atenta, seria continuidade variada, progresso irreversível, unidade indivisa. E é por isso que se pode definir o cômico dos acontecimentos como uma distração das coisas, do mesmo modo que o cômico de caráter individual decorre sempre (...) de uma

> certa distração fundamental da pessoa. Mas essa distração dos acontecimentos é excepcional. Seus efeitos são leves. E é, em todo caso, incorrigível, de modo que de nada serve rir dela. Não teria ocorrido a idéia de exagerá-la, de erigi-la em sistema, de criar uma arte para ela, se o riso não fosse um prazer e se a humanidade não agarrasse rapidamente a menor chance de fazê-lo nascer.

Essa passagem contém diversos elementos dignos de nota. Primeiro, é curioso que a vida "personificada", esquecendo-se dela mesma, perca justamente o caráter "vivo" que a distinguia do mecânico. Nesse contexto, o mecânico deixa de ser uma automatização superficial, aplicada sobre o vivo, para se tornar uma instância mais fundamental das coisas, pertencente a sua "natureza": basta que a vida se esqueça dela mesma para que o mecânico aflore à superfície.[34] Além disso, o riso está novamente condicionado a sua *utilidade*: não adianta rir da distração da vida e da distração dos acontecimentos porque são incorrigíveis. Dir-se-ia que a função social do riso entra aqui numa espécie de vácuo que põe em xeque sua eficácia teórica. Com efeito, a última frase do trecho transcrito revela uma primeira mudança na avaliação de Bergson: o riso é agora um *prazer*.

O terceiro artigo do ensaio tem por tema o cômico de caracteres, a forma mais elevada de manifestação do cômico que se encontra no que Bergson chama de "alta comédia" (*haute comédie*). Trata-se do cômico do personagem de comédia, um personagem-tipo marcado pela rigidez de caráter, isto é, pela insociabilidade, que é então corrigida pelo riso.

Pode-se reconhecer nessa parte do texto duas questões que remontam à *Poética* de Aristóteles. Primeiro, Bergson destaca uma condição: o defeito do personagem cômico não deve emocionar o espectador. Se for apresentado "de modo a comover minha simpatia, ou meu medo, ou minha piedade, é o fim, não posso mais rir".[35] Aliás, essa questão também aparece no início do ensaio, quando Bergson estabelece os três lugares (*places*) onde se deve procurar o cômico: ele é necessariamente humano, social e insensível, sendo a insensibilidade justamente a incompatibilidade do riso com a emoção. Vale notar que essas asserções não são relacionadas, no texto, à tradição teórica que declara o riso incompatível com a piedade, o medo ou a dor, ou ainda, nos termos de Beattie, com emoções de "maior autoridade". Bergson não faz qualquer referência a esses autores, nem mesmo a Aristóteles.

A segunda proximidade com a *Poética* aparece quando estabelece o lugar da comédia entre as artes e em relação à tragédia: a comédia é "*a única* de todas as artes que visa ao geral". O próprio título das grandes comédias já seria significativo: o Misantropo, o Avaro, o Jogador, o Distraído etc. Além disso, na linguagem comum dizemos "um Tartufo", mas nunca "uma Fedra". Essa distinção tem certamente como origem a questão do caráter geral da poesia, cuja prova era, para Aristóteles, a comédia, em que se atribuem quaisquer nomes aos personagens, ao contrário da tragédia.

Outra herança de teorias anteriores é a descrição das condições necessárias "para criar uma disposição de caráter idealmente cômico". Misturando um conjunto de nove condições — como, por exemplo, uma disposição ao mesmo tempo profunda e superficial, visível e invisível, incômoda etc. —, Bergson deduz que o resultado dessa mistura é a *vaidade*. A vaidade é a forma superior do cômico e se estende a todas as outras: ela é o defeito mais superficial e mais profundo; ela renasce sempre, é durável; todos os vícios gravitam ao seu redor; ela parte da vida social, já que é uma admiração fundada na admiração que pensamos que os outros têm de nós. Em suma, "o remédio específico da vaidade é o riso" e "o defeito essencialmente risível é a vaidade". Novamente, não há, no texto, referências à tradição teórica que faz da vaidade o defeito cômico por excelência (ver especialmente o capítulo 4).

Mas é o final do ensaio que nos interessa particularmente, porque nele Bergson se volta para o *absurdo*, questão que, a seu ver, teve que ser negligenciada até aquele momento por causa de sua preocupação primordial em "resgatar a causa profunda do cômico". O absurdo constitui um fator importante, diz Bergson, porque concerne à estranha lógica do personagem cômico. Ao contrário do que teriam afirmado outros autores, nem todo absurdo é cômico; só o absurdo que constitui uma inversão especial do bom senso é realmente cômico: aquele que modela as coisas de acordo com uma idéia, e não as idéias de acordo com as coisas. "Ele consiste em ver diante de si o que se pensa, em vez de se pensar naquilo que vemos."

Dom Quixote, nesse contexto, é o tipo geral do absurdo cômico: um espírito obstinado, que caminha por distração e por automatismo e que não age de acordo com o bom senso, porque vê "gigantes lá onde vemos moinhos de vento". Sua lógica particular é a mesma que a dos sonhos: nela, reconhecemos a alienação e a idéia fixa.

Bergson formula então um teorema: "o absurdo cômico é de mesma natureza que o dos sonhos". Para prová-lo, estabelece três níveis de identidade entre o cômico e o sonho. Primeiro, diz, observa-se em ambos um "relaxamento geral das regras de raciocínio": rimos dos raciocínios que sabemos falsos, mas que poderiam ser verdadeiros se aparecessem em sonho. Esses falsos raciocínios enganam o espírito que adormece, como nos jogos de palavras: relaxamos a ponto de apenas registrar os sons, e não mais o sentido. Isso ainda é uma lógica, diz Bergson, mas uma lógica que nos repousa do trabalho intelectual. A segunda identidade diz respeito às obsessões cômicas, que se assemelham às do sonho, pois repetem-se em um *crescendo* particular. Temos, por fim, o absurdo cômico, que é de natureza igual à do sonho porque há nele "uma demência que é própria ao sonho" e que consiste na fusão das pessoas.

De repente, no aspecto do cômico que teve de ser negligenciado durante todo o ensaio, surge a relação entre o cômico e algo situado fora do pensamento sério: no cômico, como no sonho, o relaxamento das regras de raciocínio faz com que aceitemos como verdadeiras lógicas falsas.

É evidente que essa nova concepção do cômico inverte o esquema de Bergson. Com efeito, no início da parte conclusiva do ensaio, ele reconhece a diferença entre as duas abordagens e tenta minimizá-la: "Visto deste último ponto de vista, o cômico nos apareceria sob uma forma um pouco diferente do que aquela que lhe conferimos." A "forma um pouco diferente", contudo, diz respeito à própria definição do riso e do cômico. Se até então o riso era uma *correção*, com o absurdo, diz Bergson, ele se torna um *relaxamento* (*détente*). Como o sonho, o cômico nos relaxa do "esforço ininterrupto da tensão intelectual" e do trabalho sempre atento do bom senso. Riso e cômico são, então, situados ao lado da preguiça, do jogo e da distração. Ante o cômico, "não procuramos mais nos adaptar e readaptar sem cessar à sociedade de que somos membros. Nos relaxamos da atenção que devíamos à vida. Parecemos, mais ou menos, um distraído. (...) Rompemos com as conveniências como rompíamos há pouco com a lógica".

Visto deste último ponto de vista, aquele que ri é também um distraído. Enquanto observador do objeto cômico, ele deve esquecer as conveniências e a lógica e aceitar que o absurdo possa ser verdade, mesmo sabendo que não é. Ele deve se dar "o ar de alguém que joga". "Durante um instante, pelo menos, nos misturamos ao jogo. Isso repousa da fadiga de viver."

As ambivalências que destacamos ao longo do texto surgem agora mais acentuadas. A sociedade, que estava sempre em mudança, torna-se marcada antes de tudo pela norma e pelas conveniências. Aquele que não se adapta a ela não é mais sancionado pelo riso, mas é ele mesmo quem ri, o distraído. A oposição central entre o vivo e o mecânico cede lugar à distração, que se torna a categoria-chave para apreender tanto o riso quanto o cômico. E o objeto do riso deixa de ser negativo para sinalizar o relaxamento e o jogo que repousam da fadiga de viver.

Bergson não se estende, porém, sobre as conseqüências desse novo quadro. No total, as considerações acerca do absurdo só ocupam oito das 102 páginas do ensaio. Ao seu final, ele retorna ao esquema anterior, argumentando que o relaxamento procurado pelo cômico só repousa um instante, já que a simpatia que experimentávamos em relação ao objeto cômico logo se esvai. Essa simpatia equivale à do pai severo que se associa por esquecimento a uma travessura do filho, mas logo pára para corrigi-la. Ou seja, é a simpatia de Bergson pelo cômico que se vê agora corrigida: "O riso", retoma, "é antes de tudo uma correção. Feito para humilhar, deve dar à pessoa que dele é objeto uma impressão penosa. Através dele a sociedade se vinga das liberdades que foram tomadas com ela. Ele não atingiria seu objetivo se portasse a marca da simpatia e da bondade."

No prefácio e no apêndice de 1924, Bergson explica que a intenção de seu ensaio foi tratar do assunto com precisão e rigor científicos, seguindo um método totalmente diferente dos autores que se teriam ocupado do riso até então: em vez de definir o cômico por um ou vários caracteres gerais e em seguida alocar alguns efeitos cômicos ao círculo por demais amplo da definição, teria tentado examinar primeiro as variações do cômico, que seriam mais importantes do que o tema geral. Observa-se, contudo, que, malgrado a intenção declarada, o ensaio é atravessado por uma fórmula geral na qual o riso *deve* ser alocado: ele é a correção do mecânico que se aplica sobre o vivo como uma força anti-social. Ao mesmo tempo, vê-se bem como essa fórmula deixa escapar, como que por distração, asserções que podem levar ao oposto de sua intenção: o riso não seria correção, mas distração, e o cômico não seria negativo, mas decorrente de uma natureza mais profunda das coisas.

Nesse sentido, a teoria de Bergson talvez seja a mais ambivalente de todas as teorias tradicionais sobre o riso. Ele constrói seu texto sustentando duas definições incompatíveis, conservando sempre a aparência de uma congruência científica. Uma das definições é expressamente declarada e constitui seu *leitmotiv*. Mas a outra também é declarada, não só nas oito páginas ao final do livro, mas ao longo de todo o ensaio. Que a sociedade seja às vezes o vivo, às vezes o mecânico; que o mecânico seja às vezes o automatismo, às vezes uma essência profunda que vem da natureza das coisas; que aquele que ri possa se distrair e ser, ele mesmo, tomado pelo mecânico em vez de corrigi-lo — tudo isso não constitui problema na argumentação de Bergson.

É interessante notar como essa teoria tão ambivalente pôde sobreviver até nossos dias. Da parte do próprio Bergson, surpreende que esses problemas não lhe tenham saltado aos olhos mesmo 25 anos após a primeira edição do ensaio, já que em 1924 ele ainda estava convencido da rigorosa validade de seu estudo. Quanto à recepção contemporânea do ensaio, parece que a maioria das leituras não resiste à extensão e às repetições do texto e se limita às primeiras seções do livro, onde se encontra a fórmula do "mecânico aplicado sobre o vivo" e as condições de desencadeamento do riso — o fato de ser humano, social e insensível. Essas são, com efeito, as citações mais freqüentes do texto de Bergson, que, isoladas do restante do ensaio, não suscitam dificuldades.

Cabe destacar a opinião de autores de peso para a história do pensamento sobre o riso. Freud refere-se três vezes ao ensaio de Bergson em seu estudo sobre o chiste. Em todas as três, nota-se certo zelo em sublinhar os atributos do texto, como em "o belo e vivaz livro de Bergson",[36] mas tais elogios não escondem o distanciamento em relação a sua teoria, sobretudo no que concerne à noção do mecânico. Na verdade, a única passagem sobre a qual Freud se pronuncia positivamente é aquela em que Bergson toma os jogos de criança como origem da comédia, idéia que ele, porém, não teria desenvolvido a contento. Bergson, por sua vez, inclui o estudo de Freud na bibliografia acrescentada à 23ª edição do ensaio, mas não deixa de observar que tal bibliografia constitui uma "simples lista dos principais trabalhos publicados (...) nos 30 anos precedentes" que mantêm intactos os resultados de seu método.[37]

Na obra de Bataille, há no mínimo três referências ao ensaio de Bergson, cuja leitura coincidiu, segundo Bataille, com o início de sua "experiência refletida" do riso. Mas sua avaliação da teoria de Bergson não é constante. Em *A experiência interior*, por exemplo, Bataille fala de sua decepção com o ensaio: "eu estava em Londres (em 1920) e devia me encontrar à mesa com Bergson; não tinha lido nada dele (...); tive essa curiosidade, encontrando-me no British Museum pedi *O riso* (o mais curto de seus livros); a leitura me irritou, a teoria me pareceu curta (...), mas a questão, o sentido do riso tendo permanecido oculto, foi desde então a meus olhos a questão-chave".[38] Apreciação semelhante encontra-se em manuscritos de aproximadamente 1958: "li *O riso*, que, como a pessoa do filósofo, me decepcionou".[39]

Para Jacques Le Goff, o estudo de Bergson também se afigurou "extremamente decepcionante", salvando-se desse julgamento apenas a ênfase no aspecto social do riso.[40]

Mas Bataille chega a louvar o ensaio de Bergson na conferência de 1953: "Não é uma leitura que me tenha satisfeito muito, mas ainda assim me interessou fortemente. E não cessei, em minhas diversas considerações sobre o riso, de me referir a essa teoria, que me pareceu todavia uma das mais profundas que já foram desenvolvidas."[41] Isto é: a teoria é curta, mas ainda assim uma das mais profundas. Dir-se-ia que a recepção do texto de Bergson, à semelhança do próprio ensaio, pode ser bastante ambivalente.

* * *

O significado das teorias analisadas neste capítulo pode ser melhor compreendido comparando-se-as aos textos examinados anteriormente. Comecemos pela de Bergson, que, mais do que um ensaio sobre a significação do *cômico*, como quer seu autor, constitui um projeto de fixação da significação do *riso*. A questão colocada abertamente por Bergson é idêntica à que se coloca Hutcheson em seu terceiro artigo: trata-se de saber por que o riso foi implantado em nossa natureza. E sua resposta se assemelha a uma das finalidades do riso de que fala Hutcheson: para corrigir os comportamentos desviantes. A diferença está no fato de que, para Bergson, esse comportamento não se desvia de uma bondade-beleza natural acessível apenas ao homem de senso, mas de uma sociedade, por natureza, viva. Desse ponto de vista, não é necessário ter um sentido apurado da dignidade para rir, e o critério de identificação do risível volta a ser *absoluto*: rimos do que se desvia do vivo e rimos sem remorso.

Como em Joubert, é um riso da deformidade, sendo esta chamada de "mecânico". Mas há uma diferença capital: enquanto para Joubert o defeito risível é algo desprovido de qualquer relevância, para Bergson é importante e deve ser corrigido para que se restabeleça a ordem do vivo. É essa necessidade de corrigir o cômico que justifica, no final das contas, a permissão do riso (sem remorso) da deformidade. O riso de Bergson é legítimo por ter uma *função social* e não por ser efeito da alma maravilhosa.

Eis, portanto, o resultado do projeto de Bergson de fixar a significação do riso: o homem ri para corrigir a rigidez (e não por superioridade, orgulho, por perceber uma incongruência etc.). A questão de saber por que o homem ri sofre um claro deslocamento: é na sociedade que se acha a resposta, e não no "homem". Desse ponto de vista, pode-se falar também, como em Darwin, de um enfraquecimento da significação do riso, em comparação com as teorias que procuram sua causa em um processo cognitivo, afetivo, físico etc. O gesto do riso não significa nada além de sua função social, o que, para Bergson, já é tudo.

Mas a ambivalência de seu ensaio atesta que mesmo essa significação já não é mais possível: seu modelo não resiste à distração, que faz do riso relaxamento e prazer. Bergson não declara a ausência de sentido. Como o tratado anônimo de 1768, seu ensaio conserva a aparência de um sentido que ele não tem. Mas enquanto os três discursos do tratado, mal ou bem, remetem a uma relação entre o riso e a desrazão, o texto de Bergson, que, em princípio, é um movimento coerente, remete a duas explicações antagônicas do riso. Elas não são, evidentemente, antagônicas por definição: a função corretiva do riso coexiste com o argumento do relaxamento desde, pelo menos, os textos medievais que ressaltavam a *delectatio* e a *utilitas* do riso e do risível. Mesmo em Hutcheson, os dois fatores constituem finalidades pelas quais o riso foi implantado em nossa natureza. Mas em Bergson o relaxamento é incompatível com o modelo de explicação não só do riso, mas da sociedade, ou seja, com o fundamento mesmo de sua teoria. Seu ensaio esconde, por trás de uma aparência de coerência, a impossibilidade de conferir um sentido ao riso.

A impressão que nos passam os textos de Jean Paul e Schopenhauer é bem diferente: neles, o pensamento sobre o riso transborda, por assim dizer, em sentido. Em Jean Paul, esse excesso é quase indizível: para cercar o proteu que é o risível, é preciso uma formulação hermética, uma "não-formulação". Além disso, o prazer do risível, de onde se extrai sua natureza, é a liberdade aérea do entendimento, uma liberdade criadora e produtiva dos pontos de vista filosófico e poético, que também faz transbordar o sentido do risível em possibilidades infinitas.

A explicação que sobressai das teorias de Jean Paul e de Schopenhauer é sem dúvida "mais fundamental" do que a dos textos analisados no capítulo 4. Nestes últimos, a instância de uma natureza prévia das coisas e do homem já constituía o fundamento significativo do mundo. Colocar-se a questão do riso era, pois, uma espécie de complemento ao qual se dedicavam os homens letrados, freqüentemente de passagem e às vezes também por acaso. Agora, a questão do riso não é mais complementar nem acessória; ela se vincula ao "fundamental" do não-sério, à necessidade de um "não-entendimento infinito" para a liberdade produtiva do "entendimento".

Em Schopenhauer, a significação do riso não é hermética, e sim notavelmente direta: o homem ri quando se dá conta de um "fundamental" intrínseco às formas de representação pelas quais o mundo é. E ri também porque se satisfaz em ver que a razão se engana em relação à realidade. Desse ponto de vista, observa-se uma mudança importante em relação aos textos examinados no capítulo 4. Vale lembrar que, neles, a gravidade e o sério repousavam na instância subjacente e fundamental da verdade (a verdade moral, Deus, a verdadeira religião, o verdadeiro sentido da política etc.). Ridicularizar algo era útil para deixar clara sua falsa gravidade, uma gravidade com aparência de verdade. Em Schopenhauer, contudo, é a razão (a gravidade, o sério) que se torna "ridícula": ela tem a *aparência* de verdade, porque não é capaz de alcançar a realidade. Os conceitos pelos quais a razão "pensa" a realidade estão sempre sujeitos a um desnudamento que revele sua falsidade, e esse desnudamento nada mais é do que o objeto do riso.

Essa mudança representada pela teoria de Schopenhauer pode nos ajudar a compreender o que se passou na relação entre o riso e o pensamento. De modo esquemático, pode-se dizer que, para as teorias clássicas, o sério e a gravidade coincidem com a verdade, de modo que o não-sério (o espaço do riso) é o não-verdadeiro.

Na abordagem moderna, o sério e a gravidade não coincidem mais com a verdade; o riso continua a ser o não-sério, mas isso, agora, é positivo, porque significa que ele pode ir para além do sério e atingir uma realidade "mais real" que a do pensado. O não-sério passa a ser mais "verdadeiro" que o sério, fazendo com que a significação do riso se torne "mais fundamental". Dir-se-ia que uma teoria do riso que não incorpore essa mudança não é mais possível, sendo provavelmente por isso que Bergson não consegue "significar" o riso.

Notas

1. Flögel, 1976:55.
2. Ibid., p. 102.
3. Ibid., p. 64.
4. Ver Martin, 1974:45 e 68.
5. Para esta citação e as seguintes, ver Kant, 1922:408-11.
6. Ver, por exemplo, Stierle, 1976:237 e 244. Jean Paul não distingue o risível (*das Lächerliche*) do cômico (*das Komische*), de modo que utilizo ambos os termos para designar aquilo de que trata no sexto capítulo de seu livro.
7. Jean Paul, 1975:102.
8. Ibid., p. 105. Apesar de cômico e epopéia serem, aqui, incompatíveis, no oitavo capítulo, quando trata do "humor épico, dramático e lírico", Jean Paul usa expressões como "*Komus* épico" e "poetas cômico-épicos" (p. 156-7).
9. Ibid., p. 109-10. No debate contemporâneo sobre as teses de Jean Paul, afirma-se às vezes que ele teria restringido sua definição do cômico à ação (*Handlung*) (ver, por exemplo, Stierle, 1976:244). Ainda que a *ação* seja preponderante no texto, pelo menos duas vezes Jean Paul fala da *situação* (*Zustand* ou *Lage*), ou ainda do *ser* cômicos (Ibid., p. 109, 110 e 114).
10. Para esta citação e a seguinte, ibid., p. 110. Essa nova designação do risível — "absurdo infinito" — talvez seja resultado da localização do *infinitamente* pequeno no terreno do *Unverstand*.
11. Baudelaire, 1976:532; grifo do autor.
12. Para esta citação e as seguintes, ver Jean Paul, 1975:114, 119 e 122.
13. Para esta citação e a seguinte, ver ibid., p. 200 e 202.
14. Schopenhauer, 1977, v. 1, p. 149.
15. Ibid., v. 2, p. 86; ver também v. 1, p. 72-3.
16. Ibid., v. 1, p. 96.
17. Para esta citação e as seguintes, ver ibid., v. 2, p. 110, 117-8.
18. Na introdução a seu estudo sobre o riso e o choro, Plessner distancia-se do que chama de o "idealismo" de Kant e de Hegel, para justificar seu próprio método de investigação do homem. Talvez por isso não discuta a teoria do riso de Kant, apesar de ela se aproximar bastante de sua própria tese: o riso só pode ser uma reação *do corpo*, diante da impossibilidade de resposta no nível dos sentidos. É curioso ainda que, nas duas ocasiões em que

a teoria de Kant é evocada, ela seja desfigurada. Primeiro, Plessner atribui a Kant uma oscilação entre prazer e desprazer, que seria a essência do cômico, apesar de Kant não falar disso. Segundo, Plessner também faz uma "tradução" equivocada da sentença-chave de Kant, dizendo que ele teria definido o *chiste* (*Witz*) como uma expectativa que se dissolve em nada (ibid., p. 83 e 112).

19. Joachim Ritter (1940), por exemplo, não menciona a teoria de Schopenhauer, e o mesmo se aplica aos artigos do volume *O cômico*, da coleção Poetik und Hermeneutik (Preisendanz & Warning, 1976). Parece, aliás, que a recepção da teoria de Schopenhauer foi mais importante nos países de língua inglesa do que na própria Alemanha (ver, por exemplo, Martin, 1983; Clark, 1987; e Morreall, 1983).

20. Schopenhauer, 1977:147-8.

21. Para esta citação e a seguinte, ver Spencer, 1911:307, grifo do autor.

22. Para a oposição entre o riso e a angústia, ver também Bataille, 1970-76, v. 5, p. 113; e v. 7, p. 275-9, 519 e 544.

23. Spencer, 1911:305.

24. Mais uma vez, nota-se aqui uma proximidade com a formulação de Plessner, para quem a reação do corpo no riso é desprovida de sentido: ao contrário das emoções, diz Plessner, o corpo nada *exprime* com o riso.

25. Para esta citação e as seguintes, ver Darwin, 1972, v. 10, p. 200, 218, 202, 209, 15-22, 362 e 134-5.

26. Ibid., p. 93 e 207. Para as outras referências ao "riso" dos macacos, ver ibid., p. 132-5, e 201.

27. Ver, por exemplo, Hutchings, 1985:55.

28. Ver a introdução à obra de Bergson, na edição aqui consultada, 1970:xv-xvi.

29. Para esta citação e as seguintes, ver Bergson, 1970:396, 390, 485, 391, 400, 399 e 403, grifos do autor.

30. Jean Paul, 1975:113.

31. Bergson, 1970:402, grifo meu.

32. Daniel Cottom destaca outro exemplo dado por Bergson a propósito do disfarce do homem e sugere, com certa razão, que esse exemplo é a questão mais importante de todo o ensaio, porque indica o caráter político, contingente e retórico de toda teoria do riso. "Por que rimos de um negro?", pergunta-se Bergson, concluindo, em seguida, que um rosto negro não seria, para a imaginação, nada além do que um rosto borrado de tinta ou de fuligem (Bergson, 1970:406). De acordo com Cottom, Bergson não reconheceu o quão crucial era essa questão e certamente não lhe deu uma resposta adequada (Cottom, 1989:8).

33. Para esta citação e as seguintes, ver Bergson, 1970:406-9, 428 e 435, grifos meus.

34. Também fica claro que o mecânico pode fazer parte da natureza das coisas na seguinte definição do *vaudeville*: ele "é, para a vida real, aquilo que o polichinelo é para o homem que anda: uma exageração muito artificial de uma certa *rigidez natural* das coisas" (ibid., p. 435, grifo meu).

35. Para esta citação e as seguintes, ver ibid., p. 453, 458, 469, 471, 474-81, grifo do autor.

36. Freud, 1970:207.

37. Bergson, 1970:383.

38. Bataille, 1970-76, v. 5, p. 80.

39. Ibid., v. 8, p. 562.

40. Le Goff, 1989:1.

41. Bataille, 1970-76, v. 8, p. 221.

Considerações finais

> Quem ri não acredita naquilo de que está rindo, mas tampouco o odeia.
>
> Umberto Eco, *O nome da rosa*[1]

No capítulo 1, mencionei um duplo movimento que caracterizaria certas formas de se pensar o riso no século XX: o riso seria simultaneamente um conceito histórico — um objeto a ser apreendido pelo pensamento — e um conceito filosófico — um conceito em relação ao qual o próprio pensamento é pensado. Podemos agora acrescentar as teorias de Jean Paul e de Schopenhauer a esse conjunto, porque, para eles, a significação do riso (o resultado de sua apreensão enquanto objeto do pensamento) é dada pelo fato de ele se situar em um espaço além do pensamento sério, necessário ao próprio pensamento. Essa simultaneidade marca o pensamento moderno sobre o riso, já que, até esse momento, apreender o significado do riso não era declarar sua relação com um fundamental não-sério; até esse momento, o não-sério não era fundamental.

O objetivo destas considerações finais é revisitar o pensamento moderno sobre o riso, tentando compreender o que o torna específico em relação aos pensamentos de "outrora". Mais uma vez, contudo, faz-se necessário não esquecer as inter-relações: as teorias de Jean Paul e de Schopenhauer não são inteiramente novas em relação a certas tradições teóricas, e a significação do riso como conceito filosófico não aparece em todas as concepções contemporâneas do riso. Além disso, e principalmente, o riso moderno não é isento de diferenças.

No capítulo 1, distingui ainda dois movimentos que relacionavam o riso ao "não-lugar", ou ao "nada" que encerra sua própria essência. Primeiro, esse "não-lugar" é definido em relação à ordem do sério — é o não-sério, que também recebe freqüentemente um "nome": o não-consciente de Freud; a outra metade do *Dasein*, para Ritter; a desordem ou a transgressão da ordem para certas pesquisas do campo das ciências humanas; ou ainda o "não-entendimento infinito" de Jean Paul e a "realidade" de Schopenhauer. Esse não-sério é fundamental para que continuemos a pensar o mundo, e por isso a questão do riso também se torna fundamental, pois permite atingir aquilo que o sério não permite, sendo regeneradora, produtora, indispensável.

O outro "não-lugar" não tem nome, sendo ainda mais difícil falar sobre ele. Aparece em algumas passagens das obras de Nietzsche e de Bataille e em certas referências de Rosset ao riso trágico. Não se trata, aqui, de um "lado" não sério ou inconsciente do ser, mas da cessação de ser. Esse riso "da morte" é mais difícil de apreender porque não "significa". Ele é igualmente fundamental, como o outro, mas fundamental para além de tudo o que pode ser "significado": para além do não-consciente, do *Dasein*, da realidade, da desordem. É também indispensável, não por ser produtor e regenerador, mas por ser *destruidor*, já que destrói tanto a verdade do sério quanto a verdade subjacente e fundamental do não-sério. Assim, por exemplo, enquanto para Schopenhauer toda verdade que não tem uma semente concreta é falsa, para Nietzsche parece que a prova da verdade é o riso que a destrói: "E que seja tida como falsa toda verdade que não acolheu nenhuma gargalhada". Se, na mudança identificada ao final do capítulo 5, o não-sério tomou o lugar da verdade, parece que o riso destruidor vai mais longe, negando toda espécie de verdade. "Rir (...) para sair de toda a verdade", diz Nietzsche na *Gaia ciência*.

Hoje é impossível uma significação do riso que não leve em conta a virada que transportou a verdade para o não-sério. Quando se trata de fazer "significar" o riso (apreendê-lo enquanto objeto, defini-lo), é a verdade mais fundamental (inconsciente, criadora, regeneradora etc.) do não-sério que está em causa: o riso *é* o que nos faz ver o mundo com outros olhos, o que nos aproxima da totalidade do *Dasein*, o que permite ultrapassar os limites do pensamento sério. Isso, no que diz respeito ao conceito ao mesmo tempo histórico e filosófico.

O riso destruidor, ao contrário, não admite significação: ele não é um objeto do pensamento, mas um *ato* filosófico (uma "*experiência* refletida", para Bataille). Essa talvez seja a principal diferença entre os dois "não-lugares" a que chegou o riso moderno: o riso destruidor, aquele da necessidade do nada, aquele da experiência do não-saber, *não pode* ser "significado". Bataille observa, em suas notas, que Nietzsche não foi muito explícito sobre o riso e pergunta-se, em seguida, se ele não estaria respondendo, com isso, a alguma exigência que o próprio Bataille não conhecia.[2] Pode-se dizer que essa exigência é justamente a de que o riso do ato filosófico *não pode ser pensado*; no momento em que o pensamos, ele se torna "significado" e deixa de ser uma experiência do não-saber.

O riso destruidor pressupõe, assim, um não-pensamento *sobre* o riso, porque, de outro modo, não destruiria, criaria significação. Nesse sentido, ele se encontra no limite de uma "história do pensamento sobre o riso" — para que *seja*, não pode ser pensado. Daí a dificuldade de falar dele, daí jamais estar separado do outro, daquele que *significa* as possibilidades do não-sério. A obra de Bataille é exemplo expressivo dessa coexistência. Na conferência de 1953, em que explicou sua experiência do riso enquanto experiência do não-saber, encontramos uma definição do risível que aponta para sua significação:

> (...) o desconhecido faz rir. Faz rir por passar muito bruscamente, repentinamente, de um mundo onde cada coisa é bem qualificada, onde cada coisa é dada em sua estabilidade, em uma ordem estável em geral, para um mundo onde de repente nossa segurança cai por terra, onde percebemos que essa segurança era enganadora, e que, lá onde havíamos acreditado que toda coisa era estritamente prevista, ocorreu o imprevisível, um elemento imprevisível e derribador, que *nos revela, em suma, uma verdade última*: que as aparências superficiais dissimulam uma perfeita ausência de resposta a nossa expectativa.[3]

Em outras palavras: no momento em que o riso é pensado, definido como objeto, ele é transportado para um espaço significativo além do sério.

Essa não é a única definição do riso ou do risível de Bataille. Vejamos, por exemplo, como ele "significa" a queda cômica: ela trai "o caráter ilusório da estabilidade"; os que vêem uma pessoa cair "passam, como ela, de um mundo em que cada coisa é estável para o mundo escorregadio".[4] A causa do riso, por sua vez, é assim explicada:

> Dado um sistema relativamente isolado, percebido como sistema isolado, a ocorrência de uma circunstância me faz percebê-lo como ligado a um outro conjunto; essa mudança me faz rir sob duas condições: 1º. que ela seja súbita; 2º. que não haja nenhuma inibição.[5]

Observa-se que, no momento em que o riso é pensado, as tentativas de definição não se afastam muito dos temas recorrentes em toda a história do pensamento sobre o riso: a subitaneidade, a ausência de inibição e assim por diante.

O outro riso, ao contrário, só sobressai dos textos quando se trata do *ato* de destruir; por isso, as formulações que dele falam são eruptivas — não o significam, o proclamam.

Há ainda outra característica do riso pensado como salvação para o pensamento preso no sério: ele não pode ser um riso da deformidade. Rir dos defeitos e das fraquezas alheias é antes reafirmar a ordem do que sublinhar o potencial regenerador e criador da desordem. Os risos de Jean Paul, Schopenhauer e Ritter, bem como o das *definições* de Bataille, não são risos da deformidade, são risos do desconhecido, da surpresa, daquilo que inverte subitamente as concepções estáveis do mundo. O defeito não faz rir enquanto defeito, e sim porque, enquanto desvio da ordem, nos revela o "outro lado" do ser. Um exemplo é a queda cômica: se em Joubert ela fazia rir porque era indecente não saber se portar e cair como um bêbado e em Hutcheson, porque a baixeza contrastava com a idéia de dignidade, em Bataille ela faz rir porque passamos de um mundo estável a um mundo escorregadio, reconhecendo o caráter enganador da estabilidade. Talvez apenas um riso da deformidade ainda seja aceitável nesse universo: o do chiste tendencioso de Freud, que libera inclinações agressivas reprimidas pelo consciente. Mas tal como os demais, esse riso não contradiz a "verdade" do não-sério; ele revela as tendências fundamentais de nossa vida psíquica — a obscenidade e a agressividade.

O outro riso, aquele que destrói as verdades, curiosamente também não é um riso da deformidade — apesar de se constituir em ato destruidor e, por isso mesmo, isento de arrependimento. Isso porque seu objeto não é a torpeza que conhecemos desde Aristóteles. Ao contrário: ele ri das nobrezas, e não das baixezas; do belo, e não da deformidade; do trágico, e não do cômico. E ele ri apesar da compreensão profunda, apesar do sentimento, apesar da piedade. De acordo com Nietzsche: "Ver naufragar as naturezas trágicas e ainda poder rir, apesar da mais profunda compreensão, da emoção e da compaixão, isto é divino." Ou ainda, como conta Bataille em *Sobre Nietzsche*:

> Lembro-me de ter então pretendido que a catedral de Siena, chegando na praça, tinha me feito rir.
> — É impossível, me disseram, *o belo não é risível.*
> Não consegui convencer.
> E contudo eu tinha rido, feliz como uma criança, no adro da catedral que, sob o sol de julho, me ofuscou.

E finalmente: "Rir de Deus, daquilo de que as multidões tremeram, requer a simplicidade, a maldade ingênua da criança."[6]

O riso destruidor ignora os preceitos que marcavam o limite de atualização do riso, e só é destruidor porque os ignora expressamente: os limites impostos por Deus, pelo belo, pela piedade e pela verdade. Mais ainda: ele ignora as leis da natureza em relação ao próprio do homem. Não é mais o animal que deve rir para se tornar homem, mas o homem que deve relinchar para superar os animais. "Para abaixo do animal" chama-se o aforismo 553 do primeiro tomo de *Humano, por demais humano*, de

Nietzsche, que diz: "Quando o homem relincha de rir, supera todos os animais através de sua baixeza."[7]

Esse riso de Nietzsche, que é também o riso da experiência do não-saber de Bataille, nega o riso tal como tratado desde a Antigüidade. Ele nega a superioridade cômoda ("natural") do homem em relação aos animais e sua inferioridade em relação a Deus e torna-se, assim, um riso divino. Seu objeto não é o risível (o desconhecido, a incongruência, a deformidade, a apresentação das coisas de forma contrária à lógica e à verdade etc.), mas aquilo de que é preciso saber rir (a morte), apesar da piedade, apesar da profunda compreensão. Desse ponto de vista, além de pressupor um "não-pensamento" sobre o riso, ele é também um "não-riso".

O outro riso, aquele que significa a verdade do não-sério, ao contrário, continua a ser riso e a ter um objeto risível. Ele é próprio do homem porque o animal não pode se dar conta do fundamental não-sério para o pensamento. (O riso de Darwin não é próprio do homem justamente porque não significa a verdade além do sério; o riso de Darwin só significa a confirmação do modelo da evolução.) Também é caracterizado pela surpresa, pela frustração da expectativa (expectativa do sério), pela subitaneidade, pela brevidade, pelo contrário da lógica e da verdade, pelo desvio da ordem etc. Pode-se mesmo dizer que resulta de um eclipse do julgamento e que ocorre quando a razão relaxa a guarda (especialmente se pensamos no chiste e em suas relações com o inconsciente). Tudo isso não é novo e pode tornar melancólicos os pensamentos modernos sobre o riso. A única diferença está na importância dessas questões para esses pensamentos, no fato de o não-sério ter tomado o lugar da verdade.

Essa diferença é ilustrada pela epígrafe destas considerações finais: "Quem ri não acredita naquilo de que está rindo, mas tampouco o odeia." O autor da frase em *O nome da rosa* é o cego Jorge, responsável por todas as mortes no mosteiro, o que colocou veneno nas páginas do livro II da *Poética* de Aristóteles. No contexto do romance, essa asserção adquire um claro valor de condenação do riso: um ato inútil e nocivo para o pensamento edificante. De acordo com Jorge, a atitude em relação ao objeto do riso não era nem de aprovação (não se acredita nele) nem de rejeição (não se o odeia), mas antes uma "atitude-nada". Não se deve esquecer contudo que o autor dessa frase é também o próprio Eco, que tornou possível o argumento de Jorge e sua tentativa obstinada de impedir os monges de sucumbir à nocividade do riso. O que dizem Jorge e Eco é, ao mesmo tempo, um argumento contra e a favor do riso: se a "atitude-nada" é nociva ao pensamento sério e edificante da teologia medieval, ela é aquilo que falta ao pensamento contemporâneo para se libertar da dominação do sério. O que dizem Jorge e Eco não é formalmente diferente; o que parece ter mudado foram as exigências do pensamento, que hoje declara precisar do não-sério.

Desse ponto de vista, pode-se dizer que a tarefa do pensamento moderno *sobre* o riso é mais fácil do que a enfrentada pelos pensamentos de outrora: não é mais necessário resolver a contradição essencial entre o riso (irracional, involuntário) e o fato de o homem ser racional por excelência. Esta última premissa, assim como o sério, não tem mais o peso de valor primeiro; ao contrário: há que ir além da razão e colocar o boné do bufão para pensar o mundo. O próprio do homem já não é incompatível com o pensamento.

Esse novo quadro talvez seja responsável pelo desaparecimento, nos pensamentos modernos sobre o riso, de certas questões centrais para as teorias de outrora, como a condenação (e a tolerância) ética do riso. De modo esquemático, pode-se dizer que o problema ético nas teorias de outrora era *conciliar* o riso com o homem. Ou tentava-se conciliar o riso com o "lado mau" da natureza humana — ele existia apesar do homem (apesar de sua sabedoria, apesar de seus *great designs*) e, por isso, era preciso evitá-lo — ou regulamentá-lo, de modo que ainda sobrasse um riso próprio ao homem (de senso), um riso não incompatível com sua sabedoria, com sua razão — aquele do relaxamento entre duas tarefas sérias, aquele da utilidade (seja a utilidade retórica, justificada pelos objetivos sérios do discurso, seja a utilidade moral, que corrigia os desvios do sério).

Agora, porém, como o riso já não é incompatível com o homem, a questão ética não mais se coloca. Ao contrário: as *great persons* e os filósofos são aqueles que sabem reconhecer o caráter enganador da ordem estável e que ultrapassam os limites do pensamento sério para lançar novos olhares sobre o universo.

Outra questão que desaparece das teorias modernas é a da paixão que causa o riso. Mais uma vez, pode-se dizer esquematicamente que se tratava de conciliar o próprio do homem com o homem. Já que o riso não se ajustava ao princípio racional, fazia-se necessário buscar suas causas na parte não-racional da alma. Vimos, especialmente em Joubert, como o problema da relação entre o riso e a razão era efetivamente importante: de um lado, o riso pressupunha um ato cognitivo anterior à comoção do coração; de outro, contudo, não obedecia à vontade. Pode-se dizer que Joubert chega a conciliar o riso e o homem porque o homem é conciliado com o mundo maravilhoso. Assim, apesar de não obedecer à faculdade racional, o riso obedece à razão maravilhosa da alma, de Deus, da criação. Curiosamente, a existência desse mundo maravilhoso ao qual o homem está ligado deixa Joubert à vontade para *definir* o riso de todos os lados, para dar um sentido a cada etapa de seu "circuito", para ordená-lo em gênero, classe, espécies e epítetos, e, finalmente, para afastá-lo da morte. Disso resulta um riso positivo, concreto, finito, que não tem paralelos com o riso moderno. Já os pensamentos modernos sobre o riso parecem compensar o mundo desencantado com um riso infinito e indefinido — justamente o inverso do riso de Joubert. Como o mundo não é mais maravilhoso, é no riso, no não-sério, que se situa agora a possibilidade do impossível.

Talvez por isso o riso moderno não aceite as definições concretas e as classificações que fazem a especificidade do tratado de Joubert: ele necessita de uma margem de indefinição. Assim, saber qual o lugar anatômico do próprio do homem (importante para a conciliação concreta, física, do riso com o homem) perdeu a urgência. Também não importa mais apreender o risível em sua concretude, classificá-lo, torná-lo finito. De onde provém o riso (homens, discursos, atos; de nós, de outrem, de elementos neutros), como o risível penetra os sentidos (audição, visão), são questões que cedem lugar a definições nitidamente menos concretas: rimos do desconhecido, do não-entendimento infinito, da incongruência entre a razão e a realidade etc. E apesar de ainda se falar hoje em cômico, chiste, jogo de palavras etc., não há mais classificações que pretendam cercar as possibilidades do risível. O objeto do riso também perdeu sua concretude de objeto. Já não é o objeto que nos faz rir, mas uma certa percepção do que ele significa — a verdade do não-sério. Assim, o risível não existe mais sem o sujeito que lhe empresta essa percepção (Jean Paul), sem a percepção da incongruência (Schopenhauer), sem a percepção de que a segurança era enganadora (Bataille).

O processo de desencadeamento do riso no corpo também perdeu sua concretude. É certo que as descrições fisiológicas de Joubert perderam a capacidade de explicar o fenômeno do riso (o transporte da coisa risível ao coração, o movimento do coração comovido pelos risíveis, os humores e espíritos que sobem à face etc.). Pode-se dizer, contudo, que, na medida em que o riso deixa de ser um fenômeno finito, a questão de seu desencadeamento no corpo ou não se coloca ou permanece secundária. Mesmo as explicações físicas ainda atuais parecem sublinhar a necessidade de conservar uma margem de indefinição a esse respeito, como se o riso fosse uma espécie de "afenômeno": uma descarga de energia não empregada em razão de um curto-circuito psíquico (Freud) ou da atividade simbólica (Lévi-Strauss), um ato reflexo (Schopenhauer), ou ainda uma resposta do corpo no lugar da pessoa (Plessner).

O exemplo de Plessner é bastante expressivo. Em princípio, a questão que se coloca parece ter também como ponto central o problema da conciliação entre o riso e o homem: como pode o homem — que dispõe da linguagem e dos signos — rir e chorar? Entretanto, a solução a que se chega — que, aliás, já está contida na própria pergunta (por ser não-linguagem e não-signo, o riso só pode ser uma resposta do corpo à impossibilidade de resposta) — serve apenas para exacerbar o enigma. *Como* o corpo responde e qual o percurso físico dessa resposta não são importantes. Ao fim e ao cabo, o problema da conciliação mais parece um artifício; o que importa é a possibilidade de um sentido na ausência de sentido. O mistério do riso propositadamente se mantém: o riso não é efeito de uma paixão, não tem um princípio físico ou moral e deve continuar incógnito.

Os pensamentos modernos sobre o riso, aqueles que o "significam", falam, pois, da necessidade de concordância entre o homem e o *impensado*, e não mais do riso como fenômeno que precisa de explicação.

Notas

1. Eco, 1980:158.
2. Bataille, 1970-76, v. 5, p. 542.
3. Ibid., v. 8, p. 216, grifo meu.
4. Ibid., v. 7, p. 273.
5. Ibid., v. 5, p. 389.
6. Ibid., v. 6, p. 82 e 81, grifo meu.
7. Nietzsche, 1963, v. 1, p. 703.

Referências bibliográficas

Aldridge, Alfred Owen. Shaftesbury and the test of truth. In: *Publications of the Modern Language Association of America*. Percy Waldron Long (org.). Modern Language Association of America, 60:129-56, 1945.

Amoureux, Pierre-Joseph. (1814) *Notice historique et bibliographique sur la vie et les ouvrages de Laurent Joubert, chancelier en l'Université de Médecine de Montpellier, au XVIe siècle*. Genebra, Slatkine Reprints, 1971. [Reimpressão da edição de Montpellier de 1814.]

Arêas, Vilma. *Iniciação à comédia*. Rio de Janeiro, Jorge Zahar, 1990.

Aristóteles. *Les parties des animaux*. Texto estabelecido e traduzido por Pierre Louis. Paris, Les Belles Lettres, 1956.

———. *De la génération des animaux*. Texto estabelecido e traduzido por Pierre Louis. Paris, Les Belles Lettres, 1961.

———. *Rhétorique*; livres I et II. Texto estabelecido e traduzido por Médéric Dufour. 3ª ed. Paris, Les Belles Lettres, 1967. 2v.

———. *La poétique*. Texto, tradução e notas de Roselyne Dupont-Roc e Jean Lallot. Prefácio de Tzvetan Todorov. Paris, Seuil, 1980a.

———. *Rhétorique*; livre III. Texto estabelecido e traduzido por Médéric Dufour e André Wartelle. 2ª ed. Paris, Les Belles Lettres, 1980b.

———. *De l'âme*. Tradução de Richard Bodéüs. Paris, Flammarion, 1993.

Arnould, Dominique. *Le rire et les larmes dans la littérature grecque d'Homère à Platon*. Paris, Les Belles Lettres, Collection d'Études Anciennes, 119, 1990.

Bakhtine, Mikhaïl. (1965) *L'oeuvre de François Rabelais et la culture populaire au Moyen Age et sous la Renaissance*. Paris, Gallimard, 1970. Ed. bras.: *A cultura popular na Idade Média e no Renascimento: o contexto de François Rabelais*. São Paulo, Brasília, Hucitec, UnB, 1987.

Bataille, Georges. *Oeuvres complètes*. Paris, Gallimard, 1970-76. v. 2, 5, 6, 7, 8.

Bateson, Gregory. (1955) A theory of play and phantasy. In: *Steps to an ecology of mind*. Nova York, Ballantine Books, 1972. p. 177-93.

Baudelaire, Charles. (1855) De l'essence du rire, et généralement Du comique dans les arts plastiques. In: *Oeuvres complètes II*. Paris, Gallimard, 1976.

Beattie, James. (1776) An essay on laughter and ludicrous compositions. In: *The philosophical and critical works of James Beattie*. Hildesheim, Nova York, Georg Olms, 1975, v. 1, p. 581-705.

Bergson, Henri. (1899) Le rire: essai sur la signification du comique. In: *Oeuvres*. Introdução de Henri Gouhier (1959). 3ª ed. Paris, PUF, 1970. p. 381-483. [A edição compreende o prefácio e o apêndice de Bergson à 23ª edição do ensaio (1924). No apêndice, Bergson reproduz parte de seu artigo "A propos de la 'nature du comique'", publicado em novembro de 1919 na *Revue du Mois*, v. 20.] Ed. bras.: *O riso: ensaio sobre a significação do cômico*. Rio de Janeiro, Zahar, 1983.

Borsche, Tilman. *Was etwas ist. Fragen nach der Wahrheit der Bedeutung bei Platon, Augustin, Nikolaus von Kues und Nietzsche*. Munique, Wilhelm Fink, 1990.

Bréhier, Emile. (1930-38) Thomas Hobbes. In: *Histoire de la philosophie*. 2ª ed. Paris, PUF, 1983. v. 2, cap. V, p. 127-38. Ed. bras.: *História da filosofia*. São Paulo, Mestre Jou, 1977-81.

Burton, Robert. (1621) *The anatomy of melancholy: what it is, with all the kinds, causes, symptoms, prognostickes & severall cures of it*. Organização e introdução de Holbrook Jackson. Nova York, Vintage Books, 1977. [Reimpressão da edição de 1932.]

Cícero. *De l'orateur*; livre deuxième. Texto estabelecido e traduzido por Edmond Courbaud. 4ª ed. Paris, Les Belles Lettres, 1966.

Clark, Michael. Humour, laughter and the structure of thought. *British Journal of Aesthetics*, *27*(3):238-46, verão 1987.

Clastres, Pierre. (1967) De quoi rient les Indiens? In: *La société contre l'État. Recherches d'anthropologie politique*. Paris, Minuit, 1974. p. 113-32. Ed. bras.: *A sociedade contra o Estado*. Rio de Janeiro, Francisco Alves, 1982.

Cohen, Jean. Comique et poétique. *Poétique*. Paris, Seuil (61):49-61, fev. 1985.

Cottom, Daniel. *Text and culture: the politics of interpretation*. Minnesota, University of Minnesota Press, 1989.

Darwin, Charles. (1872) The expression of the emotions in man and animals. In: *The works of Charles Darwin*. Nova York, AMS Press, 1972. v. 10. [Reimpressão da edição de 1896.]

Debus, Allen G. *Man and nature in the Renaissance*. Cambridge, Londres, Nova York, Melbourne, Cambridge University Press, 1978.

Descartes, René. (1628) Règles pour la direction de l'esprit. In: *Oeuvres philosophiques de Descartes*. Textos estabelecidos, apresentados e anotados por Ferdinand Alquié. Paris, Garnier Frères, 1963. v. 1, p. 67-204. [Para a data de redação das *Regulae*, ver as notas de F. Alquié, p. 369-70.]

———. (1649) Les passions de l'âme. In: *Oeuvres philosophiques de Descartes*. Textos estabelecidos, apresentados e anotados por Ferdinand Alquié. Paris, Garnier Frères, 1973. v. 3, p. 939-1103. Ed. bras.: *As paixões da alma*. São Paulo, Abril Cultural, col. Os Pensadores, 1979. [Tradução utilizada nas citações.]

Dilieu, Louis. Laurent Joubert, chancelier de Montpellier. In: *Bibliothèque d'Humanisme et Renaissance; travaux et documents*. Genebra, Librairie Droz, 1969. v. 31, p. 139-67.

Douglas, Mary. The social control of cognition: some factors in joke perception. *Man*, *3*(3):361-76, set. 1968.

Dupréel, Eugène. Problème sociologique du rire. In: *Essais pluralistes*. Paris, PUF, 1949. p. 27-69.

Duvignaud, Jean. *Le propre de l'homme. Histoires du comique et de la dérision*. Paris, Hachette, 1985.

Eco, Umberto. (1980) *O nome da rosa*. Rio de Janeiro, Nova Fronteira, 1983.

Ekmann, Bjørn. Wieso und zu welchem Ende wir lachen. Zur Abgrenzung der Begriffe komisch, ironisch, humoristisch, satirisch, witzig und spaßhaft. *Text und Kontext*. Munique, *1*:7-46, set. 1981.

Encyclopédie, ou *Dictionnaire raisonné des sciences, des arts et des métiers*. Organização de Diderot e D'Alembert. Stuttgart, Bad Cannstatt, 1967. v. 14. [Nova impressão em fac-símile da primeira edição de 1751-80.]

Escarpit, Robert. (1960) *L'humour*. 2ª ed. Paris, PUF, 1981.

Espinosa, Baruch de. (1677) *Ética*. São Paulo, Abril Cultural, col. Os Pensadores, 1979.

Febvre, Lucien. *Le problème de l'incroyance au XVIe siècle. La religion de Rabelais*. Paris, Albin Michel, 1942 e 1968.

Flögel, Karl Friedrich. (1784-85) *Geschichte der komischen Literatur*. Hildesheim, Nova York, Georg Olms, 1976. [Reimpressão da edição de Liegnitz e Leipzig de 1784-85.]

Fontenelle. *Oeuvres complètes*. Genebra, Sklatkine Reprints, 1968. 3v. [Reimpressão da edição de Paris de 1818.]

Foucault, Michel. *Les mots et les choses. Une archéologie des sciences humaines*. Paris, Gallimard, 1966. Ed. bras.: *As palavras e as coisas*. São Paulo, Martins Fontes, 1987.

Freud, Sigmund. (1891) Monographie über die Aphasien. In: *Das Unbewußte*. Frankfurt, S. Fischer, 1975. [Apêndice C: Wort und Ding. Edição universitária, v. 3: Psychologie des Unbewußten, p. 168-73.]

———. (1905) *Der Witz und seine Beziehung zum Unbewußten*. Frankfurt, S. Fischer, 1970. [Edição universitária, v. 4: Psychologische Schriften, p. 9-219.]

———. (1915) *Das Unbewußte*. Frankfurt, S. Fischer, 1975. [Edição universitária, v. 3: Psychologie des Unbewußten, p. 119-62.]

Frye, Northrop. (1957) *Anatomy of criticism. Four essays*. New Jersey, Princeton University Press, 1971. Ed. bras.: *Anatomia da crítica*. São Paulo, Cultrix, 1984.

Fuhrmann, Manfred. *Einführung in die Antike Dichtungstheorie*. Darmstadt, Wissenschaftliche Buchgesellschaft, 1973.

Goffman, Erving. *Frame analysis. An essay on the organization of experience*. Londres, Penguin Books, 1974.

Herrick, Marvin T. (1950) *Comic theory in the sixteenth century*. Urbana, University of Illinois Press, 1964.

Hobbes, Thomas. (1650) The answer of Mr. Hobbes to Sir William Davenant's preface before 'Gondibert'. In: *The English works of Thomas Hobbes of Malmesbury*. Org. de Sir William Molesworth, Bart. Londres, John Bohn, 1839; 2ª ed. Scientia Verlag Aalen, 1966. v. 4, p. 443-58.

———. (1651) Leviathan, or The matter, form, and power of a commonwealth ecclesiastical and civil. In: *The English works of Thomas Hobbes of Malmesbury*. Org. de Sir William Molesworth, Bart. Londres, John Bohn, 1839; 2ª ed. Scientia Verlag Aalen, 1966, v. 3.

———. (1658) Human nature, or the fundamental elements of policy. In: *The English works of Thomas Hobbes of Malmesbury*. Org. de Sir William Molesworth, Bart. Londres, John Bohn, 1840; 2ª ed. Scientia Verlag Aalen, 1966. v. 4, p. 1-76.

Huizinga, Johan. (1938) *Homo ludens. Vom Ursprung der Kultur im Spiel*. Hamburgo, Rowolt, 1956[69]. Ed. bras.: *Homo ludens*. São Paulo, Perspectiva, 1980.

Hutcheson, Francis. (1725[29]) Reflections upon laughter. In: *Collected works of Francis Hutcheson*. Edição em fac-símile organizada por Bernhard Fabian. Hildesheim, Georg Olms, 1971. v. 7; Opera Minora, p. 101-31.

Hutchings, Patrick. Bergson's laughter — a master code? In: Petr, Pavel; Roberts, David & Thomson, Philip (orgs.). *Comic relations. Studies in the comic, satire and parody*. Frankfurt, Bern, Nova York, Peter Lang, 1985. p. 51-6.

Jahn, Franz. *Das Problem des Komischen in seiner geschichtlichen Entwicklung*. Potsdam, A. Stein, 1904.

Janko, Richard. *Aristotle on comedy. Towards a reconstruction of Poetics II*. Londres, Duckworth, 1984.

———. *Aristotle, Poetics I with the Tractatus Coislinianus. A hypothetical reconstruction of Poetics II. The fragments of the On poets*. Indianapolis, Cambridge, 1987.

Jean Paul (Richter). (1804[12]) Vorschule der Ästhetik. In: *Werke in zwölf Bänden*. Org. de Norbert Miller. München, Wien, Carl Hanser, 1975. v. 9.

Joubert, Laurent. (1579) *Traité du ris suivi d'un dialogue sur la cacographie française*. Genebra, Slatkine Reprints, 1973. [Reimpressão da edição de Paris de 1579.]

Kant, Immanuel. (1790) Kritik der Urteilskraft. In: *Immanuel Kants Werke*. Org. de Ernst Cassirer. Berlim, Bruno Cassirer, 1922. v. 5, p. 177-568. Ed. bras.: *Crítica da faculdade do juízo*. Rio de Janeiro, Forense, 1993.

Konder, Leandro. *Barão de Itararé*. São Paulo, Brasiliense, col. Encanto Radical, 1983.

Koyré, Alexandre. (1933) Paracelse. In: *Mystiques, spirituels, alchimistes du XVIe siècle allemand*. Paris, Gallimard, 1971. p. 75-129.

Leeman, Anton; Pinkster, Harm & Rabbie, Edwin. Kommentar. In: Cicero, M. Tullius. *De oratore, libri III*. Heidelberg, Carl Winter Universitätsverlag, 1989. v. 3, livro II, p. 99-290.

Le Goff, Jacques. Rire au Moyen Age. *Cahiers du Centre de Recherches Historiques*. Paris, Centre de Recherches Historiques, École des Hautes Études en Sciences Sociales (3):1-14, avr. 1989.

———. Une enquête sur le rire. *Annales. Histoire, Sciences Sociales*. Paris, École des Hautes Études en Sciences Sociales, *52*(3):449-55, mai/jun 1997.

Leibniz, Gottfried Wilhelm. (1711) Remarques sur un petit livre traduit de l'anglois, intitulé Lettre sur l'Enthousiasme, publiée à la Haye en 1709, où l'on montre l'usage de la raillerie. In: *Die philosophischen Schriften von Gottfried Wilhelm Leibniz*. Hildesheim, Georg Olms, 1965. v. 3, p. 407-17. [Reimpressão da edição de Berlim de 1887.]

———. (1712) Remarques sur trois volumes intitulés: Characteristicks of men, manners, opinions, times, in three volumes. In: *Die philosophischen Schriften von Gottfried Wilhelm Leibniz*. Hildesheim, Georg Olms, 1965. v. 17, p. 423-35. [Reimpressão da edição de Berlim de 1887.]

Levi, Anthony. *French moralists: the theory of the passions, 1585 to 1649*. Oxford, Clarendon Press, 1964.

Lévi-Strauss, Claude. *L'homme nu*. Paris, Plon, 1971.

Mader, Michael. *Das Problem des Lachens und der Komödie bei Platon*. Stuttgart, Berlin, Köln, Mainz, W. Kohlhammer, 1977. (Tübinger Beiträge zur Altertumwissenschaft, 47.)

Marquard, Odo. Exile der Heiterkeit. In: Preisendanz, Wolfgang & Warning, Rainer (orgs.). *Das Komische*. Munique, Wilhelm Fink, 1976. p. 133-51. (Poetik und Hermeneutik, 7.)

Martin, Mike W. Humour and aesthetic enjoyment of incongruities. *British Journal of Aesthetics*. Oxford, Oxford University Press, *23*(1):74-85, inverno 1983.

Martin, Robert Bernard. (1972) *The triumph of wit. A study of Victorian comic theory*. Oxford University Press, 1974.

Mauss, Marcel. (1926) Parentés à plaisanteries. In: *Oeuvres*. Paris, Minuit, 1969. v. 3: Cohésion sociale et divisions de la sociologie, p. 109-25.

Molière. (1669) Préface. In: *Le Tartuffe*. Paris, Larousse, Larousse Nouveaux Classiques, 1971.

Monboddo, James Burnett, lord. (1773-92) *Of the origin and progress of language*. Nova York, AMS Press, 1973. 6v.

Montaigne, Michel de. (1580) Essais. In: *Oeuvres complètes*. Paris, Gallimard, 1962. p. 3-1097.

Montesquieu. Mes pensées. In: *Oeuvres complètes*. Texto apresentado e anotado por Roger Caillois. Paris, Gallimard, 1949. v. 1, p. 973-1574.

Morreall, John. *Taking laughter seriously*. Albany, State University of New York Press, 1983.

Neves, Luiz Felipe Baêta. (1974) A ideologia da seriedade e o paradoxo do coringa. In: *O paradoxo do coringa e o jogo do poder & saber*. Rio de Janeiro, Achiamé, 1979. p. 47-57.

Nietzsche, Friedrich. *Werke in drei Bänden*. Munique, Carl Hanser, 1954; Wissenschaftliche Buchgesellschaft. Darmstadt, 1963. Ed. bras.: *O viandante e sua sombra*. Rio de Janeiro, Tecnoprint, 1986. [Que cito como *Humano, por demais humano*.]; *Assim falou Zaratustra*. Rio de Janeiro, Bertrand Brasil, 1989; *A gaia ciência*. Rio de Janeiro, Ediouro, 1992; *Além do bem e do mal*. São Paulo, Companhia das Letras, 1993.

———. *Die Unschuld des Werdens. Der Nachlass*. Seleção e organização de Alfred Baeumler. Stuttgart, Alfred Kröner, 1978, v. 1.

Olbrechts-Tyteca, Lucie. *Le comique du discours*. Bruxelas, Université de Bruxelles, 1974.

Palmer, D. J. (org.). *Comedy: developments in criticism*. Londres & Basingstoke, Macmillan, 1984.

Petr, Pavel; Roberts, David & Thomson, Philip (orgs.). *Comic relations: studies in the comic, satire and parody*. Frankfurt, Peter Lang, 1985.

Pigeaud, Jackie. *La maladie de l'âme. Étude sur la relation de l'âme et du corps dans la tradition médico-philosophique antique*. Paris, Les Belles Lettres, 1981.

———. Présentation. In: Aristotle. *L'homme de génie et la mélancolie. Problème XXX, 1.* Tradução, apresentação e notas de Jackie Pigeaud. Paris, Rivages Poche, Petite Bibliothèque, 1988.

Platão. La République. Texto estabelecido e traduzido por Emile Chambry. In: *Oeuvres complètes*. Paris, Les Belles Lettres, 1967. v. 7, 1ª parte.

———. Philèbe. Texto estabelecido e traduzido por Auguste Diès. In: *Oeuvres complètes*. Paris, Les Belles Lettres, 1959. v. 9, 2ª parte. Ed. bras.: Filebo. In: *Diálogos*. Belém, Universidade Federal do Pará, 1973. v. 8.

———. Timeu. Tradução de Carlos Alberto Nunes. In: *Diálogos*. Belém, Universidade Federal do Pará, 1977. v. 11.

Plebe, Armando. *La teoria del comico da Aristotele a Plutarco*. Turim, Università di Torino, Facoltà di Lettere e Filosofia, 1952. v. 4, fasc. 1.

Plessner, Helmuth. (1941) Lachen und Weinen: eine Untersuchung der Grenzen menschlichen Verhaltens. In: *Philosophische Anthropologie*. Organização e posfácio de Günter Dux. Frankfurt, S. Fischer, 1970. p. 11-171.

[Poinsinet de Sivry, Louis]. (1768) *Traité des causes physiques et morales du rire relativement à l'art de l'exciter*. Genebra, Slatkine Reprints, 1970. [Reimpressão da edição anônima de Amsterdam.]

Preisendanz, Wolfgang. *Humor als dichterische Einbildungskraft. Studien zur Erzählkunst des poetischen Realismus*. 2. Aufl., Munique, Wilhelm Fink, 1976.

———. Die umgebuchte Schreibart — Heines literarischer Humor im Spannungsfeld von Begriffs-, Form- und Rezeptionsgeschichte. In: *Wege des Realismus, Zur Poetik und Erzählkunst im 19. Jahrhundert*. Munique, Wilhelm Fink, 1977. p. 47-67.

——— & Warning, Rainer (orgs.). *Das Komische*. Munique, Wilhelm Fink, 1976. (Poetik und Hermeneutik, 7.)

Quintiliano. *Institution oratoire*. Texto estabelecido e traduzido por Jean Cousin. Paris, Les Belles Lettres, 1977. v. 4.

Radcliffe-Brown, A.R. (1952) On joking relationships. In: *Structure and function in primitive society*. Nova York, Free Press, 1965. Ed. bras.: *Estrutura e função na sociedade primitiva*. Petrópolis, Vozes, 1973.

Rapin, René. (1675) *Les réflexions sur la poétique de ce temps et sur les ouvrages des poètes anciens et modernes*. Genebra, Librairie Droz, Français Textes Littéraires, 1970.

Ritter, Joachim. (1940) Über das Lachen. In: *Subjektivität. Sechs Aufsätze*. Frankfurt, Suhrkamp, 1974. p. 62-92.

Rocher, Gregory de. *Rabelais' laughter and Joubert's Traité du ris*. Alabama, University of Alabama Press, 1979.

Rosset, Clément. *Logique du pire. Eléments pour une philosophie tragique*. Paris, PUF, 1971. Ed. bras.: *Lógica do pior*. Rio de Janeiro, Espaço e Tempo, 1989.

Sarrazin, Bernard. *Le rire et le sacré*. Paris, Desclée de Brouwer, 1991.

Schalk, Fritz. Das Lächerliche in der französischen Aufklärung. In: *Studien zur französischen Aufklärung*. 2ª ed. rev. e ampl. Frankfurt, Vittorio Klostermann, 1977. p. 164-205. (Das Abendland: N.F., 8.)

Schopenhauer, Arthur. (1818, 1844, [1859]) Die Welt als Wille und Vorstellung. In: *Werke in zehn Bänden*. Zurique, Diogenes, 1977. v. 1-4.

———. (1851) *Parerga und Paraliponema: kleine philosophische Schriften*. Zurique, Haffman, 1988. v. 2.

Screech, M. A. *Rabelais*. Londres, Gerald Ducksorth, 1979.

——— & Calder, Ruth. Some Renaissance attitudes to laughter. In: Levi, A.H.T. (org.). *Humanism in France at the end of the Middle Ages and in the early Renaissance*. Manchester, Nova York, Manchester University Press, Barnes & Noble, 1970. p. 216-28.

Seeger, Anthony. Os velhos nas sociedades tribais. In: *Os índios e nós: estudos sobre sociedades tribais brasileiras*. Rio de Janeiro, Campus, 1980. p. 61-79.

Shaftesbury (Anthony Cooper, Third Earl of). (1708) A letter concerning enthusiasm. In: *Characteristics of men, manners, opinions, times*. Organização e notas de John M. Robertson (1900). Introdução de Stanley Grean. Indianapolis, Nova York, Bobbs-Merrill, 1964. p. 3-39. [Reimpressão da edição de John Robertson, de Londres, 1900.]

———. (1709) Sensus communis; an essay on the freedom of wit and humour. In: *Characteristics of men, manners, opinions, times*. Organização e notas de John M. Robertson (1900). Introdução de Stanley Grean. Indianapolis, Nova York, Bobbs-Merrill, 1964. p. 41-99. [Reimpressão da edição de John Robertson, de Londres, 1900.]

Spencer, Herbert. (1860) On the physiology of laughter. In: *Spencer's essays*. London; Nova York, J.M. Dent & Sons; E.P. Dutton, 1911[28]. p. 298-309. (Everyman's Library, 504.)

Stierle, Karlheinz. Komik der Handlung, Komik der Sprachhandlung, Komik der Komödie. In: Preisendanz, Wolfgang & Warning, Rainer (orgs.). *Das Komische*. Munique, Wilhelm Fink, 1976. p. 237-68. (Poetik und Hermeneutik, 7.)

Striedler, Jurij. Der Clown und die Hürde. In: Preisendanz, Wolfgang & Warning, Rainer (orgs.). *Das Komische*. Munique, Wilhelm Fink, 1976. p. 389-98. (Poetik und Hermeneutik, 7.)

Suchomski, Joachim. *'Delectatio' und 'Utilitas'. Ein Beitrag zum Verständnis mittelalterlicher komischer Literatur*. Bern, Munique, Franke, 1975. (Bibliotheca Germanica, 18.)

Süss, Wilhelm. *Lachen, Komik und Witz in der Antike*. Zurique, Stuttgart, Artemis, 1969. (Lebendige Antike.)

Tave, Stuart M. *The amiable humorist. A study in the comic theory and criticism of the 18th and early 19th centuries*. Chicago, Londres, University of Chicago Press, 1960.

Vernant, Jean-Pierre. (1957) Do mito à razão. In: *Mito e pensamento entre os gregos*. São Paulo, Difel-Edusp, 1973.

Warning, Rainer. Komik und Komödie als Positivierung von Negativität (am Beispiel Molière und Marivaux). In: Weinrich, Harald (org.). *Positionen der Negativität*. Munique, Wilhelm Fink, 1975. p. 341-66. (Poetik und Hermeneutik, 6.)